大连商品交易所风险管理丛书

煤焦矿产业链与风险管理

大连商品交易所编写组◎著

中国财经出版传媒集团
中国财政经济出版社

图书在版编目（CIP）数据

煤焦矿产业链与风险管理 / 大连商品交易所编写组著. --北京：中国财政经济出版社，2020.6
（大连商品交易所风险管理丛书）
ISBN 978-7-5095-9823-8

Ⅰ.①煤… Ⅱ.①大… Ⅲ.①煤炭工业-产业链-风险管理-研究-中国 Ⅳ.①F426.21

中国版本图书馆CIP数据核字（2020）第080801号

责任编辑：郭爱春　　　　责任校对：胡永立
封面设计：陈宇琰

中国财政经济出版社出版
URL：http：//www.cfeph.cn
E-mail：cfeph@cfeph.cn

社址：北京市海淀区阜成路甲28号　邮政编码：100142
营销中心电话：010-88191537
北京富生印刷厂印刷　各地新华书店经销
787×1092毫米　16开　18印张　268 000字
2020年6月第1版　2020年6月北京第1次印刷
定价：59.00元
ISBN 978-7-5095-9823-8
（图书出现印装问题，本社负责调换）
本社质量投诉电话：010-88190744
打击盗版举报热线：010-88191661　QQ：2242791300

编委会

序　言

煤焦矿产业链是国家基础建设的支柱性产业，对国民经济运行及各行业发展具有重要影响。煤炭是支撑现代社会发展的重要基础原材料之一，焦煤、焦炭作为上游原料和中间产物，连接着煤、焦、钢等单个行业，在产业链条上具有重要地位。铁矿石主要用于钢铁工业，自从 19 世纪中期发明转炉炼钢法逐步形成钢铁工业大生产以来，钢铁一直是最重要的结构材料，在国民经济中占有极重要的地位，是社会发展的重要支柱产业，是现代化工业最重要和应用最多的金属材料。当前，中国经济已经进入新常态，在供给侧改革、对外加快开放进程中，中国钢铁产业以及相关的上下游行业均面临越来越大的市场风险。为企业提供风险管理工具，促进国家经济进一步转型升级，大连商品交易所先后上市了焦煤、焦炭、铁矿石三个黑色板块期货品种，经过实践运行，市场功能发挥良好，成功地帮助很多企业管控了价格风险。

作为商品期货交易所，在交易品种开发与维护、市场推广与培育工作中，大商所服务着来自各个产业的大量企业，感受着国家经济与产业发展的脉搏与浪潮，也见证了诸多企业谋求发展的努力与艰辛。2017 年，中国经济从高速增长转向高质量发展，面临较长周期的下行压力；结构性调整不断深化，基础产业面临历史性考验；国际贸易争端频发，外部风险也在加大。对各类产业企业而言，“顺风行舟”共享国家发展红利的阶段已经结束，面对风浪迭起的市场环境，虽是机遇，但多数企业准备不足、挑战更大。近年来我们看到，以油脂行业、黑色产业为代表的产业企业经常面对超过自身抵御能力的价格波动，仿佛一叶小舟驶入惊涛骇浪，随波沉浮。

风浪中航行，能否到达成功的彼岸，不仅取决于船的坚实，更取决于能否躲避汹涌巨浪。

浪涛中的中国企业需要改革，就像20世纪70年代的美国和20世纪90年代的日本，资源整合、创新驱动，完成自身蜕变，筑起坚实船舶。此外，产业企业更需要乘风破浪的“舵手”，躲避超过承受能力的巨浪，借力合适的风浪，平稳航行，勇往向前。这个“舵手”就是价格风险管理体系。

企业经营面临各种风险，核心风险是原材料和终端产品的价格风险。如何运用期货、期权等衍生品工具管理价格风险、稳定收益，成为现阶段企业必备的生存技能。越来越多的企业用自身的实践证明了这一点，有时甚至导致了或生或死的差别。但我们也看到，多数企业尤其是中小企业对价格风险管理的认识不足，还有个别企业借风险管理之名在衍生品市场赌行情、搏收益，这都让我们痛心疾首，激励我们不断探索从多角度开展市场培育工作，引导产业企业树立正确的风险管理理念，逐步掌握合理利用衍生工具开展风险管理。

本书是我们针对煤焦矿产业讲授风险管理应用的一次探索和尝试。全书组织形式为“产业链概貌+案例分析”，先系统介绍煤焦矿产业链上下游基础知识和企业在各环节的实际运作情况，再以案例形式展现企业如何应用衍生品管理具体风险。为保证各章节、各领域内容体现出应有的专业性，我们邀请了中国期货业协会、中国（香港）金融衍生品投资研究院、行业协会、龙头企业、多家高等院校和期货公司的业界专家，共同探讨并参与本书编写。

随着编写工作进行，我们越发感到责任和压力巨大，产业链上纷繁复杂的触角与内容很难在有限的篇幅覆盖全面，顾此失彼实难避免；此外，衍生品市场发展迅速，产业变化也是日新月异，书中诸多时效性内容在短时间内将面临更新迭代。即便如此，我们仍对本书充满信心，书中凝聚的产业、金融等各领域专家的智慧与经验是弥足珍贵的，书中展现出来的分析方法和风险管理意识是具有指导性和传承性的，书中带给读者的启发与感悟是要比具体内容更有价值的。借助本书，我们希望能引导读者了解产业链研究体系，树立风险管理意识，找到开展风险管理的入手点。至于继续深入研究产业链、系统学习衍生品工具知识，补充相应领域的专业书籍必不可少。

学习使用衍生品工具开展风险管理需要不断实践、循序渐进，需要接受犯错并总结经验，需要坦然面对因管理风险而放弃部分超额利润。愿产业企业和衍生品从业者读过本书后，在价格风险管理方面有所感悟、取得进步。交易所与广大期货公司将与各位读者一道，在产业链价格风险管理领域不断探索，实现国家和产业战略的平稳转型与发展。

大连商品交易所

2019 年 3 月

目 录

第一部分 煤焦矿产业链分析

第一章 焦煤产业链基础…………………………………………………………（3）

第一节 焦煤的概念………………………………………………………（4）

第二节 焦煤产业发展现状………………………………………………（7）

第三节 焦煤产业市场供需………………………………………………（10）

第四节 焦煤产业竞争格局………………………………………………（14）

第五节 焦煤产业发展前景………………………………………………（26）

第六节 焦煤产业重要政策………………………………………………（30）

第二章 焦炭产业链基础…………………………………………………………（39）

第一节 焦炭的概念………………………………………………………（40）

第二节 焦炭产业发展现状………………………………………………（42）

第三节 焦炭产业市场供需………………………………………………（43）

第四节 焦炭产业竞争格局………………………………………………（46）

第五节 焦炭产业发展前景………………………………………………（54）

第六节 焦炭产业重要政策………………………………………………（57）

第三章 铁矿石产业链基础………………………………………………………（60）

第一节 铁矿石的概念……………………………………………………（61）

第二节 铁矿石产业发展现状…………………………………………（73）
第三节 铁矿石产业市场供需…………………………………………（78）
第四节 铁矿石产业竞争格局…………………………………………（81）
第五节 铁矿石产业发展前景…………………………………………（90）
第六节 铁矿石产业重要政策…………………………………………（95）

第二部分 煤焦矿产业链风险管理案例

第四章 期货应用策略及原理………………………………………………（105）
第一节 套期保值的基本原理…………………………………………（105）
第二节 套期保值的应用………………………………………………（112）
第三节 基差变化对套期保值效果的影响……………………………（116）
第四节 套期保值的操作流程…………………………………………（121）
第五节 提升套期保值的内涵——全面企业风险管理………………（124）
第六节 商品期货中的套利与投机……………………………………（127）
第七节 期货的投机交易及策略………………………………………（136）

第五章 焦煤风险管理案例………………………………………………（143）
第一节 焦煤期货市场概述……………………………………………（143）
第二节 焦煤产业链上游生产企业卖出保值案例……………………（152）
第三节 焦煤产业链中游贸易企业卖出保值案例……………………（153）
第四节 焦煤产业链中游贸易企业跨期套利案例……………………（156）
第五节 焦煤产业链中游贸易企业场外期权买入保值案例…………（158）
第六节 焦煤产业链下游消费企业买入保值案例……………………（161）
第七节 焦煤产业链下游消费企业场外期权风险管理案例…………（166）

第六章 焦炭风险管理案例………………………………………………（176）
第一节 焦炭期货市场概述……………………………………………（176）
第二节 焦炭产业链上游生产企业卖出保值案例……………………（187）
第三节 焦炭产业链上游生产企业场外期权风险管理案例…………（188）

第四节　焦炭产业链中游贸易企业基差套利案例…………………（199）
第五节　焦炭产业链下游消费企业买入保值案例…………………（206）

第七章　铁矿石风险管理案例……………………………………………（208）
第一节　铁矿石期货市场概述…………………………………………（208）
第二节　铁矿石产业链上游企业套期保值案例………………………（218）
第三节　铁矿石产业链中游企业套期保值案例………………………（219）
第四节　铁矿石产业链中游贸易企业套利策略案例…………………（222）
第五节　铁矿石产业链下游消费企业场外期权风险管理案例……（229）
第六节　铁矿石产业链下游消费企业期货+期权组合策略案例　…（255）
第七节　铁矿石产业链下游消费企业基差贸易策略案例…………（258）

第一部分

煤焦矿产业链分析

第一章

焦煤产业链基础

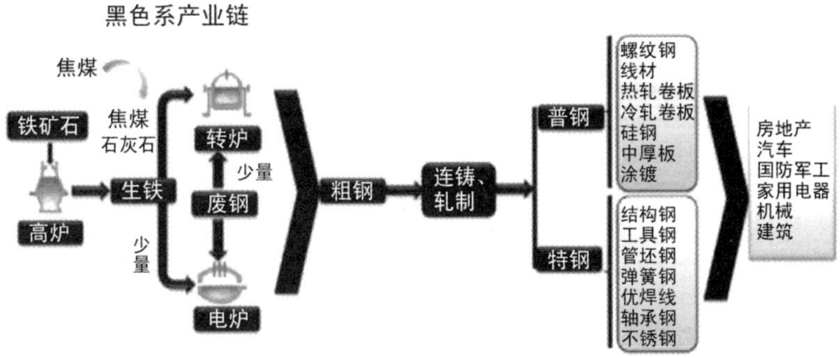

煤焦矿产业链导图

第一节 焦煤的概念

煤炭是植物遗体埋藏在地下经过漫长复杂的生物化学、地球化学和物理化学作用转化而成的一种固体可燃矿产。矿产资源是国民经济可持续发展的重要基础，其供需形势直接影响国家经济安全。煤炭是世界上储量最多、分布最广的常规能源，而且“富煤、贫油、少气”是我国能源资源禀赋的特点，因此煤炭长期在我国的能源生产和消费中占据主导地位。

根据用途的不同，煤炭主要分为动力煤和炼焦煤。凡是以发电、机车推进、锅炉燃烧等为目的，产生动力而使用的煤炭都属于动力用煤，简称动力煤。具有一定的粘结性，在一定干馏条件下可以结焦的炼焦用煤，则统称为炼焦煤。

根据品质的不同，煤炭可以划分为更多的种类。各种煤都是处于一定煤化阶段的产物。成煤植物的多样性和在漫长的成煤过程中条件的千变万化，决定了煤的多样性、复杂性和不均一性。根据煤化程度由低到高，煤炭主要分为褐煤、烟煤和无烟煤三大类（见图1－1）。按照我国现行的煤炭分类国家标准GB/T 5 751－2009，烟煤中的气煤、气肥煤、1/3焦煤、肥煤、焦煤、瘦煤和贫瘦煤都属于炼焦煤（见图1－2）。

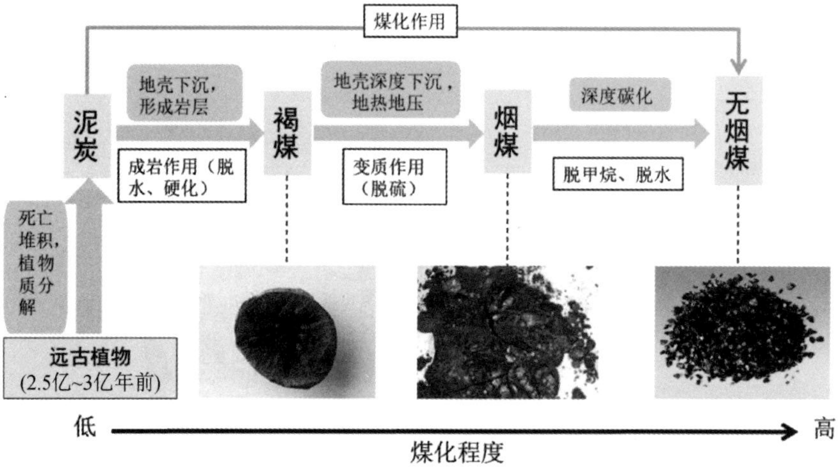

图1－1 煤炭分类

资料来源：中国（香港）金融衍生品投资研究院。

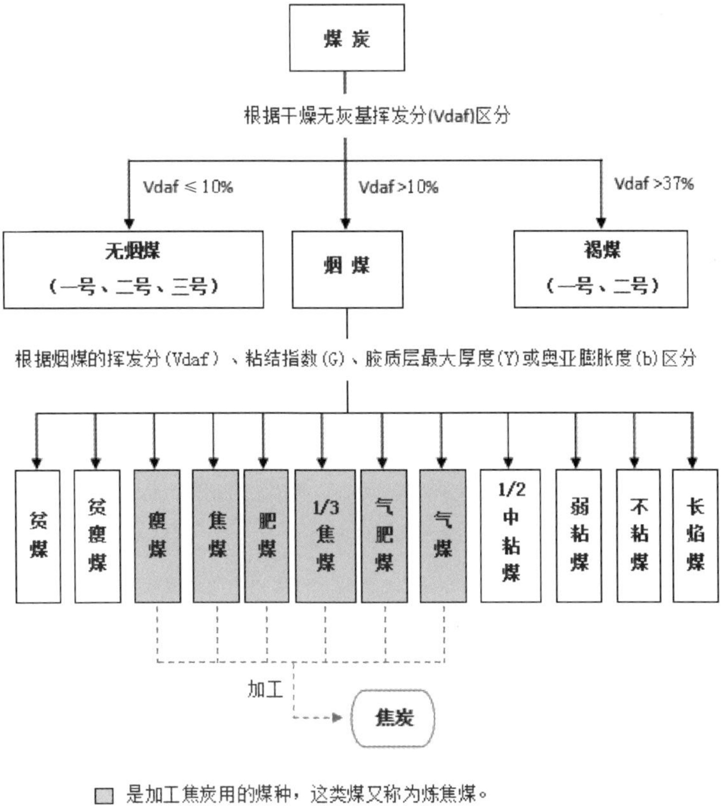

图 1－2　中国煤炭分类体系（GB/T 5751－2009）

资料来源：中国（香港）金融衍生品投资研究院。

炼焦的原料煤通常是将多种炼焦煤按照适当比例混配。炼焦配煤的原则是节约优质炼焦煤，合理利用资源，在各种煤之间取长补短，以求获得质量合格的焦炭。当前中国炼焦配煤一般是以焦煤和肥煤为基础，适当配入气煤和瘦煤。

焦煤是一种典型的炼焦煤煤种，又称主焦煤，是具有中低挥发分和较好粘结性的烟煤，外观上呈现黑色、强玻璃光泽、内生裂隙发育等特点，在加热时能够形成热稳定性很好的胶质体。

焦煤是焦炭生产中不可或缺的基础原料配煤。根据中国煤炭资源网的统计，我国焦煤的产量和消费量居各种炼焦煤煤种之首，在整个煤焦钢产业链中认知度高，而且焦煤的价格与其他炼焦煤煤种的价格高度相关，因此大连商品交易所选择炼焦煤中的焦煤作为交易标的物来设计焦煤期货。常见炼焦煤煤种的用途及特点如表 1－1 所示。

表 1－1　　常见炼焦煤煤种的用途及特点

煤种	用途	特　点
焦煤	基础炼焦配煤	是一种结焦性最好的炼焦用煤，它的碳化程度高、粘结性好，加热时能产生热稳定性很高的胶质体。如用焦煤单独炼焦，能获得块度大、裂纹少、强度高、耐磨性好的优质焦炭。单独炼焦时，由于膨胀压力大，易造成推焦困难，损坏炉体
肥煤	基础炼焦配煤	是粘结性最强、中等煤化程度的煤，加热时能产生大量胶质体。用肥煤单独炼焦能产生熔融性好、强度高的焦炭，但焦炭的横裂纹多，气孔率高，易碎，因此多与粘结性较弱的气煤、瘦煤或弱粘煤等配合炼焦
1/3 焦煤	基础炼焦配煤	是介于焦煤、肥煤和气煤之间的过渡煤。具有中高挥发分的强粘结性煤。用这种煤单独炼焦时，能生成熔融性良好、强度较高的焦炭。炼焦时，1/3 焦煤的配入量可在较宽范围内波动，都能获得强度较高的焦炭，这种煤也是良好的炼焦配煤中的基础煤
瘦煤	其他炼焦配煤	是煤化程度最高的炼焦煤，它的挥发分低，受热后产生的胶质体数量比焦煤少，且软化程度高。用瘦煤单独炼焦时，能得到块度大、裂纹少、抗碎强度较好的焦炭，但这种焦炭的耐磨强度较差，瘦煤作炼焦配煤用效果较好
气肥煤	其他炼焦配煤	是一种挥发分胶质体厚度都很高的强粘性肥煤类。气肥煤结焦性介于肥煤和气煤之间，单独炼焦对能产生大量气体和液体化学产品。
气煤	其他炼焦配煤	是一种碳化程度最低的炼焦煤，加热时能产生较多的挥发分和较多的焦油，胶质体的热稳定性低于肥煤。气煤也能单独炼焦，但焦炭的抗碎强度和耐磨强度较差，焦炭多呈细长条且易碎，并有较多的纵裂纹。配煤炼焦时多配入气煤，可增加产气率和化学产品回收率

理论上，任何煤都可以通过燃烧产生动力，但炼焦煤的用途却是不能轻易被替代的，因而炼焦煤凭借其特殊的结焦性能而成为煤炭中相对稀有的品

种。炼焦煤几乎全部用于炼焦，根据炼焦煤性质和干馏条件的不同，可以得到不同规格和质量的焦炭，用途则各不相同。过去十多年里，我国大约80%的焦炭都用于高炉炼铁，生铁再加工成各种钢材，流向基建、房地产、机械制造、汽车制造、船舶制造、家电制造等领域。可见，焦煤是工业发展不可或缺的基础大宗原材料之一。

总之，焦煤作为最具代表性的炼焦煤，处于煤—焦—钢产业链的源头，在我国宏观经济发展中具有重要地位。焦煤供应和消费加速增长，可以看作宏观经济高速发展的领先指标，若宏观经济形势持续向好发展，焦煤消费将维持正增长；反之，若宏观经济形势转差，总需求下行，总投资紧缩，焦煤消费可能转为负增长。当我们对煤—焦—钢产业链进行自下而上的分析时，宏观经济形势及其呈现出来的终端需求状况将是不容忽视的因素。

第二节　焦煤产业发展现状

一、焦煤的用途

炼焦煤主要用途是生产焦炭，焦炭的消费结构呈现多元化并向钢铁行业集中的特点，因此，钢铁行业和焦炭行业景气状况是影响炼焦煤需求的重要因素，焦煤作为炼焦配煤的主焦煤，其需求与钢铁行业和焦炭行业息息相关。

在2000—2007年我国经济高速发展时期，钢铁、冶金、化工、有色金属、机械制造等行业的持续快速发展，强力拉动了焦炭市场的需求，推动我国焦炭行业进入结构调整、技术进步、产销双增的快速发展通道，对炼焦煤的需求同样呈现爆发态势。

2008—2010年，虽然外围经济形势糟糕，但是在中央政府一系列经济刺激政策的带动下，国内经济触底反弹，尤其是基建和房地产行业的蓬勃发展，激发钢铁产量迅猛增长，伴随钢铁行业快速增长，国内市场对炼焦煤需求呈现快速增长态势。

目前，随着中国宏观经济增长趋缓，尤其是房地产及相关联的家电、汽车行业增速下滑，国内钢铁需求与产能扩张增速同步放缓，钢铁行业的供给侧改革也行政性地限制了钢铁产能的增长。

在下游钢铁行业需求趋缓，以及焦炭行业环保限产趋严的共同作用下，“十三五”期间我国炼焦精煤需求量增长缓慢。但是从结构上来说，由于环保的压力日益加大，焦化厂为努力达到《炼焦化学工业污染物排放标准》，会更加偏好采购低硫低灰的优质主焦煤作为原料煤。

遗憾的是，在我国炼焦煤产量结构中，低硫低灰的优质炼焦煤资源十分稀缺，所以未来我国对海外优质主焦煤的进口需求仍将维持刚性。进口低硫低灰的优质炼焦煤主要是作为煤种调剂作用，并不意味着我国炼焦煤市场的对外依赖度会大幅提高。

二、焦煤的储备

我国是煤炭资源大国，已探明储量约 1.15 万亿吨，仅次于美国和俄罗斯。我国煤炭资源主要分布于华北地区和西北地区，两个地区各占全国的 50% 和 30%，按省份看，华北的山西省、内蒙古自治区和西北的陕西省分别占 25.7%、22.4% 和 16.2%，遥遥领先于其他省份。

尽管我国煤炭资源储量庞大，但是炼焦煤资源相对较少。动力煤和炼焦煤分别占我国煤炭资源的 72% 和 26%，另外 2% 分类不明。根据国家安监局的统计数据，我国炼焦煤已查明的资源储量为 2 803.67 亿吨，占世界炼焦煤查明资源量的 13%。我国炼焦煤资源分布不均衡，主要集中在华北地区和华东地区。其中，山西省炼焦煤种资源储量最大，查明资源量为 1 551.84亿吨，占全国资源储量的 55.35%。其他储量较大的省份还有安徽省（200.22 亿吨）、山东省（188.38 亿吨）、贵州省（100.04 亿吨）、黑龙江省（95.01 亿吨）。

分煤种来看，我国炼焦煤各煤种的储量也不均匀。在中国的炼焦煤资源中，以低变质的气煤（包括 1/3 焦煤）最多，达 1 282.12 亿吨，占全国炼焦煤查明资源储量的 45.73%，其次是焦煤，占 23.61%，瘦煤（包括贫瘦煤）和肥煤（包括气肥煤）各占 15.89% 和 12.81%，未分类的不足 2%。

三、市场现状

我国是世界上最大的炼焦煤生产国和消费国，受炼焦煤市场需求拉动，2001—2014 年我国炼焦煤产量几乎持续增长。但从 2015 年开始，终端需求放缓倒逼炼焦煤产量下降，2016 年以来，在供给侧改革政策的强力推动下，我国煤炭行业再次经历了 1999 年那样的大规模行政化去产能，煤炭行业在黄金时期累积的大量在产和在建产能逐步化解，煤炭行业产能过剩的格局得到一定缓解。

煤炭工业发展"十三五"规划的主要目标是化解淘汰过剩落后产能 8 亿吨/年左右，通过减量置换和优化布局增加先进产能 5 亿吨/年左右，到 2020 年，煤炭产量达 39 亿吨。

回顾历史，2006 年"十一五"开局之时，我国煤炭在产产能仅 20 亿吨，"十一五"收官之时，煤炭在产产能达 30.5 亿吨，五年时间净增加 10.5 亿吨，再到 2015 年"十二五"收官之时，在产产能达 42 亿吨，净增加 11.5 亿吨，同时累积了高达 15 亿吨的在建产能。

根据国家能源局 2018 年第 3 号公告，我国安全生产许可证等证照齐全的生产煤矿 3 907 处，产能 33.36 亿吨/年；已核准（审批）、开工建设煤矿 1 156 处、产能 10.19 亿吨/年，其中已建成、进入联合试运转的煤矿 230 处，产能 3.57 亿吨/年；未按法律法规规定取得核准（审批）和其他开工报建审批手续的建设煤矿、未取得相关证照的生产煤矿，不纳入公告范围。

根据中国煤炭工业协会发布的《2017 煤炭行业发展年度报告》显示，2017 年全国原煤产量 35.2 亿吨，同比增加 1.1 亿吨，增长 3.3%；煤炭产能利用率达 68.2%，同比提高 8.7 个百分点。以此倒推全国煤炭产能约 51.6 亿吨。对比以上两组产能数据，估计还有 8 亿吨煤炭产能在法律法规上属于不合规产能，但在煤炭市场上仍有一部分产量贡献。

随着煤炭行业供给侧改革的不断深化，改革工作的重点也有所改变。在公布 2018 年煤炭行业去产能任务时，国家发改委指出，2018 年煤炭化解过剩产能工作重点是在"破""立""降"上下功夫：由总量性去产能转向系统性去产能、结构性优产能为主，大力破除无效低效供给，为优质产能更好发挥作用腾出市场空间；坚持破立结合、先立后破，培育发展优质产能；统筹做好煤炭去产能和保供应等工作，促进供需总体平衡和价格基本稳定。

对于炼焦煤来说，近年来我国炼焦煤产量占原煤总产量的比重已经呈现下滑态势，供给侧改革令全国煤炭生产重心更加向晋陕蒙地区集中，但除山西省外，我国炼焦煤资源主要分布在安徽省、山东省等非煤炭生产大省，这些地区炼焦煤煤矿的关停对我国炼焦煤供应影响较为不利，而且晋陕蒙地区新增的优质煤炭产能也极少是炼焦煤产能，因此，国内炼焦煤及焦煤的供应虽不至于过分紧张，但其增速却可能小于原煤总产量的增速。

第三节　焦煤产业市场供需

一、进出口情况

2002 年以前，中国炼焦煤进口数量不多，反而是出口呈逐年增长态势。自 2003 年以后，中国钢铁工业高速发展、焦化厂大规模上马，致使炼焦煤过度消耗、部分地区出现相应紧缺。与此同时，中国炼焦煤的进出口贸易政策发生了较大的变化，先是煤炭出口退税率从 13% 下调至 8%，然后是 2006 年开始征收 5% 的炼焦煤出口关税，并将煤炭进口关税降到零水平。政策刺激加上焦炭需求增多，使得我国从 2007 年开始转为炼焦煤净进口国。

2008—2010 年，国内钢铁行业处于快速发展时期，对焦炭需求猛增，且炼焦煤主产地山西省处于兼并重组的关键时期，产量出现下降，致使炼焦煤进口处于大幅上升阶段。2011 年，受我国政府紧缩调控政策的影响，国内经济增速逐步放缓，下游钢铁、焦炭的需求受到抑制，炼焦煤进口量同比减少。

2012—2013 年，国内外炼焦煤资源宽松，且国内焦煤价格高企，进口焦煤存在很大的优势，导致钢厂和贸易商大量进口，炼焦煤进口量出现暴增。

2014—2015 年，国内钢铁行业仍处于弱势运行态势，对炼焦煤的需求增速放缓，炼焦煤进口量连续两年下降。2016 年，供给侧改革叠加全球经济复苏，提振了炼焦煤需求，尤其是低硫低灰炼焦煤进口量明显增加。

目前，我国进口焦煤主要来自于澳大利亚、蒙古、加拿大和俄罗斯。虽然2014年我国炼焦煤进口关税恢复为3%，但是澳大利亚积极和中方签订了自由贸易协定，令澳洲进口煤关税依然保持零水平，因此加税政策暂时对澳洲进口焦煤不构成实质影响（见图1－3）。

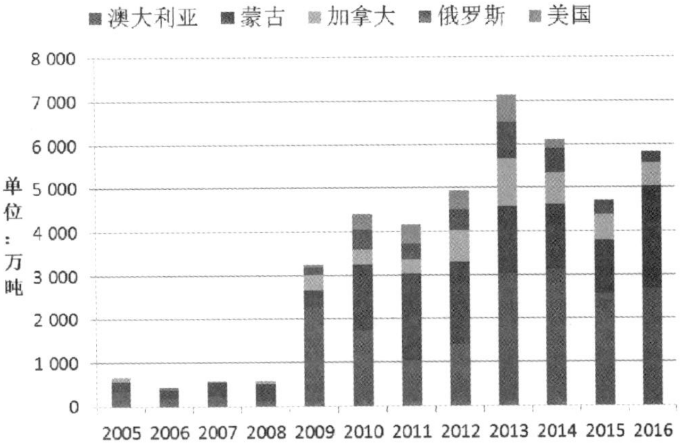

图1－3　中国炼焦煤分国别进口量

资料来源：中国（香港）金融衍生品投资研究院。

二、生产情况

中国是世界上最大的炼焦煤生产国和消费国，据统计，2003—2015年我国炼焦原煤产量逐年提高，产量增长了92.2%，年均增长超过10%。2015年全国炼焦原煤产量13.72亿吨，炼焦煤精煤产量52 149万吨。其中，焦煤原煤产量3.06亿吨，占炼焦原煤产量的22%。

我国炼焦煤产量主要集中在华北地区，西南地区和东北地区产量次之，华东地区焦煤的产量在全国产量中比例较小，中南地区产量不多，西北地区产量最少。从具体的省份上看，山西省的产量最大，2015年达到5.21亿吨，山东省次之，达到1.37亿吨，安徽省产量排名第三，达到1.31亿吨，其次为贵州省、河北省、河南省、黑龙江省、内蒙古自治区等。

山东省和安徽省是我国仅次于山西省的炼焦煤产量大省，山东省气煤比例最多，达全省炼焦煤的50.7%，其次为气肥煤，达24.6%（主要分布于新汶和肥城等矿区的统配、地方和乡镇煤矿），因此山东省的炼焦煤主要以高挥发分煤为主。安徽省的炼焦煤产量最大的也是气煤，其次为1/3焦煤和主焦煤（见表1－2和图1－4）。

表1－2　　2015年炼焦原煤生产省份产量及所占比例

类别	山西省	山东省	安徽省	贵州省	内蒙古自治区	河北省	河南省
炼焦煤产量（万吨）	52 137	13 726	13 130	5 713	5 456	5 449	5 349
占全国产量（%）	42.68	11.24	10.75	4.68	4.47	4.46	4.38

数据来源：钢联数据。

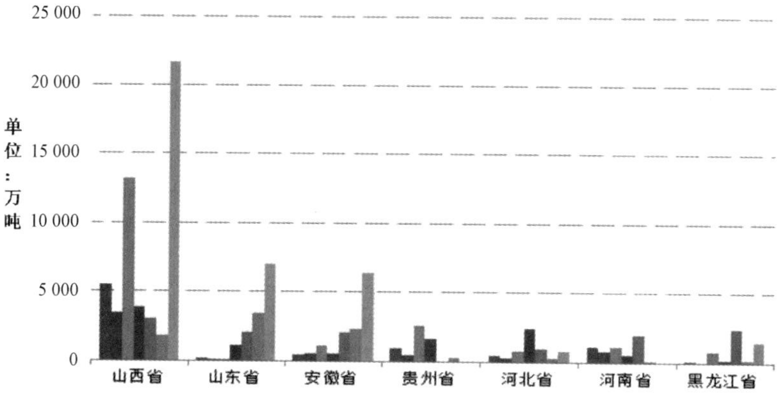

注：图中自左往右依次为贫瘦煤、瘦煤、焦煤、肥煤、1/3焦煤、气肥煤、气煤。

图1－4　2015年中国主要产煤省炼焦煤分煤种原煤产量比较

数据来源：钢联数据。

从生产企业的所有制结构上来看，2007年国有重点煤矿的产量为9 195.8万吨，占全国焦煤原煤产量的41.5%，地方煤矿产量为12 959.9万吨，占58.5%。

2005—2007年山西省作为煤炭资源整合的试点省，对地方煤矿进行了大规模资源整合，关闭淘汰整合9万吨以下的地方煤矿。2008年更进一步关停所有30万吨以下的小煤矿。资源整合后，经过技术改造的地方煤矿生产能力逐步扩升到30万吨/年，严厉捣毁了无证的黑煤窑，私开乱采的现象得到了遏制。在这样的政策环境中，新开工乡镇煤矿将受到严格控制。因此，乡镇煤矿不可能长久保持超高速增长的势头，焦煤供给增长还将有赖于及时加大对国有煤矿的投入。

从生产企业看，2007 年我国生产炼焦原煤超过 1 000 万吨的特大型生产企业共有 16 个。主要分布在华北和华东两区为主，如河北省的开滦，山西省的焦煤集团公司（包括霍州、汾西、西山三矿区）、平朔、大同、潞安，江苏省的徐州，安徽省的淮北、淮南，山东省的淄博、新汶、枣庄和兖州等。东北地区和中南地区也有少量分布，如黑龙江省的鸡西、鹤岗和七台河，河南省的平顶山等。我国的西南和西北两区没有特大型炼焦煤生产企业。

自供给侧改革以来，我国炼焦煤煤矿产能更加向国有大型煤炭企业集中。

三、消费情况

焦煤的消费量相当于焦炭的产量，炼焦企业的聚集区就是焦煤的主要消费地。在炼焦之前，炼焦原煤必须进行洗选，我国炼焦洗精煤的生产主要集中在山西省、山东省、河北省等省份，同时这些省份的焦炭产量也位居全国前列。

2017 年，共有 11 个省（区）的焦炭年产量达到 1 000 万吨以上，依次是山西省、河北省、陕西省、山东省、内蒙古自治区、河南省、辽宁省、江苏省、新疆维吾尔自治区、四川省、安徽省，它们的焦炭产量之和为 34 514. 8万吨，占全国焦炭总产量的 80%（见表 1 -3）。

表 1 -3　　2017 年我国主要省区的焦炭产量及占比

省份	产量（万吨）	占全国产量的比例（%）
山西	8 383. 10	19. 43%
河北	4 813. 80	11. 16%
陕西	4 050. 40	9. 39%
山东	3 934. 10	9. 12%
内蒙古	3 046. 40	7. 06%
河南	2 290. 80	5. 31%
辽宁	2 215. 60	5. 14%
江苏	2 060. 20	4. 78%
新疆	1 590. 60	3. 69%
四川	1 072. 20	2. 49%
安徽	1 057. 60	2. 45%

资料来源：wind，国投安信期货。

作为炼焦煤资源储量和原煤产量最大的省份，山西省既是我国炼焦洗精煤的主要产地，也是主要消费地。山西省的独立焦化企业较多，焦煤在这里加工成焦炭之后再运输至华北地区的钢厂或者出口海外。

河北省是我国的钢铁重镇，焦炭消费量占比最大，这里的炼焦企业多数是钢铁联合焦化企业。钢厂先采购炼焦洗精煤到厂，后加工成焦炭，主要供自身的炼铁高炉使用。

总体来说，炼钢及炼焦产能密集的华北及周边地区是我国主要的焦煤消费地，其次是华东地区和西北地区。

第四节 焦煤产业竞争格局

一、市场参与者众多

我国煤炭行业政策宽松，只要符合《中华人民共和国煤炭法》和行业内《煤炭产业政策》以及《煤炭经营监管办法》等基本法规规定的准入条件，企业都可以参与到焦煤开采和洗选行业中来。国内煤炭贸易也不存在参与障碍，加之低硫低灰主焦煤是稀缺品种，我国对其进口基本以鼓励为主。同时，炼焦煤是煤—焦—钢以及煤化工的重要源头品种，下游产业链长，影响面很广。

因此，焦煤市场的参与者数量较多，所涉及的企业也很丰富，从供给、需求以及贸易三个环节来看，焦煤市场的参与者大致包括：

第一，国内大大小小的炼焦煤生产企业，主要分布于山西省、黑龙江省、贵州省、河南省、云南省等省份。在实施供给侧改革以后，炼焦煤产能趋于向晋陕蒙集中。

第二，炼焦煤的需求方主要是焦炭的生产企业，包括独立焦化企业和钢铁企业。近年来，利用炼焦的副产品——焦炉气来生产甲醇、苯等化工品的煤化工企业也越来越多。

第三，焦煤的中间贸易商和运输企业也比较活跃，包括内贸外贸、陆运水运等多种类型。

二、商品化率高

我国的焦炭生产企业可以分为独立焦化企业和钢铁企业自有焦化企业两类。2017 年国内焦炭全年产量为 4.31 亿吨，据估算，其中独立焦化厂生产焦炭 3.2 亿吨左右，占比约 74%，钢铁企业自产焦炭 1.1 亿吨左右，占比约 26%。

钢铁企业生产焦炭所需焦煤几乎全部需要从焦煤生产企业购买。除部分焦煤主产地的大型独立焦化企业拥有自有焦煤资源外，其他焦化企业所需焦煤资源也需要购买。如 2008 年，山西省资源整合，关停小煤矿一度令炼焦煤资源紧张，焦煤价格与焦炭价格出现倒挂，一些炼焦煤主产地的焦化企业被迫停产。

总体上，焦煤的上游供应方和下游需求方相对独立和分散，焦煤的贸易量占总产量的比重较大，商品化率较高。

三、行业竞争较充分

不论是焦煤的上游还是下游，行业竞争都比较充分，虽然供给侧结构性改革以来，煤炭行业和焦化行业都以集约化发展为目标，行业产能集中度确实有所提升，但是目前依然没有任何一个省份或者企业可以绝对垄断焦煤供需。

从我国焦煤的供应分布格局上看，山西省是我国焦煤最重要的生产省份，但 2015 年山西省的供应量也仅占全国总供给量的 42% 左右，山东省、安徽省等省份的炼焦原煤产量不容忽视；从具体生产企业来看，我国主产炼焦煤原煤的特大型生产企业超过 10 个，广泛分布于山西省的焦煤集团公司（包括霍州、汾西、西山三矿区）、平朔、大同、潞安，江苏省的徐州，安徽省的淮北、淮南，黑龙江省的鸡西、鹤岗和七台河，河南省的平顶山等。此外，我国每年还会从海外进口一批低硫低灰优质主焦煤，来弥补国内特殊煤种的缺口。因此，没有一家煤炭企业可以垄断焦煤的供给。

从需求角度看，焦煤的主要用途是生产焦炭，而我国的焦化企业的数量众多，竞争机制充分。据中国能源统计年鉴统计，2007 年我国有 997 家焦化企业分布于内陆 29 个省市区，生产焦炭 100 万吨以上的焦化企业只有 72

家。“十二五”期间，焦化行业产能集中度进一步提升。根据中国炼焦行业协会统计，截至2017年年底，规模以上企业焦炭总产能达到6.49亿吨，企业数量由2010年的730多家减少到500多家，企业平均焦炭产能规模从68万吨提升到120万吨。从生产省份上看，焦炭的生产也较为分散，2017年全国焦炭产量超过1 000万吨的11个省份的合计产量占全国的80%，而产量最大的山西省也仅占全国产量的19.43%。因此，没有一家炼焦煤需求企业可以对焦煤价格施加垄断性影响。

四、定价机制市场化

目前，我国焦煤的价格形成机制基本分成两种模式，一种是大型焦煤企业与钢铁企业签订的中长期合同价（又称长协价），另一种是市场供求关系形成的市场价，但两种模式的最终决定力量都是市场化定价机制。

此外，炼焦煤长协价的稳定无法左右市场煤价的波动。山西焦煤集团2018年长协用户定价将维持2017年基础价格不变。2018年长协用户回款方式由承兑调整为现汇，提升现金回款比例；提高长协销售比例，2017年长协合同兑现率达92%，2018年将新增3家长协钢厂客户，长协销量比例达到85%。未来计划推出其炼焦煤行业指数，这样根据指数变化做相应价格调整。

但山西焦煤集团炼焦煤销量仅占国内炼焦煤消费总量10%左右，而且长协用户主要以国内钢厂的焦化厂为主，话语权相对偏弱。目前独立焦化厂产能占国内总产能的2/3，优质焦煤采购以地方矿为主，定价方式也以随行就市的市场价为主。新时期，地方矿的生产及运输受供给侧改革、安全检查和环保督查等政策因素的扰动较强，独立焦化厂的采购需求也不是一成不变的，所以炼焦煤市场价的波动率依然较高。

五、物流运输情况

（一）“北煤南运”和“西煤东运”是焦煤的主要物流流向

我国焦煤资源北多南少、西富东贫，焦煤的生产与供应基本在中、西部地区，而焦煤的消费主要在东部地区，这种错位性布局导致我国焦煤运输形成“北煤南运、西煤东运”的格局，我国东、中、西部经济发展的不平衡在短期内将难以消除，尤其随着能源发展战略和开发重点西移和北移，长距离、大运量的煤炭运输任务将越来越繁重，焦煤“北煤南运、西煤东运”的格局将长期存在。

分省份看，我国焦煤主要产于中西部的山西省、河南省，东北的黑龙江省，以及西南地区的贵州省、四川省和重庆市等，因此上述地区一直是我国焦煤调出的最主要和最集中的地区，铁路运输是上述地区焦煤运出的主要方式。河北省、山东省、辽宁省作为我国的第一、第二和第四钢铁大省，对焦煤的需求量很大，由于其省内焦煤储量、产量有限，存在较大的焦煤供给缺口，是主要的焦煤调入省份。

（二）铁路为主，铁路水运结合是焦煤的主要运输方式

我国煤炭运输有铁路、水路、公路等三种方式，铁路以其运力大、速度快、成本低、能耗小等优势，一直是煤炭的主要运输方式，铁路煤炭运输量占全国煤炭运输总运输量的70%以上，占铁路总货物运量的近50%。公路运输用于相邻省份之间的煤炭短途运输，及煤炭在生产企业与铁路、港口和用户之间的中转运输，对于铁路和水运起到补充作用。对于山西省，公路运输量约占煤炭外运量的25%。水运方便且成本低于铁路，同时可以不受铁路运力瓶颈影响，因此中国煤炭运输主要采取铁路运输为主、公路运输为辅，铁路水运结合的方式，先通过铁路运输到沿海、沿江港口，再水路运输至南方消费地区。

（三）主要铁路运输线

1. “三西”煤炭外运通道

“三西”地区外运铁路分为北路、中路和南路三个主要通道（见图1－5）。

北路的主要外运铁路包括丰沙大、大秦、朔黄、京原和集通线，加上大准（大同--准格尔）、准东（准格尔—东营）、东乌（东营—乌海）、胡准线、大同—石嘴山线等新建线路，主要运输大同、平朔、鄂尔多斯、神府、东胜、乌达、海勃湾等矿区和宁夏石嘴山等地区的煤炭。值得注意的是，内蒙古地区煤炭外运铁路建设力度加大，大准线、准东线、东乌线、呼准线等线路陆续通车，内蒙古中西部地区外运压力将有所缓解。

中路外运线路目前主要包括石太线、邯长线和太焦线，主要运输吕梁、西山、阳泉、晋中、潞安和晋城等地区的煤炭。

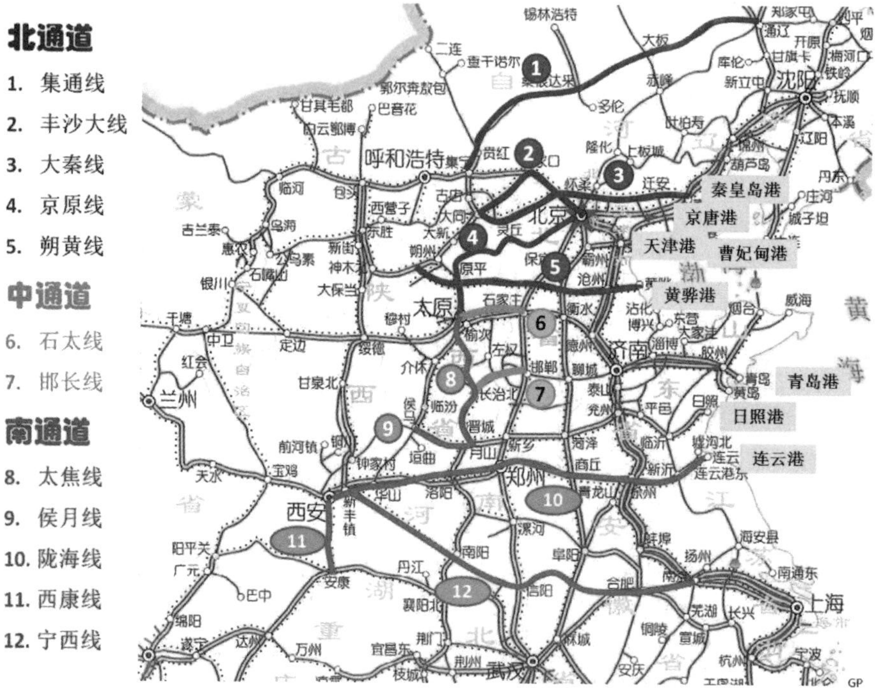

图1－5　我国主要运煤通道示意图

南路的煤炭外运主要经南同蒲线、陇海线和侯月线运输临汾、运城等地区的煤炭，此外，还通过西康线、襄渝线外运少量的陕西煤。

大秦铁路是我国北煤南运、西煤东运的最重要的通道，该线路连接全国四大电网、十大钢铁公司和6 000多家工矿企业的生产用煤和出口煤炭运输业务，煤运量占全国铁路总量近1/7，用户群辐射到15个国家和地区，26个省、市、自治区。大秦线一方面在外部不断加大开拓力度延长运距，寻找新的煤炭运输来源，在内部煤运专线及机车性能上也在不断进行研发，进行扩能改造。目前，准格尔至朔州铁路的可行性研究已经通过发改委批复，该铁路建成后，将成为内蒙古鄂尔多斯地区煤炭外运的主要通道，是大秦铁路4亿吨扩能改造工程的重要集运线路，同时，下游地区的黄万铁路已通车，将分流秦皇岛的一部分煤炭至天津港、黄骅港、唐山港，有效缓解秦皇岛港中转压力。

2. “北煤南运”新通道

上述“三西”煤炭外运通道的共同特征是起点都在山西省和陕西省，

终点都在华北环渤海港口，煤炭通过港口出海。这样的煤炭运输格局基本能解决东西部地区煤炭分布和消费的逆向格局矛盾，但煤炭的南北运输仍是瓶颈。

此外，我国煤炭主产区是山西省、陕西省、内蒙古自治区，晋煤、陕煤都很容易往外走，而蒙煤外运却困难重重，目前主要依靠卡车，运力成为制约其发展的瓶颈；在需求侧，从港口运出的煤炭主要运往沿海城市（华东地区、华南地区），华中地区一直处于无煤缺煤的状态，长久以来，华中电煤的缺口对百姓而言是一大心病。煤炭的南北运输限制在很大程度上影响了煤炭市场的健康发展，夏季及冬季用煤高峰季节的短时间局部地区的"电煤荒"，究其原因，很大一部分也归属于运输。

根据国家《中长期铁路网规划（2008年调整）》《铁路"十二五"发展规划》，蒙华铁路设计为国内最长运煤专线——蒙西到华中煤运铁路，北起内蒙古浩勒报吉，终点到达江西省吉安，线路全长1 837千米，规划设计输送能力为2亿吨/年，是继大秦线之后我国又一条新建超长距离的运煤大通道。

蒙华铁路连接蒙陕甘宁能源"金三角"地区，贯穿长江中游城市群，衔接多条煤炭集疏运线路，建成后将成为"北煤南运"的铁路新通道，减轻焦柳铁路和由秦皇岛海运到南方港口的运输压力，同时有利于加强内河与铁路的联运，充分利用长江、汉江、湘江和赣江的水路运载力。

2018年3月17日，蒙华铁路开始全线铺轨，标志着该项目站前工程基本完成，项目建设进入了新的阶段。

3. 出关运煤通道

包括京沈、京通和京承三条路线。1985—1997年出关煤炭运输量一直保持在2 000万吨以上，之后由于东北地区经济结构调整等因素的影响，运量呈下降趋势，2000年已降至1 545万吨，而2003年时仅为1 440万吨。

4. 往华东的煤炭运输通道

目前进入华东的主要运煤铁路有陇海、石德、津浦、新荷、湘赣、京九、武九及麻城八条铁路。

（四）主要港口集散地

1. 秦皇岛港

秦皇岛港是以能源运输为主的综合性国际贸易口岸，世界上最大的煤炭输出港和散货港。港口地处渤海北岸，河北省东北部，自然条件优良，港阔水深，不冻不淤，码头岸线共有 12.2 千米，陆域面积 11.3 平方千米，水域面积 226.9 平方千米。

秦皇岛港现有煤炭专业泊位 21 个，设计年通过能力 1.93 亿吨；拥有世界最先进的煤炭装卸设备、工艺及配套设施，可接卸 2 万吨超长列车，单机最高卸车能力 7 200 吨/小时，最高装船能力 9 250 吨/小时，效率属当前世界一流水平；拥有世界最大的港口煤炭专用堆场，最大堆存量为 1 042.5 万吨。作为世界最大的煤炭输出港和我国“北煤南运”大通道的主枢纽港，秦港股份公司担负着东南沿海电煤运输以及国家外贸煤炭出口的主要任务，年输出煤炭占全国沿海港口下水煤炭总量的近 50%。

2. 天津港

天津港位于渤海湾最西端，自古以来就是中国北方的交通运输枢纽和重要的对外贸易口岸。天津港是中国北方最大的国际贸易港口和首都北京的海上门户，也是华北乃至西北大部分地区走向世界的最近的入海口。天津港是中国最大的人工海港，是我国对外贸易的重要口岸。现有水域面积近 260 平方千米，陆域面积 72 平方千米。

天津港现有 7 个煤炭专业泊位，煤炭通过能力为 3 300 万吨/年。港内用于接卸煤炭火车的道线共有 7 条，可同时排放煤炭整列火车 7 列，年煤炭接卸能力为 1 000 万吨。港内局属煤炭堆场有效使用面积为 98 万平方米，其中：与铁路直接配套的场地 60 万平方米；一次性堆存能力 120 万吨；汽车进港煤炭配套场地 38 万平方米，一次性堆存能力 60 万吨。全港局属煤炭堆场一次性堆存能力为 180 万吨。

3. 日照港

日照港地处中国海岸线的中部，湾阔水深，不冻不淤，陆域平坦宽阔，是建设大型深水泊位的天然港址，具备发展临海工业和建设大型物流中心的良好条件。日照港地理位置适中，位于山东半岛的南翼，东临黄海，隔海与日本、韩国、朝鲜相望，经济腹地广阔，具有明显的区位优势。直接经济腹地包括山东南部、河南北部、河北南部、山西南部及陕西关中等地区。

日照港拥有中国吃水最深、泊位能力最大的 2 个 15 万吨级煤炭专用泊位和 1 个 5 万吨级煤炭专用泊位，煤炭专用堆场 10 个，堆存能力 350 万吨，年通过能力 4 500 万吨。

4. 广州港

广州港地处珠江入海口和我国外向型经济最活跃的珠江三角洲地区中心地带，濒临南海，毗邻香港和澳门，东江、西江、北江在此汇流入海。广东省是华南地区能源消耗大省，煤炭年消费量超过 8 000 万吨，而通过水运输送的煤炭量占广东全省电力用煤量的 70%。广州港为华南最大的能源中转港，并成立了煤炭交易中心。

5. 青岛港

青岛港是中国大陆第一个国际集装箱中转港。铁路运输通过胶济线和胶黄线与石太线、京广线、京九线等铁路大动脉相连。公路运输通过济青高速公路、胶州湾高速公路、青烟公路与全国公路网相连通。

青岛港现拥有煤炭专用泊位 2 个可进行 5 000 吨到 10 万吨级煤炭船舶作业，年通过能力在 1 500 万吨以上。拥有国际一流的现代化煤炭专用码头和全套先进的自动化的翻车装船系统，翻车效率为每小时 120 节 7 600 吨，装船效率为每小时 9 000 吨。

6. 连云港

连云港地处中国沿海中部的海州湾西南岸、江苏省的东北端，为横贯中国东西的交通大动脉枣陇海、兰新铁路的终点港，是第二条亚欧大陆桥东首最便捷的桥头堡。

连云港煤炭专用码头装船能力可达 1 200 万吨。码头有效长度 475 米，港区水深达 12.5 米，有 6 万吨级和 3.5 万吨级泊位各一个，可接船型最大长度 240 米，宽度 32 米，吃水 12 米，最小 3 000 吨。码头装卸生产工艺流程采用国际上先进的工业自动化控制系统进行控制、监视和管理，接卸能力和单线装船能力均达 3 000 吨/小时。

7. 京唐港

京唐港是我国沿海重要港口，位于唐山市东南 80 千米处，京唐港区地理位置显要，自然条件优越。目前，京唐港区已建成散杂、件杂、多用途、集装箱、煤炭、水泥、纯碱、液化石油气等各种功能的 1.5 万～10 万吨级泊位 31 个，设计通过能力 7 388 万吨/20 万标准箱。建成 10 万吨级航道，可满足10万吨级船舶单向、5万吨级以下船舶双向通航；建有各类堆场300万平方米，各类仓储、铁路、导助航、辅建设施齐全。

京唐港区是国家重点物资运输的重要港口，在我国煤炭、矿石、钢铁等货物运输中占有重要地位，是“北煤南运”中的七港之一。2009年，港口货物吞吐量达到10 541万吨，同比增长38%，一举跨入我国亿吨大港行列，成为我国最年轻的亿吨大港。

六、重点企业

2017年8月28日，中国煤炭工业协会按企业2016年度营业收入为标准，排出了2017中国煤炭企业50强，按企业2016年度煤炭产量为标准，排出了煤炭产量50强。其中，以炼焦煤为主产煤种的龙头煤企主要包括山西焦煤集团有限责任公司、兖矿集团有限公司、开滦（集团）有限责任公司、冀中能源集团有限责任公司、淮北矿业（集团）有限责任公司等。

（一）山西焦煤集团有限责任公司

山西焦煤集团有限责任公司（以下简称山西焦煤）组建于2001年10月，属于山西省国有独资企业，总部位于山西省太原市，下有西山煤电、汾西矿业、霍州煤电、华晋焦煤、山西焦化、运城盐化、山西焦炭、机械电气公司、飞虹化工、金土地公司、煤焦销售公司、国际发展公司、国际贸易公司、投资公司、财务公司、公共事业公司、公路公司、交通能投公司、香港公司、融资租赁公司、融资担保公司等22个子分公司和西山煤电股份公司、山西焦化股份公司、南风化工股份公司3个A股上市公司。

山西焦煤以煤炭、发电、焦化为主业，兼营金融投资、物流贸易、节能环保等配套辅助产业，炼焦煤产量居全国前列。有六大主力生产和建设矿区，主要矿厂分布在太原、晋中、临汾、运城、吕梁、长治、忻州7个地市的29个县区。现有100座煤矿，生产能力1.74亿吨/年；28座选煤厂，入洗能力1.26亿吨/年；5座焦化厂，焦炭产能1 180万吨/年；9座燃煤电厂，装机容量3 468MW；14座瓦斯及余热电厂，装机容量221MW；盐化日化产能256万吨/年。2016年，原煤产量9 151万吨，炼焦精煤产量4 312万吨，商品煤总销量1.15亿吨，焦炭产量928万吨，发电量141亿千瓦时，销售收入1 690亿元，利润2.96亿元，税费79亿元，实现了平稳健康发展。

面对新形势新任务，山西焦煤将以改组国有资本投资公司试点为抓手，按照“板块化经营、专业化管理、集团化管控”的产业体系和商业模式，落实“11236”发展战略，加快“煤电材一体化”“煤焦化一体化”“煤焦钢一体化”，推进六大循环经济园区建设，努力降成本、补短板、保安全、提质量、增效益，夯实发展基础，推进转型升级，全面建设大型炼焦煤企业，为塑造山西省美好形象、实现山西省振兴崛起做出新的贡献，在“黑色资源绿色发展、高碳经济低碳发展”的道路上迈出坚实步伐。

（二）兖矿集团有限公司

兖矿集团有限公司是山东省首家国有资产授权经营企业和山东省国有重点煤炭企业，是以煤炭、化工、装备制造、金融投资为主导产业的国有特大型能源企业，是我国唯一一家拥有境内外四地上市平台的煤炭企业，现由山东省人民政府国有资产监督管理委员会直接监管。

兖州矿区开发建设始于20世纪60年代末期，1976年成立兖州矿务局；1996年参加全国100家现代企业制度试点；1996年3月，兖州矿务局整体改制为国有独资公司；1998年参加国家120家企业集团试点，同时，全资子公司兖州煤业股份有限公司克服亚洲金融危机影响，先后在美国纽约、中国香港、中国上海三地成功上市，成为中国第一家在境外境内成功发行股票的煤炭企业；1999年5月成立兖矿集团有限公司。

经过40多年发展，兖矿集团现已形成山东省本部、陕西省和内蒙古自治区、贵州省、新疆维吾尔自治区和澳大利亚、加拿大“六大基地”发展格局。2017年，完成煤炭产量1.35亿吨，进入中国行业前五名、世界前七名；营业收入1 992亿元，利税总额157亿元。

集团下属的兖州煤业股份有限公司是华东地区最大的煤炭生产商和中国最大的煤炭出口企业之一，主要从事煤炭生产、洗选加工、煤炭销售和铁路运输，煤化工，电力等业务，在国内煤炭行业中处于龙头地位。公司拥有自营铁路网和现代化煤炭水运码头，京沪、兖石、新兖铁路，京沪、京福高速公路穿越矿区。得天独厚的区位和交通优势，使公司成为东北亚市场，中国华东、华南市场最具竞争力的煤炭供应商之一。公司在中国境内的发展区域主要集中在中国山东省、山西省、陕西省、内蒙古自治区。在境外的产业主要分布在澳大利亚的昆士兰州、新南威尔士州和西澳大利亚洲；在加拿大萨斯喀彻温省拥有钾矿资源项目。公司同时在国内的北京市、上海市、深圳市、青岛市、香港特别行政区及新加坡拥有金融投资及物流贸易产业布局。

（三）开滦（集团）有限责任公司

开滦（集团）有限责任公司是中国特大型煤炭企业，始建于1878年，已有138年的历史，创造了多个中国近代工业的第一，享有“中国煤炭工业源头”“北方民族工业的摇篮”等盛誉。

开滦有着光荣的历史。毛泽东同志曾高度赞扬开滦工人阶级特别能战斗。周恩来总理两次表扬开滦为国家“出了力，救了急，立了功”。从新中国成立到2014年年底，开滦共生产优质原煤14.48亿吨，精煤3.58亿吨，上缴利税362.9亿元，为国民经济发展做出了重要贡献。开滦集团煤炭产业通过“内挖外扩”，合理整合河北省、内蒙古自治区、新疆维吾尔自治区、山西省以及海外加拿大等地的煤炭资源，现已形成“五大区域、七大战略基地”。

开滦集团地处环渤海经济区腹地，与京、津相毗邻，地理位置优越，交通便利，京山、京秦铁路纵横其中，秦皇岛港、塘沽港与之相接，在唐山港、曹妃甸港建有开滦业主码头、国家级数字化煤炭储配基地、煤化工产业园区，煤炭可直抵华东、华南市场，远销海外。

开滦集团的前身是开滦矿务局，1999年年底改制为开滦（集团）有限责任公司。目前，开滦集团已建成集煤炭生产、洗选加工、煤化工、现代物流、金融服务、文化旅游、装备制造、热电、建筑施工等多产业并举的大型企业集团。形成五大区域、七大战略基地的生产格局，分布在河北唐山、河北张家口蔚州、内蒙古鄂尔多斯、新疆准东、山西介休和国外加拿大盖森地区。集团下辖45个分公司、70个子公司，拥有1个能源化工上市公司。到2014年年底，总资产748亿元，在册员工64 906人。

“十三五”时期，开滦集团将坚持“以煤为基、多元发展”的发展战略，着力转变发展方式，深入推进结构调整和转型升级，加快优化煤炭产业、煤化工产业、煤电热产业、现代服务业等“四大板块”产业发展新格局，形成河北省、内蒙古自治区、山西省、新疆维吾尔自治区、海外等“五大区域”空间布局，努力实现经济增长、产业结构和经营模式“三大转型”，建设成为“主业突出、结构合理、治理科学、效益领先”的国际化大型企业集团。

（四）冀中能源集团有限责任公司

冀中能源集团有限责任公司（简称冀中能源集团）成立于2008年6月，是经河北省人民政府批准组建的大型国有企业。原煤炭部在河北省8家直属单位中的6家已经融入冀中能源集团。2009年6月重组了华北制药集团。2010年6月组建了河北航空投资集团和河北航空公司。现已发展成为以煤炭为主业，制药、化工、电力、装备制造、现代物流等多产业综合发展的特大型现代企业集团。

集团拥有峰峰、邯郸、邢台、井陉、张家口、山西晋中和内蒙古等7个生产矿区，下辖峰峰集团公司、华北制药集团公司、河北航空投资集团公司、冀中能源股份公司、邯郸矿业集团公司、张家口矿业集团公司、井陉矿业集团公司、邢台矿业集团公司、山西冀中能源集团矿业公司、机械装备集团公司、国际物流集团公司等11个子公司。在深、沪两市拥有冀中能源、华北制药和金牛化工3家上市公司，并拥有一家企业财务公司。

其中，冀中能源股份有限公司，是冀中能源集团控股子公司，1999年9月在深交所上市交易，股票简称“冀中能源”，股票代码000937，是河北省首家上市煤炭企业，全国第一批完成股权分置改革企业。2010年1月12日，公司名称由河北金牛能源股份有限公司变更为冀中能源股份有限公司。

目前，公司下辖邢台、邯郸、张家口、山西寿阳四个矿区19座矿井，煤炭核定总产能3 000万吨以上，同时拥有7万吨玻纤原丝、300万吨水泥熟料、150万吨焦炭和20万吨甲醇产能，并控股一家上市公司——河北金牛化工股份有限公司，企业资产总额272亿元，是以煤炭为主业，建材、化工、电力、物流等产业多元发展的特大型现代化煤炭企业。公司还连续入选“深证成指”“深证100”及“巨潮100”指数。

（五）淮北矿业（集团）有限责任公司

淮北矿业（集团）有限责任公司是以煤炭和煤化工产品生产为主，集电力、建筑建材、医药、机械制造、农林养殖、商贸旅游为一体，多种经营、综合发展的大型企业集团，始建于1958年，其前身为淮北矿务局，1998年3月，改制为淮北矿业（集团）有限责任公司。现由安徽省人民政府国有资产监督管理委员会直接监管。

淮北矿区地处华东腹地，矿区总面积 9 600 平方千米，其中含煤面积 6 912平方千米，包括濉肖、宿县、临涣、涡阳四大矿区。全矿区煤炭保有储量 85 亿吨，有焦煤、1/3 焦煤、气煤、肥煤、贫煤、瘦煤、无烟煤和天然焦等主要煤种，煤质优良，属低硫、低灰、特低磷、高发热量、粘结性强、结焦性好的“绿色环保型”煤炭。除煤炭资源外，矿区还有丰富的伴生矿资源：煤层气达 3 000 多亿立方米，优质高岭土 4. 8 亿吨，天然焦 1. 5 亿吨。

与国内其他煤炭基地相比，淮北矿区煤炭赋存极为特殊，一方面，地质构造复杂，煤层稳定性差，不适宜建大矿；另一方面，煤种优势极为突出，肥煤、焦煤、瘦煤等稀缺煤种占总储量的 85% 以上。淮北矿业公司是淮北矿区最大的煤炭开采企业，是华东地区最大的炼焦精煤生产企业之一，所生产的“九神”牌冶金用焦精煤、“青龙山”牌冶金焦用瘦精煤为安徽省名牌产品。

近年来，淮北矿业公司积极配合完成煤炭行业去产能任务，现有资产 934 亿元，在岗职工减少至 5. 7 万人，生产矿井将至 20 对，最新核定煤炭生产能力约 3 500 万吨/年，年产冶炼精煤 1 000 万吨；电力装机规模 200 万千瓦；具备年产 440 万吨焦炭、联产 40 万吨甲醇和 46 万吨 PVC 生产能力。

第五节　焦煤产业发展前景

一、供给前景

工业品的供应规律与农产品略有不同，煤炭产量在较长一段时间内受煤炭产能的影响，产量等于产能乘以开工率，因此，长周期的供给分析离不开行业固定资产投资情况，短周期的供给分析主要受价格及需求的影响。目前，我国焦煤的供应主要依赖国内产量，也有进口焦煤的补充（见图 1 - 6）。

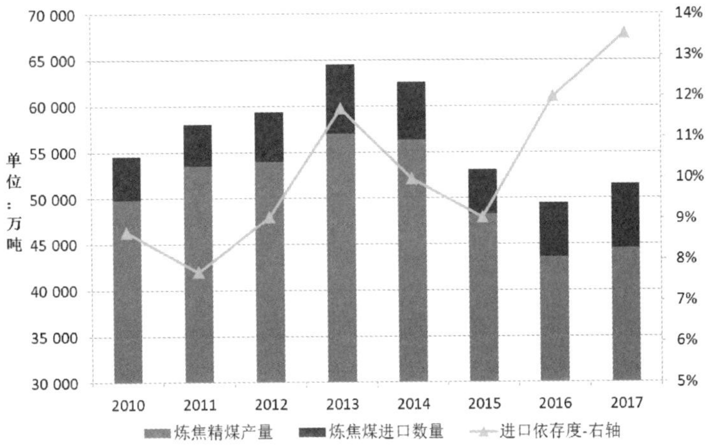

图 1-6　炼焦煤产量与进口数量

资料来源：中国（香港）金融衍生品投资研究院。

（一）焦煤生产情况

受炼焦煤市场需求拉动，2003—2015 年中国炼焦煤产量持续增长，年均增长超过 10%。从历年各地区炼焦煤产量来看，中国焦煤产量主要集中在华北地区，西南地区和东北地区产量次之，华东地区焦煤的产量在炼焦煤产量中比例较小，中南地区产量不多，西北地区产量最少。

从具体的省份上看，炼焦煤生产大省与焦煤生产大省存在一定差异。山西省的炼焦煤和焦煤产量都是最大的。山东省虽然是我国仅次于山西省的第二大炼焦煤产量大省，但是山东省的焦煤产量非常少，仅占全省炼焦煤产量的 0.1%，而气煤比例最多，约占全省炼焦煤的 55%。其他焦煤产量较大的省份包括贵州省、云南省、河南省和安徽省等。

2017 年，我国煤炭行业化解过剩产能 2.5 亿吨，超额完成目标任务；煤炭产能利用率达到 68.2%，同比提高 8.7 个百分点。化解产能过剩、淘汰落后产能工作的持续推进提升了煤炭行业产能利用率。2018 年将继续退出煤炭产能 1.5 亿吨左右。

2018 年 6 月全国原煤产量 29 801.7 万吨，同比增长 1.7%，1—6 月原煤产量 169 659 万吨，同比增长 3.9%。炼焦煤方面，5 月份炼焦精煤产量 3 664.6万吨，同比减少 8%，1—5 月炼焦精煤产量 17 604 万吨，同比减少 1.1%。

（二）焦煤进口情况

2002 年以前，中国炼焦煤进口数量不多，每年基本在 20 万 ~50 万吨左右。进口的炼焦煤主要来自澳大利亚，用户主要是东南沿海的焦化厂，还有上海宝钢进口少量的低灰和特低灰炼焦精煤。2002 年，中国炼焦煤进口量小于 30 万吨，尚不到煤炭进口总量的 10%。2003 年以后，中国钢铁工业高速发展、焦化厂大规模上马，致使炼焦煤过度消耗、部分地区出现相应紧缺。2003 年以后中国炼焦煤进口突飞猛进增长了 10 倍以上，2005 年我国炼焦煤进口增长至 719 万吨，比 2004 年增加 43 万吨，上升约 6.3%。2006 年则改变进口增长态势，炼焦煤进口量下降到 466 万吨，降幅达 35.2%。主要原因是当年国内炼焦煤产量继续增长，增量约占全部产量的 1/2 左右，所以减少了我国对炼焦煤进口的需求。

然而从 2006 年 10 月 27 日开始，我国煤炭进口关税降到零水平，加之由于国内焦炭高增长，炼焦煤需求增加，造成国内炼焦煤资源紧缺，2007 年炼焦煤进口局势发生逆转，进口量开始大幅回升，进口量达 622 万吨，增幅达 33.48%。这一年我国转为炼焦煤净进口国。

进入 2008 年，尽管国际市场炼焦煤大幅度涨价，但炼焦煤资源的紧缺，一些焦化企业不得不加大从国外的进口。2008 年全年进口炼焦煤 686 万吨，同比大增 10.3%。

2009 年之后，中国钢铁产量不仅未受金融危机影响，反而大幅上涨；同时，国内炼焦煤产量却增长有限，尤其是优质炼焦煤主产区的山西省产量下滑。受双重影响，2009 年进口量大幅度攀升到 3 442 万吨，同比增长 401.8%；2010 年进口量达到 4 727 万吨，同比增长 37.3%；2011 年，受我国政府紧缩调控政策的影响，国内经济增速逐步放缓，下游钢铁、焦炭的需求受到抑制，焦煤进口量同比减少 5.5%，为 4 466 万吨。

2012 年至 2013 年，国内外炼焦煤资源宽松，且国内焦煤价格高企，进口焦煤存在很大的优势，导致钢厂和贸易商大量进口，炼焦煤进口量出现暴增，分别达到 5 361 万吨和 7 542 万吨，同比增加了 20.1% 和 40.7%。

2014 年至 2015 年国际国内钢铁行业仍处于弱势运行态势，对炼焦煤的需求增速放缓，2015 年中国进口炼焦煤 4 800 万吨，同比下降 23.1%。我国进口焦煤主要来自于澳大利亚、加拿大、俄罗斯和蒙古（见图 1 -7）。

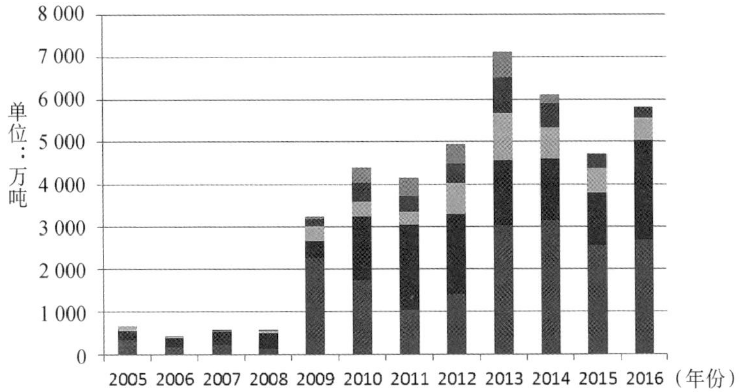

注：图中所示以下至上依次为澳大利亚、蒙古、加拿大、俄罗斯、美国。

图1－7　我国焦煤主要进口国进口量

资料来源：中国（香港）金融衍生品投资研究院。

二、需求前景

工业品的直接需求由其用途决定，终端需求与宏观经济形势紧密相关，因此长周期的需求分析离不开宏观经济，短周期的需求分析主要关注下游产品的产量及出口情况。焦煤主要用于炼焦，加上我国焦煤资源紧张，极少出口，因此，目前我国焦煤的需求主要来自国内炼焦行业。

中国是当今世界上焦炭的第一生产大国、消费大国和出口大国。中国炼焦工业分布于28个省市地区，但主要集中在华北地区、华东地区和东北地区。钢铁行业又是国内焦炭消费的主要用户，钢铁行业快速发展可以增加焦炭的需求量，进而增加炼焦煤的需求量。因此，钢铁行业和焦炭行业景气状况是影响炼焦煤需求的重要因素，焦煤作为炼焦配煤的主焦煤，其需求与钢铁行业和焦炭行业息息相关。

一般1.33吨炼焦精煤可以产出1吨焦炭，不过由于不同地域炼焦煤资源分布的差异，以及对焦炭质量需求的不同，焦化企业配煤比例各有不同，所使用的主焦煤的数量亦存在差异。因此，主焦煤消费量与焦炭产量之间并没有一个固定的线性关系，我们只能通过焦炭产量大致推算焦煤的消费量。另外，还有一种表观消费量的计算思路，即按需定产，表观消费量＝产量＋净进口量。

21世纪初期，随着我国经济的快速发展，国内钢铁产业产能迅速扩张，炼焦煤需求呈现持续增长态势。2000—2014 年，我国焦炭产量几乎逐年在提高，只有 2008 年略有下降。但随着经济新常态的到来，2015 年起焦炭产量开始出现了持续下降，2017 年我国焦炭产量为 4.31 亿吨，同比下降 3.3%（见图 1-8）。供给侧结构性改革和大气污染治理工作等新政策导致焦炭产量继续下降，焦煤需求也陷入增长乏力的局面。

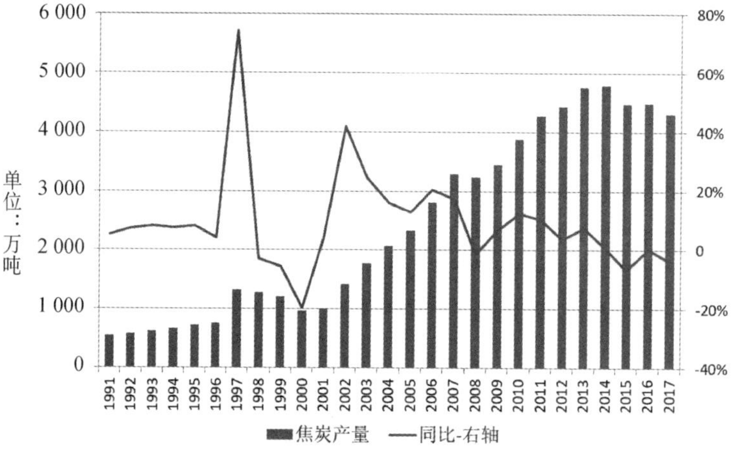

图 1-8　我国焦炭产量及同比数据

资料来源：中国（香港）金融衍生品投资研究院。

第六节　焦煤产业重要政策

我国煤炭产业的法律法规较为健全，这些法律法规同样对焦煤产业具有约束和指导作用。早在 1996 年，我国就通过《煤炭法》，规范煤炭生产、经营活动，促进和保障煤炭行业的发展。2004 年，国家发展和改革委员会依据《煤炭法》制定了《煤炭经营监管办法》，对煤炭经营企业的资格以及煤炭经营行为进行约束，为煤炭经营资格审查以及监督管理提供指引。2007 年，国家发展和改革委员会通过《煤炭产业政策》，明确了鼓励性、限制性和禁止性政策，提出了煤炭工业发展目标和实现目标的保障措施。

总体来说，我国煤炭产业的法律体系完善，产业规划明确，可以保障整个产业的长远可持续发展。煤炭工业部门以上述法律法规为基础指导思想，制定特定的行业政策来引导市场运行。

一、产业发展规划方面

以去产能、去库存、去杠杆、降成本、补短板为重点的“供给侧结构性改革”是我国“十三五”期间最重要的发展思想之一，去产能是“五大重点任务”之首，钢铁和煤炭两个行业又是产能严重过剩的典型。2016 年 2 月 1 日，国务院以国发〔2016〕7 号印发《关于煤炭行业化解过剩产能实现脱困发展的意见》，初步提出在近年来淘汰落后煤炭产能的基础上，从 2016 年开始，用 3 ~ 5 年的时间，再退出产能 5 亿吨左右、减量重组 5 亿吨左右。

2016 年 12 月，国家能源局发布《煤炭工业发展“十三五”规划》，进一步明确化解淘汰过剩落后产能 8 亿吨/年左右，通过减量置换和优化布局增加先进产能 5 亿吨/年左右。该规划主要目标如下：到 2020 年，煤炭开发布局科学合理，供需基本平衡，大型煤炭基地、大型骨干企业集团、大型现代化煤矿主体地位更加突出，生产效率和企业效益明显提高，安全生产形势根本好转，安全绿色开发和清洁高效利用水平显著提升，职工生活质量改善，国际合作迈上新台阶，煤炭治理体系和治理能力实现现代化，基本建成集约、安全、高效、绿色的现代煤炭工业体系。

集约：化解淘汰过剩落后产能 8 亿吨/年左右，通过减量置换和优化布局增加先进产能 5 亿吨/年左右，到 2020 年煤炭产量达 39 亿吨。煤炭生产结构优化，煤矿数量控制在 6 000 处左右，120 万吨/年及以上大型煤矿产量占 80% 以上，30 万吨/年及以下小型煤矿产量占 10% 以下。煤炭生产开发进一步向大型煤炭基地集中，大型煤炭基地产量占 95% 以上。产业集中度进一步提高，煤炭企业数量在 3 000 家以内，5 000 万吨级以上大型企业产量占 60% 以上。

安全：煤矿安全生产长效机制进一步健全，安全保障能力显著提高，重特大事故得到有效遏制，煤矿事故死亡人数下降 15% 以上，百万吨死亡率下降 15% 以上。煤矿职业病危害防治取得明显进展，煤矿职工健康状况显著改善。

高效：煤矿采煤机械化程度达到85%，掘进机械化程度达到65%。科技创新对行业发展贡献率进一步提高，煤矿信息化、智能化建设取得新进展，建成一批先进高效的智慧煤矿。煤炭企业生产效率大幅提升，全员劳动工效达到1 300吨/人·年以上。

绿色：生态文明矿区建设取得积极进展，最大程度减轻煤炭生产开发对环境的影响。资源综合利用水平提升，煤层气（煤矿瓦斯）产量240亿立方米，利用量160亿立方米；煤矸石综合利用率75%左右，矿井水利用率80%左右，土地复垦率60%左右。原煤入选率75%以上，煤炭产品质量显著提高，清洁煤电加快发展，煤炭深加工产业示范取得积极进展，煤炭清洁利用水平迈上新台阶。

二、产业结构调整方面

《产业结构调整指导目录》是《促进产业结构调整暂行规定》的配套文件，涉及20多个行业，其中鼓励类539条（受到广泛关注的小排量汽车此次列入鼓励发展项目），限制类190条，淘汰类399条。经国务院批准，国家发改委2005年颁布了首部《产业结构调整指导目录》，其后，根据实际情况对目录内容进行了多次调整，目前的最新版是《产业结构调整指导目录（2011年本）》（2013年修订）。

《产业结构调整指导目录（2011年本）》指出，煤炭鼓励类主要包括：鼓励120万吨/年及以上高产高效煤矿（含矿井、露天）、高效选煤厂建设；鼓励煤层气勘探、开发、利用和煤矿瓦斯抽采、利用；鼓励煤电一体化建设；鼓励大型煤炭储运中心、煤炭交易市场建设等。

煤炭限制类主要包括：单井井型低于以下规模的煤矿项目——山西省、内蒙古自治区、陕西省120万吨/年；重庆市、四川省、贵州省、云南省15万吨/年；福建省、江西省、湖北省、湖南省、广西壮族自治区9万吨/年；其他地区30万吨/年；采用非机械化开采工艺的煤矿项目等。

煤炭淘汰类主要包括：国有煤矿矿区范围内的各类小煤矿；2011年年底前全国范围内全部淘汰单井井型低于3万吨/年的煤矿矿井等。

三、矿业权方面

（一）采矿权市场化改革

财政部、国土资源部、中国人民银行联合发布《关于探矿权采矿权价款收入管理有关事项的通知》，自2006年9月1日起，国家出资形成的探矿权、采矿权价款收入按固定比例进行分成，其中20%归中央所有，80%归地方所有。一次性缴纳探矿权、采矿权价款确有困难的，可以分期缴纳；探矿权价款缴款期限不超过2年，采矿权价款缴款期限不超过10年。采矿权和探矿权市场化改革，将建立采矿权和探矿权的市场价格体系，促进煤炭资源合理有序的开发。

（二）矿业权审批管理

2010年9月，国土资源部下发了《关于开展煤炭矿业权审批管理改革试点的通知》（国土资发〔2010〕143号）决定在黑龙江省、贵州省、陕西省3个省国土资源厅进行煤炭矿业权审批管理改革试点，进一步加强煤炭矿业权宏观调控，转变管理职能，主要体现出以下特点：下放了煤炭矿业权的审批权力；增强了煤炭矿业权投放的计划性；强化了煤炭探矿权采矿权出让管理；利用市场化手段确保国家权益的实现。

2015年8月，国土资源部按照《国务院关于取消和下放一批行政审批项目的决定》（国发〔2014〕5号）关于取消“矿业权投放计划审批”和“煤炭矿业权审批管理改革试点省煤炭矿业权审批项目备案核准”的相关要求，以及《国土资源部关于不再暂停受理新设煤炭探矿权申请的通知》（国土资发〔2014〕120号）关于“不再暂停受理新设煤炭探矿权申请”的相关要求，对国土资发〔2010〕143号文进行修改，下发《关于煤炭矿业权审批管理改革试点有关问题的通知》（国土资规〔2015〕4号）取代国土资发〔2010〕143号文作为矿业权审批权下放的最新指导。黑龙江省、贵州省、陕西省将继续深化有关煤炭探矿权、采矿权审批管理等改革工作至2020年。

四、安全生产方面

第一，自2011年以来，小煤矿水害事故多次发生，国家煤监局于2011年8月4日发布《关于进一步加强煤矿防治水工作的通知》，要求：高度重视煤矿防治水工作；认真落实井下防水措施；严禁在水体下、采空区水淹区域下开采急倾斜煤层；严禁违规在井下构筑防水墙；要加强汛期水害防治工作。这将促使煤炭行业的安全生产水平的提高，促进整个行业的整合和转型。

第二，2011 年 10 月 1 日，国务院办公厅以国办发〔2011〕47 号发布《安全生产“十二五”规划》，其规划指标是：煤矿百万吨死亡率下降 28% 以上。其主要任务为：开展全面、系统、彻底的安全隐患排查治理，防范瓦斯、水害、火灾等重特大事故。完善煤矿安全生产责任体系，强化生产过程管理领导责任。深化煤矿瓦斯综合治理，推进先抽后采、抽采达标，严格落实综合防突措施，完善瓦斯综合治理工作体系。健全灾害监控、预测预警与防治技术体系，狠抓矿井水害、火灾、冲击地压等事故防控技术措施落实。对资源整合矿区实施水文、工程地质补充勘探。治理煤矿火灾隐患。提高矿用产品、设备安全性能。

将煤矿技术人员配备列入安全准入基本条件，严格煤炭建设、生产领域的企业准入标准。推进煤矿企业安全质量标准化和本质安全型矿井建设，推广应用煤矿井下监测监控系统、人员定位系统、紧急避险系统、压风自救系统、供水施救系统和通信联络系统，强化安全班组建设等安全基础管理。推动煤矿企业兼并重组和小煤矿整顿关闭，构建安全、高效的煤炭产业体系。完善煤矿采气权与采矿权协调、小煤矿严格准入与有序退出等机制。小型煤矿采煤、掘进装载机械化程度到 2015 年底分别达到了 55% 和 80% 以上。加强煤矿地质勘探报告审查。严格控制新（改、扩）建煤与瓦斯突出矿井建设，“十二五”期间停止核准新建 30 万吨/年以下的高瓦斯矿井、45 万吨/年以下的煤与瓦斯突出矿井项目。

第三，2013 年 2 月 25 日，国家煤矿安全监察局制定《2013 年煤矿安全工作要点》，其重点内容包括：以小煤矿关闭退出为重点，推进煤炭工业结构战略性调整，坚决落实小煤矿关闭退出任务，坚决停止审批新建 30 万吨/年以下高瓦斯矿井和 45 万吨/年以下煤与瓦斯突出矿井，引导大型煤矿企业收购、兼并或整合小煤矿；国家煤监局将紧盯四川省、重庆市、贵州省、云南省、湖南省、黑龙江省、江西省、湖北省、辽宁省等重点地区，坚决落实小煤矿关闭退出任务。上述地区是小煤矿数量多、灾害严重的地区，必须加大工作力度。

五、煤化工方面

2011年3月23日，国家发改委发布《国家发展改革委关于规范煤化工产业有序发展的通知》，通知指出：高度重视煤化工盲目发展带来的问题：加大产业风险、加剧煤炭供需矛盾、增加节能减排工作难度、引发区域水资源供需失衡；切实加强煤化工产业的调控和引导，严格产业准入政策、加强项目审批管理、强化要素资源配置、落实行政问责制；统筹规划，做好试点示范工作；在国家相关规划出台之前，将暂停审批单纯扩大产能的焦炭、电石项目，禁止建设不符合准入条件的焦炭、电石项目，加快淘汰焦炭、电石落后产能，对合成氨和甲醇实施上大压小、产能置换等方式，禁止建设年产50万吨及以下煤经甲醇制烯烃项目，年产100万吨及以下煤制甲醇、煤制二甲醚、煤制油项目，年产20亿立方米及以下煤制天然气项目，年产20万吨及以下煤制乙二醇等项目。

国内煤化工项目产能过剩情况较为严重，甲醇装置开工率不到50%，二甲醚装置也大量闲置，相当一部分企业面临破产倒闭。此次明确煤化工产业准入标准，加大了行业整理力度，有助于提高焦炭、电石等行业的集中度。

六、国家应急储备基地方面

2011年3月22日，国务院批准《2011年第一批国家煤炭应急储备方案》，国家目前确定10家大型煤炭、电力企业和秦皇岛港、黄骅港、舟山港、广州港、武汉港、芜湖港、徐州港、珠海港等8个港口企业，计划储煤500万吨；根据相关规定，储备点新建、改扩建所需资金，可从中央预算内投资中安排投资补助；此外，对煤炭应急储备贷款给予利息补贴，对场地占用费和保管费给予定额补贴。

国家煤炭储备体系建成后，将大大提高我国的能源安全保障水平。目前，国家煤炭储备基地建设正在启动之中，北京市、山西省、山东省、湖北省、江苏省、安徽省、辽宁省等地纷纷提出了建设煤炭战略储备基地的规划，部分煤炭储备基地项目已开工建设和已建成投入运营。

七、煤炭回采率方面

2012 年 12 月 24 日，国家发改委下发《生产煤矿回采率管理暂行规定》：煤矿煤层厚度大于 3.5 米的、采区回采率必须大于 75%，煤层厚度小于 1.3 米的须大于 85%，煤层厚度介于 1.3～3.5 米的大于 80%；露天煤矿煤层厚度小于 1.3 米的、采区回采率必须大于 70%，煤层厚度介于 1.3～3.5 米的大于 80%，3.5～6.0 米的大于 85%，超过 6 米的须大于 95%。同时要求：煤矿企业应当根据地质条件和煤层赋存状况，选择合理的采煤方法，不得吃肥丢瘦、浪费煤炭资源。同时，国家鼓励煤矿企业采用新技术、新工艺、新装备提高回采率。

八、税收方面

（一）关税

2005 年 4 月 1 日起，将动力煤的进口关税从 6% 降至 3%。自 2006 年 11 月 1 日起，国家对煤炭产品实施 1% 的进口暂定税率。2008 年 1 月 1 日起，下调为 0。

自 2006 年 9 月 15 日起，执行动力煤和无烟煤的出口退税降为零。

自 2008 年 8 月 20 日起，除了焦炭的出口暂定税率由 25% 提高至 40% 外，炼焦煤出口暂定税率由 5% 提高至 10%，其他烟煤等开始征收出口暂定关税，暂定税率为 10%。

2014 年 10 月 15 日起，取消无烟煤（税号：27011100）、炼焦煤（税号：27011210）、炼焦煤以外的其他烟煤（税号：27011290）、其他煤（税号：27011900）、煤球等燃料（税号：27012000）的零进口暂定税率，分别恢复实施 3%、3%、6%、5%、5% 的最惠国税率。但由于 2015 年 6 月，中澳双方签订自由贸易协定，澳洲炼焦煤进口关税从 2016 年 1 月 1 日起依然执行零关税。

（二）资源税

《中华人民共和国资源税暂行条例》经 1993 年 12 月 25 日中华人民共和国国务院令第 139 号发布；根据 2011 年 9 月 30 日《国务院关于修改〈中华人民共和国资源税暂行条例〉的决定》修订，2011 年 9 与 30 日国务院令第

605 号发布，自 2011 年 11 月 1 日起施行，其变动主要集中于两点：一是增加部分税目的从价计征方法；二是提高部分高价稀缺资源的征税标准。

根据修改后的条例规定，原油、天然气税率均为销售额的 5% ~ 10%；对煤炭仍然实行从量计征的方法，普通煤种仍按 0.3 ~ 5 元/吨进行征收，但对焦煤进行单独列出并上调税率标准至 8 ~ 20 元/吨。由于当时煤炭价格较高，市场普遍担忧如果煤炭资源税改为从价计征，那么有可能大幅增加煤炭企业税赋成本，好在最终修改后的煤炭资源税税率明显低于市场预期。

不过随着煤价下跌，有关部门重启煤炭资源税改革工作。为促进资源节约集约利用和环境保护，推动转变经济发展方式，规范资源税费制度，经国务院批准，自 2014 年 12 月 1 日起在全国范围内实施煤炭资源税从价计征改革，同时清理相关收费基金。

煤炭资源税税率幅度为 2%~10%，具体适用税率由省级财税部门在上述幅度内，根据本地区清理收费基金、企业承受能力、煤炭资源条件等因素提出建议，报省级人民政府拟定。结合当前煤炭行业实际情况，现行税费负担较高的地区要适当降低负担水平。省级人民政府需将拟定的适用税率在公布前报财政部、国家税务总局审批。

九、价格调控方面

改革开放以前，我国对煤炭实行国家统购统销，统一定价，产、运、需三量均采用指令性计划的方式下达，因此，所有煤炭品种都基本不存在市场交易问题。

从 1993 年开始，我国的煤炭逐步开始了市场化改革，1993—2003 年逐步由计划经济向市场经济转型，除了电煤外，其他煤炭品种的价格全部放开。这一阶段煤炭供需双方在国家指导下采用订货交易方式进行资源配置，运力计划仍由国家进行微观管理。2004—2014 年是我国煤炭市场化体制机制不断完善的阶段，取消电煤价格临时干预措施，不再直接干预重点电煤价格，铁路运力配置也以供需双方签订的合同为基础。自 2014 年以来，国家对电煤价格的干预力度有所加强，前期主要是希望帮助严重亏损的煤炭企业脱困，近年来以平抑煤价过快上涨为主。

与电煤不同，国家较早放开了所有炼焦煤的定价机制，产业政策相对而言比较宽松，市场化改革较为彻底，市场体系逐渐完善，目前已经形成了比较灵活的市场化供需双方交易机制，开展期货交易不存在政策性障碍。即便是近年来国家鼓励煤钢双方签订炼焦煤的中长期合同，炼焦煤的长协定价机制也依然以市场规律为核心。

第二章

焦炭产业链基础

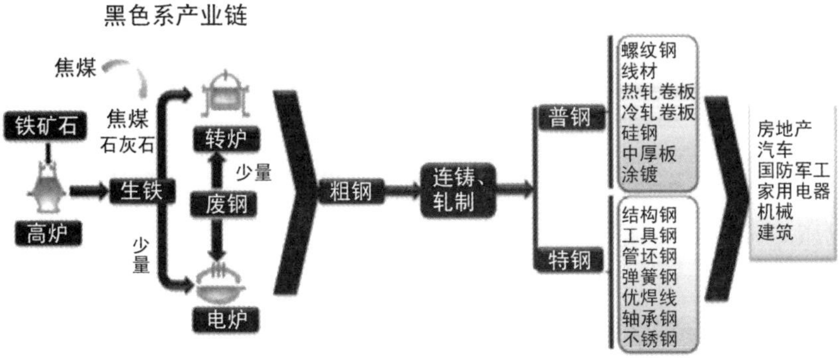

煤焦矿产业链导图

第一节　焦炭的概念

在铁器之前，人类最早使用的金属是铜、陨铁、金、铂一类自然存在的金属单质。彼时，人类还未掌握冶炼技术，只能通过熔化金属单质来制作金属工具。但天然的金属资源毕竟有限，为了获得更多的金属，人类必须依靠冶炼技术，从矿石中提取金属单质，其中必不可少的材料之一就是充当燃料和还原剂的煤炭。

我国春秋时期已经炼出生铁，当时使用的燃料是木炭，西汉时期开始用煤炼铁，宋金时期发明了炼焦技术，用焦炭炼铁的记载大约始于明代，但受经济发展水平的限制，我国一直到清末也没有普遍使用焦炭炼铁。相比之下，欧洲资本主义经济的迅猛发展使得人们对钢铁的需求激增，为了降低成本和扩大生铁产量，英国在 18 世纪初发明了竖炉焦炭炼铁技术，并开启了焦炭炼铁技术的新时代，这被后人视为引燃世界第一次工业革命的火种。现代高炉炼铁技术基本脱胎于焦炭炼铁技术，可以说炼焦及焦炭的使用是钢铁产业历史发展进程上浓墨重彩的一笔。

焦炭是指以烟煤中的炼焦煤作为主要原料，在隔绝空气条件下通过室式焦炉加热至 950℃ ~1 050℃，进而干馏得到的固体产物，其外观特征通常表现为质地坚硬、多孔、灰色、不同粗细裂纹的炭质固体块状。广义的焦炭是指由烟煤、石油、沥青或者其他液体碳氢化合物为原料，在隔绝空气的条件下干馏得到的固体产物。另外，长焰煤干馏的固体产物为半焦（兰炭）。

根据原料煤的性质和干馏的条件，焦炭可以划分为不同规格和质量，通常按用途将其分为冶金焦、铸造焦、化工焦等。在冶金焦中，用于高炉炼铁的称为冶金焦，用于冲天炉熔铁的称为铸造焦。

近年来，钢铁行业是带动焦炭消费持续增长的重要力量。据中国炼焦行业协会统计，90% 以上的冶金焦用于高炉炼铁，在其他领域消费的焦炭，如铸造焦、化工焦等，由于产量较小，定向生产，不适合作为标的物，而且与冶金焦质量差异较大，一般不会混入高炉焦中参与期货交割。因此，大连商品交易所选择高炉冶金焦炭作为交易标的物来设计焦炭期货。

冶金焦炭是钢铁工业的重要原料，它对高炉炼铁的作用主要表现在四个方面：

第一，主要的热量来源。焦炭炉料的55%~65%在风口前燃烧，放出大量热量并产生煤气，煤气在上升过程中将热量传给炉料，并为炉料下降提供自由空间，使高炉内的各种物理化学反应得以进行。高炉冶炼过程总热量的70%~80%是由炼铁炭素（焦炭和煤粉）燃烧提供的，焦炭是其中的主要部分。尽管近年来，高炉喷煤技术的广泛应用使得焦炭总体的用量在逐步减少，但是焦炭在冶炼中的主要热量来源地位并没有从根本上改变，理论上最低焦比至少为250kg/t。

第二，从铁矿石还原出金属铁的还原剂。焦炭燃烧产生的CO及焦炭中的固定碳是铁矿石的还原剂。

第三，液铁渗碳剂。冶炼得到的生铁含碳量一般在4.3%左右，在高炉炼铁过程中，焦炭中的碳会逐步渗透到生铁中，生铁渗碳消耗焦炭约7%~10%。

第四，炉料的骨架作用。焦炭在料柱中占1/3~1/2的体积，尤其是在高炉下部高温区只有焦炭是以固体状态存在，它对料柱起骨架作用，支撑着烧结矿、球团矿、天然块矿等炼铁原料，冶炼过程中高炉下部料柱的透气性几乎完全由焦炭来维持，起到煤气的透气窗作用。

总之，焦炭既是炼焦行业的主要产物，又是钢铁行业的重要原料，因而成为链接煤—焦—钢产业链的重要中介。各式各样的钢铁制品进入基础设施建设、房地产建筑、机械制造、汽车制造、船舶制造、家电制造等领域，最终与国民经济运行紧密联系在一起。多数时候，焦炭消费量的增速与宏观经济增速是正相关的。当我们对煤—焦—钢产业链进行自下而上的分析时，宏观经济形势及其呈现出来的终端需求状况将是不容忽视的因素（见图2-1）。

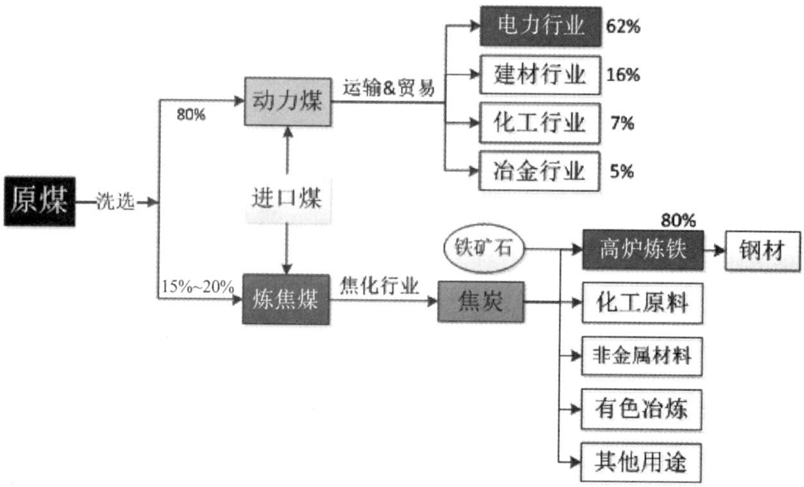

图 2－1　煤焦钢产业链示意图

资料来源：中国（香港）金融衍生品投资研究院。

第二节　焦炭产业发展现状

目前，我国焦化行业的集中度仍有待提升，而且独立焦化企业以民营居多，大多不掌握煤炭资源。近年煤炭行业大兴兼并重组，上游炼焦煤供给不足，下游的钢铁企业又比较强势，独立焦化企业面临两头受气的压力，若想长期生存下去，有必要向上下游两个方向延伸和发展，寻求合作和联合，打造煤—焦（化）—钢等上下游行业合作共赢的坚实产业链。

此外，独立焦化企业除生产焦炭外，其他竞争力主要体现在“化工产品”部分，即综合利用焦炭生产过程中的副产品进行化工产品的生产。由于副产品的综合利用需要一定的规模，因此特别适合大型焦化企业。

未来焦炭生产向大型化、集约化的方向发展是符合供给侧改革大方向的发展前景趋势。一方面，独立焦化企业的产能将向大中型企业集中，进而提高这些大型焦化企业的综合竞争力。另一方面，随着钢铁行业集中度的提升，大型钢铁企业将更加重视产业链的安全，提高企业焦炭自给能力是大型钢铁企业的发展方向，钢企可以通过加快焦炉配套建设或者联合建厂来降低外购焦炭比重。此外，一些拥有炼焦煤资源的大型煤炭企业，原料成本较低，管理水平较高，在市场竞争中能够通过兼并重组等措施增加炼焦及煤化工等板块，进一步延伸自身的加工链，让企业的利润来源更加丰富。

随着废钢开始回收，大量电炉投入使用，钢厂广泛采用喷煤技术，焦炭利用率提高，焦炭生铁比下降，这些因素共同导致近年来焦炭消费量增长速度有所降低。不过，焦炭是高炉炼铁过程必不可少的炉料，其质量对高炉炼铁工艺和产品品质的影响程度占总影响因素的 30% 以上。焦炭对高炉炼铁的作用主要表现在热量来源、还原剂、液铁渗碳剂、炉料骨架四个方面。近年来，随着高炉喷吹煤粉技术的逐渐普及，焦炭的前三项作用不同程度地被煤粉所替代，唯有支撑骨架作用是煤粉无法替代的。因此，在没有进一步技术革新之前，钢铁行业对于焦炭的需求仍将维持刚性。

高炉喷煤量增加后，焦比将降低，焦炭在高炉内所承担的矿石负荷和停留时间也将增加，焦炭受到更强烈的机械力、热应力和化学侵蚀作用，降解劣化加剧。由于焦炭的支撑骨架作用越来越重要，钢厂对焦炭的质量提出了更高的要求，尤其是要求焦炭具备更高的强度、更均匀的粒度和更好的化学稳定性。

第三节 焦炭产业市场供需

一、进出口情况

自 2000 年以来，我国焦炭出口量基本保持在 1 000 万吨以上，占世界焦炭出口量超过 50%，是名副其实的焦炭第一生产大国和出口大国，在焦炭国际贸易中具有比较重要的地位。相应地，我国很少进口焦炭。

2005 年是我国焦炭外贸政策调整的转折点。为配合国内焦化行业结构调整的顺利进行，我国焦炭外贸政策由过去的鼓励焦炭出口改变为严格控制焦炭出口。国家取消焦炭产品的出口退税，坚持配额管理，从严控制焦炭出口量，并在 2008 年 8 月 20 日将焦炭出口暂定税率进一步上调至 40%，国际市场需求萎缩加上政策限制，2008—2012 年我国焦炭出口大幅下降，此次下滑在2009年达到最低点（见图2－2）。

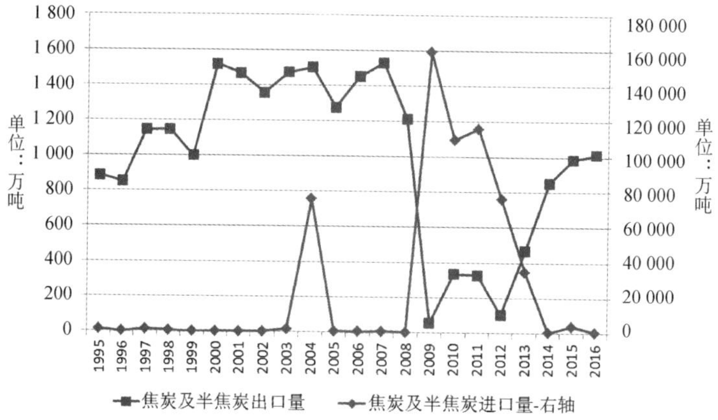

图2－2　焦炭及半焦炭进出口量

资料来源：中国（香港）金融衍生品投资研究院。

2013年，受国内焦炭产能严重过剩影响，加上焦炭出口税率的取消，焦炭出口量出现复苏，有了较大幅度增加，全年焦炭出口467.25万吨，同比增长358.1%。此后，焦炭出口继续增长，但涨幅收窄，2016年我国焦炭出口量重回1 000万吨。

二、生产情况

我国炼焦企业遍布于28个省区，但产能主要集中于华北、华东和西北地区，各地区焦炭产量占全国比重相对稳定，华北地区多年来一直保持第一，但近年来西北和华东地区的占比也逐步增加。2015年，我国焦炭总产量为4.46亿吨，其中华北地区为16 704.25万吨，东北地区为3 156.9万吨，华东地区为9 538.08万吨，中南地区为5 098.78万吨，西南地区为3 397.31万吨，西北地区为6 488.2万吨。从比例上来看，2015年，华北地区为37.43%，东北地区为7.07%，华东地区为21.37%，中南地区为11.42%，西南地区为7.61%，西北地区为14.54%。

上述华北地区是指行政区划上的华北地区，包括山西省、河北省、内蒙古自治区、天津市和北京市，若从地理位置来看，山东省、河南省与河北省相邻，且均位于华北平原，这两个省的焦炭产量也较大，若将其纳入，则2015

年华北地区及周边地区的焦炭产量占全国的比重可达到53.21%（见图2-3）。

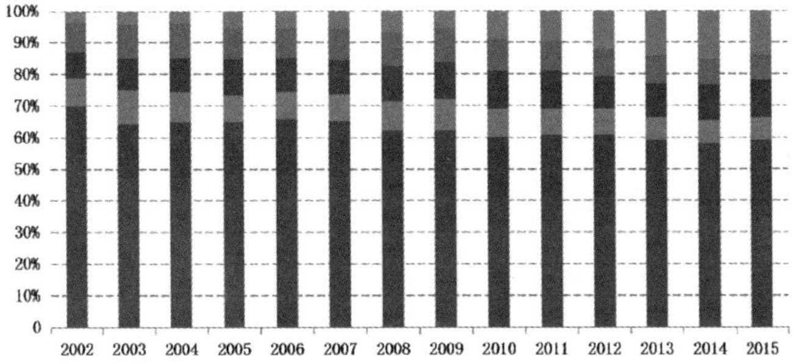

注：数据自上而下依次为：西北、西南、中南、东北、华东、华北。

图2-3 2002—2015年我国焦炭生产地区格局分布（相对占比）

资料来源：中国（香港）金融衍生品投资研究院。

三、消费情况

根据生铁产量的地区分布可以间接得到焦炭消费格局，数据显示：华北地区生铁产量占据绝对优势，近年占全国比重基本在35%左右；其次是华东地区，近年来所占比重持续提高；中南地区比重较为稳定，而西南地区和东北地区比重有所下滑（见图2-4）。

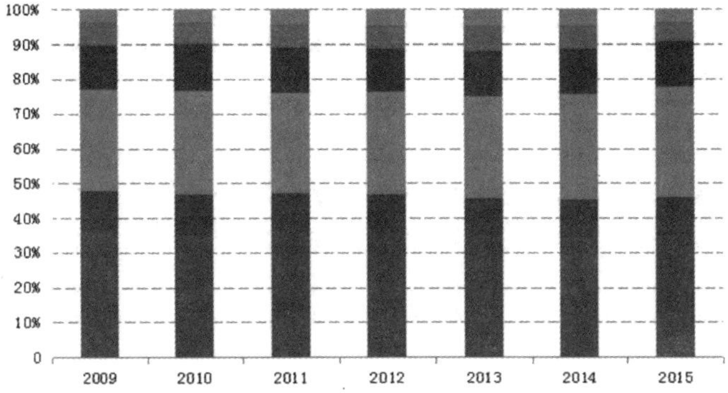

注：数据自上而下依次为：西北、西南、中南、华东、东北、华北。

图2-4 2009—2015年我国生铁生产地区格局分布（相对占比）

资料来源：中国（香港）金融衍生品投资研究院。

因此，华北地区不但是焦炭主产区，其消费量也最大，若考虑地理位置将其纳入河南省和山东省，则华北地区及周边地区是焦炭主要消费地。

第四节 焦炭产业竞争格局

一、市场参与者众多

焦炭产业链上各个环节的企业众多。焦炭产业链条从上游的能源领域，一直延伸到下游的冶金领域，涉及煤矿、洗煤厂、焦煤贸易商、焦化厂、焦炭贸易商、炼铁厂、轧钢厂等。目前，国内规模以上的焦化厂有近800家，符合工信部发布的市场准入条件的焦化企业有370家。钢铁相关领域的企业有近万家，开展高炉炼铁的企业也有数百家，除了大型钢铁企业自建焦化厂，只在出现原料缺口时对外采购焦炭，其他数百家钢铁企业必须长年对外采购焦炭。

此外，我国近年来已经形成焦炭出口贸易商群体，其中不乏中字头的大型国有企业，他们普遍规模较大，在出口受限的情况下也从事国内焦炭贸易，而且大多已开辟独特的生存空间，成为促进国内市场活跃交易的重要力量。

二、商品化率高

一种商品的销售量占总产量的比重可以称为其商品化率。2017年国内焦炭总产量为4.46亿吨，据估算，其中独立焦化厂生产焦炭31 877万吨左右，占比约73.89%，钢铁企业自产焦炭11 265万吨左右，占比约26.11%（不含半焦）。由此来看，焦炭的商品化率至少有70%以上。

此外，钢铁厂附属焦化厂也会像独立焦化厂一样，保留相当数量的焦煤库存，这部分焦煤与下游的焦炭市场高度相关，也承受着市场风险。所以，焦炭及其上游的焦煤加在一起，形成很大的商品量，具有较高的商品化比率。

三、市场竞争充分

焦炭在工商经营资质方面属于一般商品范畴，没有特殊要求和限制。国家对焦炭的资质大多是从生产源头环节开始管理，只要不是土焦工艺或4.3米以下焦炉生产的焦炭，生产和环保配套设备符合市场准入条件，都可以参与贸易流通。现货企业只要在工商行政管理部门办理的营业执照上有“焦炭”这一经营项目，就可以从事焦炭的贸易。不论是生产、消费还是贸易方面，焦炭市场规模都相对分散，从而导致市场竞争较为充分。

生产方面，尽管炼焦行业规模化程度逐年提高，但是至今生产集中度仍然较低。2018年，根据《焦化行业“十三五”发展规划纲要》和《打赢蓝天保卫战三年行动计划》，焦炭行业或将迎来一轮较为彻底的供给侧结构性改革。

消费方面，主要由钢铁行业的消费特性来决定。尽管钢铁行业已经开始实施供给侧改革，但是我国钢铁行业依然不是一个寡头垄断的市场。

贸易方面，大部分焦炭贸易是在近千家焦化厂和上百家钢铁厂之间直接发生的，这些焦化厂和钢铁厂不会把鸡蛋放在一个篮子里，他们大多会同时与多家企业保持贸易伙伴关系；单纯的中间贸易商一般规模不大。

四、定价机制市场化

目前，焦炭现货市场不存在行业垄断，也没有寡头操纵，焦炭价格是由大量的供需双方共同决定的，焦炭定价机制是市场化的，价格总体呈现自由竞争的状态。无论是中央政府，还是地方政府，从未对焦炭价格直接进行干预，也没有制定过价格的上下限政策。中国炼焦行业协会只对行业发展进行引导和协调，从不干预和制定企业的产品定价。

近年来，作为焦炭现代化市场体系的重要组成部分，地方性的焦炭电子交易市场迅速发展起来，主产地、集散地的焦炭价格已经公开和透明。2008年，上海考尔煤炭电子交易公司建立了我国首家焦炭电子交易市场。随后，我国第一大焦炭集散地——天津港集团公司也建设了天津港散货市场，进行焦炭电子现货和中远期交易。2009年，山西焦联焦炭电子市场正式运行。2010年，天津渤海商品交易所成立并挂盘交易焦炭远期合约。

五、物流运输情况

（一）国内焦炭贸易流通总体呈现从北向南，自西向东的格局

我国焦炭和生铁生产在我国各区域间存在较大程度的不匹配，这就决定

我国焦炭供需存在较明显的地区性差异，山西省、河南省、内蒙古自治区、陕西省、云南省、黑龙江省、新疆维吾尔自治区、山东省、贵州省、宁夏回族自治区等省区，属于焦炭主要输出地，其中山西省最大；河北省、江苏省、辽宁省、天津市、上海市等地区的焦炭缺口较大，属于焦炭主要输入地，其中生铁生产大省河北省的焦炭产量也不小，但依然无法满足自身的需求。

因此，国内焦炭贸易流通格局包括两种类型。

第一种是主流向，主要包括三条路径：一是焦炭由主产地山西省、陕西省等地通过铁路、公路向华北、华东等地区的流通；二是焦炭由山西省、陕西省及其他北方省份通过铁路、公路运到天津港、连云港、日照港后，再经水路销往华东地区、中南地区；三是焦炭以华北地区为枢纽、由北向南发往临近省份，或局部地区内由北至南的流通，如华北地区省份的焦炭销往华东地区、中南各省，中南地区北部省份向其南部地区、华东地区销售等。主流向的特点是运输距离长、数量大。

第二种是区域性的焦炭流通，主要是东北地区和西南、中南地区的小范围流通，以及各邻近地区、省份之间与主流向不一致的焦炭流通，其特点是运输距离较短，数量较小，不构成国内焦炭流通的主要流向。

从具体省份之间流通的情况来看，根据 2008 年数据，按照各省之间流通量接近或超过 100 万吨的标准，国内焦炭主流向的基本情况为：山西省外运焦炭主要销往河北省、天津市、山东省、江苏省；陕西省外运焦炭主要销往河北省和江苏省；河南省外运焦炭主要销往江苏省、安徽省及湖南省；山东省外运焦炭主要销往安徽省；湖北省外运焦炭主要销往湖南省。其中，各省销往天津市、山东省、江苏省的焦炭有一部分会通过天津港、日照港、连云港中转，再由水路销往华东、中南地区。

国内焦炭的区域性流通主要在东北地区和西南、中南地区，根据 2008 年数据，按照各省之间流通量接近或超过 100 万吨的标准，非主要流向省际流通主要情况为：在西南、中南地区，贵州省、云南省是西南、中南地区钢铁企业焦炭的来源之一，其中贵州省焦炭主要销往湖南省、广西壮族自治区、广东省，陕西省向四川省也有一定销量；在东北地区，辽宁省钢铁企业焦炭需求量大，黑龙江省、内蒙古自治区的焦炭主要销往辽宁省，其中黑龙江省焦炭向吉林省的销量也比较大。

（二）区域内公路为主，区域间水路和铁路并举

目前，国内焦炭流通过程中的运输方式主要有三种：铁路运输、公路运输及水路运输。铁路适用于运距在 500 千米至 1 500 千米之间的长距离运输，公路是运距在 500 千米以内的主要运输方式。与公路运输相比，铁路运输成本相对便宜。海运的费用最低，而且装载量大，受其他环境的影响较小，但是海运要求供货商必须准备足够的货源，集港时间较短，物流环节较多，对焦炭粒度有一定的破坏。铁路和公路的运量都比较大，但由于铁路长途运费更低，当运力有保障时，远距离运输大多采用铁路方式。对于更长的距离，运输方式通常采用铁路、公路与海河联运的形式。

（三）焦炭主要集散地

焦炭的主要集散地是指承担焦炭库存与发送的地区。我国存在着北焦南运、西焦东运、长距离运输等特点，故焦炭集散地通常分为两类：一类是海运港口集散地，一类是铁路集运站。

1. 焦炭海运主要经由天津港、连云港和日照港

天津港、日照港、连云港主要承担焦炭的集中与发送业务，而上海港、宁波港、舟山港、广州港则主要承担焦炭的海运接收及向周围相关区域的发送。我国南方各省均属于煤炭与焦炭输入地区，由于焦炭与煤炭存在着高度的相关性及相似性，因此在我国南方地区焦炭的集散地基本与煤炭的集散地相一致。

自 2005 年初侯月线开通以来，山西省部分地区焦炭货源向南分流，中国焦炭沿海运输格局形成以天津港为中心的北方市场和以连云港为中心的南方市场。

天津港是焦炭最重要的集散地。自 20 世纪 80 年代中后期，天津港适应国民经济的发展和腹地出口需要，逐渐开发了煤炭、焦炭货源，1987 年以杂货方式出口了焦炭 2. 5 万吨，1989 年天津港的焦炭出口突破百万吨，目前天津港已经成为中国第一、世界最大的焦炭出口港。作为中国最大的焦炭出口港，天津港有一个专业化焦炭码头——南六码头，这是目前全世界最大的焦炭码头，焦炭仓储面积为 303 万平方米，一次性储存能力为 411 万吨，同时场内配有一条长达 9 千米的焦炭传送带。

南方市场主要以连云港为出口基地，年出口能力超过200万吨。连云港也建成了10万平方米的焦炭仓储基地。

日照港是焦炭出口第三大港，已建成20万平方米焦炭仓储基地，日照的石臼港区西区突堤西护岸南端建设有1个5万吨级和1个7万吨级的焦炭泊位，码头长度535米。

华东地区和华南地区的焦炭中转地——上海港、宁波港、舟山港、广州港等，主要承担焦炭的海运接收及向周围相关区域的发送，中转量几乎可以忽略不计。

2. 焦炭铁路集散地位于华北地区的诸多集运站

从铁路运输的角度看，焦炭集散地更多地以集运站的形式体现。集运站通常是由焦炭生产企业与铁路部门共同建设，负责把一个出运地的若干发货人发往相同目的地的若干收货人货物集中起来，作为一个整件运往目的地，并通过目的地货代把单票货物交给各个收货人。大部分铁路集运站位于山西省，少部分位于河北省、山东省、河南省等省份。

例如，山西省焦炭集团有限责任公司拥有铁路集运站35个，分别位于南同蒲、石太、太焦、阳涉等铁路干线上，属太原市、北京市两个铁路局管辖，年发运焦炭在1 500万吨以上，其中2009年山西省运出量超过100万吨的铁路集运站是太原、吕梁、晋中、临汾、长治、运城等地。河北省、山东省和河南省等省份的邢台市、唐山市、淄博市、平顶山市等地运量也很大。

六、重点企业

（一）山西焦化集团有限公司

山西焦化集团有限公司是一家集煤炭洗选、炼焦生产、煤焦油及粗苯加工、甲醇生产、电子科技、化工设计、建筑安装、物流贸易、物业服务等为一体的煤炭综合利用企业，是全国首批82家循环经济试点企业和首批“两型”（资源节约型、环境友好型）示范企业之一，是山西焦煤集团煤焦化产业链延伸示范基地。

公司筹建于1969年，现有职工7 933人，资产总额150亿元。现有JN60型焦炉6座，设计产能300万吨/年，配套有30万吨/年煤焦油加工、

35 万吨/年甲醇、10 万吨/年苯精制、8 万吨/年炭黑等，主要生产装置 38 台套，生产焦炭、硫酸铵、工业萘、沥青、蒽油、洗油、酚类、炭黑、甲醇、苯类等 45 种产品。

公司下设机关部门 22 个、直属单位 27 个、二级单位 11 个，对外参股河北钢铁集团有限公司、中国光大银行股份有限公司等 11 家公司。

核心子公司山西焦化股份有限公司于 1996 年 8 月在上海证券交易所上市，是山西省第二家、全国焦化行业第一家上市公司。股份公司总股本 143 216. 86万股（其中：山西焦化集团持有国有法人股 54. 14%，西山煤电股份持有法人股 6. 15%，自然人持有社会公众股 39. 71%），公司下设 7 个生产厂（焦化厂、化产品回收厂、焦油加工厂、甲醇厂、苯精制厂、炭黑厂、编织袋厂）、5 个生产辅助单位（电气公司、质检中心、铁运公司、汽运公司、德力信公司）。公司控股山西焦煤飞虹化工股份有限公司 51% 的股份，参股山西焦炭集团国际贸易有限公司等 4 个公司，其中持有山西中煤华晋责任有限公司 49% 的股份。

企业发展规划：“十三五”期间，山西焦化将根据山西焦煤“11236”发展战略，以加快转变经济发展方式为主线，以经济效益为中心，以科技创新和重点项目为支撑，依托山西焦煤集团的优势和平台，以“煤、焦、化”为重点，围绕“煤炭、焦炭、化工、物流贸易、新产业、投融资”六大板块，努力建设资源节约型、环境友好型企业，实现煤化工产业的转型和升级，全力打造煤焦化循环经济园区。目前正在建设 60 万吨/年烯烃，筹建 100 万吨/年甲醇、1#—4#焦炉配套干熄焦项目。到“十三五”末，形成 300 万吨/年焦炭、2 × 350MW + 1 × 25MW 自备电厂、195 万吨/年甲醇、60 万吨/年烯烃、1#—6#焦炉配套干熄焦、30 万吨/年煤焦油加工、20 万吨/年煤焦油及其馏分加氢、20 万吨/年聚甲氧基二甲醚、13 万吨/年丙烯腈、10 万吨/年针状焦、10 万吨/年粗苯加工、8 万吨/年炭黑、8 万吨/年蒽油加工、5 万吨/年丁二酸、3 万吨/年聚天冬氨酸、1 万吨/年洗油深加工等生产能力。

（二）开滦（集团）有限责任公司

开滦（集团）有限责任公司地处华北重要的炼焦精煤基地、钢铁生产基地和煤炭焦炭集散地，拥有良好的区位优势、资源优势和相对完善的产业链条。公司主要业务包括煤炭开采、原煤洗选加工、炼焦及煤化工产品的生产销售；主要产品包括洗精煤、焦炭以及甲醇、纯苯等化工产品。目前，公司构建了煤炭、煤化工、新材料和新能源三大产业链条。

公司炼焦肥煤除销售给宝钢、鞍钢等客户外，部分供给煤化工子公司，炼焦副产品焦炉煤气用于生产甲醇，粗焦油、粗苯用于深加工。在此基础上，公司稳步推进聚甲醛、己二酸、甲醇汽油项目建设，通过充分发挥自身的资源优势和规模化循环经济优势，向精细化工、合成材料和新能源领域延伸，形成了“以煤为基、以焦为辅、以化为主”的产业格局。

公司煤化工产业已形成一定规模，下一步将继续延伸煤化工产业链，实现产业的有效扩张。公司采取上下游一体化发展模式，通过利用自身的资源优势，向下游延伸至焦炭，最终发展精细化工产品，提高资源的利用效率，大幅提升产品附加值。

（三）山西美锦能源股份有限公司

山西美锦能源股份有限公司是国内大型焦煤、焦炭一体化的民营企业巨头，煤炭储量 3.8 亿吨，目前焦煤产能 350 万吨/年，焦炭产能 580 万吨/年。大股东美锦集团经营煤炭产业超过 30 年，在煤炭行业有深厚的产业经营经验，旗下煤炭储量更是高达 32 亿吨。公司主要从事焦炭及其制品、煤炭、天然气及煤层气等生产经营，拥有“煤焦气化”比较完整的产业链，在市场上具有较强的竞争力。主要产品为：煤炭、焦炭及化产品、天然气等。公司焦炭销售的主要区域为华北、华东、华中等地区的大型钢铁企业，所生产的煤炭主要作为公司炼焦的原料自用。

随着国家供给侧结构性改革的深入推进，作为综合实力较强、走循环经济道路的大型煤焦气化联合企业具有较强的优势。公司重组完成后体量和实力大为增强，使上市公司增加了焦化产能并新增炼焦煤资源和产能，拥有了“煤焦气化”一体化的完整的产业链，形成循环经济优势，可以有效应对行业波动，提高企业经营效率，有利于公司的长远发展，有助于为重组后的上市公司补充公司运营资金，优化资本结构，降低综合成本。

（四）河北旭阳集团

旭阳集团 1995 年创立于河北省邢台市，总部设在北京。经过 20 余年的发展，业已成为集焦炭、化工、贸易服务、科技、地产等业务板块协同发展的大型企业集团，拥有邢台市、定州市、唐山市、沧州市、平顶山市等园区。现有员工6 000余名。2017年销售收入432亿元。

旭阳集团年产化工品300万吨、焦炭1 000万吨、外供燃气6亿立方米。连续9年位列“中国企业500强”，同时连续8年位列“中国化工企业50强”，“中国制造企业500强”和“河北百强企业”，是河北省重点培育的“千亿”级企业，同时为河北省“巨人计划”创业创新团队。

旭阳集团在全球独立焦化及化工产品供应商中处于行业领先地位，营销和贸易网络遍及世界各地。产品市场涵盖华北、华东、华南和东北等国内主要区域，并出口至美国、德国、韩国、东南亚等国家和地区。

旭阳集团坚持安全发展、绿色发展、低碳发展，大力开展节能减排，坚持科技研发和创新驱动，发展循环经济，坚持调整、挖潜、转型、升级战略，用先进制造的标准改造提升传统行业，实现设备智能+制造智能+运营智能，实现优质、高效、低耗、清洁、灵活、安全生产，即实现信息化、自动化、智能化、柔性化、生态化生产，致力将传统产业做出新的价值。

旭阳集团通过“把传统产业继续做大做强，采用新技术、信息化改造提升管理水平，节能降耗；全球引进技术，消化吸收再创新，形成高端化工；加大自主研发力度，构建创新体系的“三种策略”，力促企业产业转型升级。自2007年起，旭阳集团陆续在邢台园区、定州园区、乐亭园区、沧州园区分别成立“工程技术研究中心”，2009年在北京丰台科技园成立了北京旭阳科技有限公司，并逐渐形成旭阳科技、园区工程中心和生产公司的三级研发体系，形成创意、小试、中试、产业化、工程设计的“全研发产业链”，全力创建全国最大的技术研发及中试基地。现有研发人员300余人，占公司总人数的6%。已建成2个院士工作站，1个博士后工作站，1个国家级检测中心，2家省级工程技术研究中心，1个省级企业技术中心。旭阳充分利用国内外的创新资源，重点在新能源、新材料、高端化工方面全面布局，走出了一条内引外联开放的研发模式。截至目前已取得360项专利及专有技术，同时与国内外22家科研院所建立了合作关系。

旭阳集团现为中国炼焦行业协会会长单位、中国钢铁工业协会会员单位、中国石油和化学工业联合会理事单位、中国煤炭工业协会会员单位、全国工商联冶金业商会副会长单位、中国五矿化工进出口商会焦炭分会理事兼副秘书长单位，醇醚燃料及醇醚清洁汽车专业委员会副会长单位、中国生物工程学会会员单位、河北省焦化行业协会会长单位、河北省冶金行业协会副会长单位、河北省石油和化学工业协会副会长单位。

第五节　焦炭产业发展前景

一、供给前景

焦炭产量在较长一段时间内受焦化行业产能的影响，产量等于产能乘以开工率，因此，长周期的供给分析离不开行业固定资产投资情况，短周期的供给分析主要受价格及需求的影响。目前，我国焦炭的供应主要依赖国内产量，极少进口。

伴随着我国钢铁工业的高速发展，我国焦炭产量也实现了快速扩张。1997 年中国焦炭产量首次突破 1 亿吨，之后焦炭产量快速增长，直至 2007 年全球金融危机时，产量已达到 3. 29 亿吨。2008 年因为金融危机，焦炭产量同比微降 1. 6%，产量仍高达 3. 24 亿吨。2008 年之后，由于中国“四万亿”的强刺激，下游基建和房地产等行业在再次拉动了对钢材的大量需求，焦炭的需求也再次被提振，产量以中等增速逐年放大，2014 年达到历史最高产量 4. 8 亿吨。2015 年随着钢铁行业的盈利能力持续恶化，年度生铁和粗钢的产量同比增幅均出现负值，同期上游焦炭产量的同比增速也为负值，且跌幅更大。自 2016 年以来，钢铁、煤炭行业供给侧改革开始实施，焦炭行业腹背受敌，焦炭产量继续下降，但降幅收窄（见图 2 -5）。

2017 年，共有 11 个省（区）的焦炭年产量达到 1 000 万吨以上，依次是山西省、河北省、陕西省、山东省、内蒙古自治区、河南省、辽宁省、江苏省、新疆维吾尔自治区、四川省、安徽省，它们的焦炭产量之和为 34 514. 8万吨，占全国焦炭总产量的 80%（见表 2 -1）。

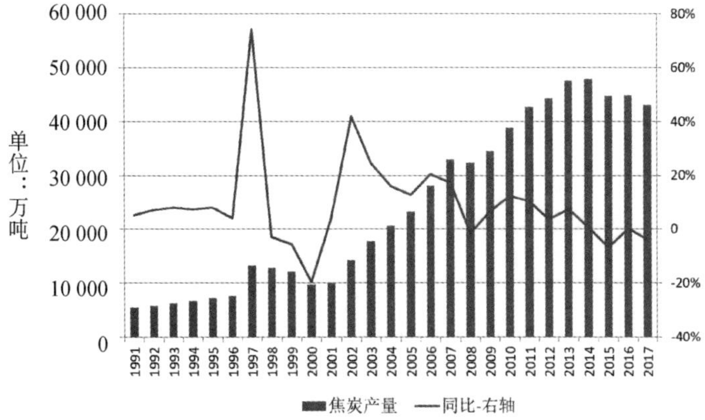

图 2－5 中国焦炭产量及同比增速

资料来源：中国（香港）金融衍生品投资研究院。

表 2－1 2017 年我国主要省区的焦炭产量及占比

省份	产量（万吨）	占全国产量的比例（%）
山西	8 383.10	19.43
河北	4 813.80	11.16
陕西	4 050.40	9.39
山东	3 934.10	9.12
内蒙古	3 046.40	7.06
河南	2 290.80	5.31
辽宁	2 215.60	5.14
江苏	2 060.20	4.78
新疆	1 590.60	3.69
四川	1 072.20	2.49
安徽	1 057.60	2.45

资料来源：中国（香港）金融衍生品投资研究院。

二、需求前景

工业品的直接需求由其用途决定，终端需求与宏观经济形势紧密相关，因此，长周期的需求分析离不开宏观经济，短周期的需求分析主要关注下游产品的产量及出口情况。焦炭用途非常广泛，但从需求角度出发，我国的焦炭主要用于高炉炼铁；此外，我国还是世界第一的焦炭出口大国，不过出口占产量的比重较小。总体上，我国焦炭需求主要由国内炼铁、铸造和化工构成，炼铁约占总需求 85%（见图 2－6）。

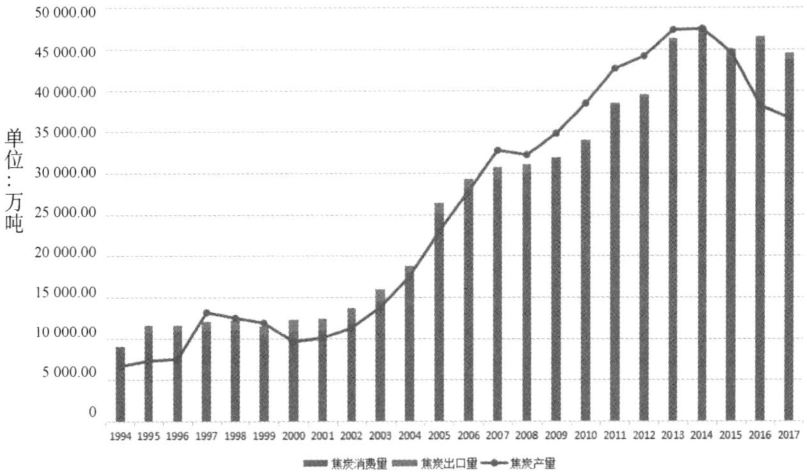

图2－6　我国焦炭供需平衡概况

资料来源：中国（香港）金融衍生品投资研究院。

图2－7为1994—2017年我国焦炭的消费量变化情况，这里包括了钢铁、化工等所有行业的消费量。可以看到，2002—2004年是我国焦炭消费量增速最高的时期，2005年以后我国焦炭消费量增速逐年下降，2009年之后随着生铁粗钢产量的屡创新高，焦炭消费量又有了较大幅度的增长，2014年创出焦炭消费量新高纪录。但随着我国经济进入新常态，对焦炭的消费量渐趋疲软，2015年焦炭消费量出现负增长，2016年小幅回升，但很难刷新历史纪录（见图2－7）。

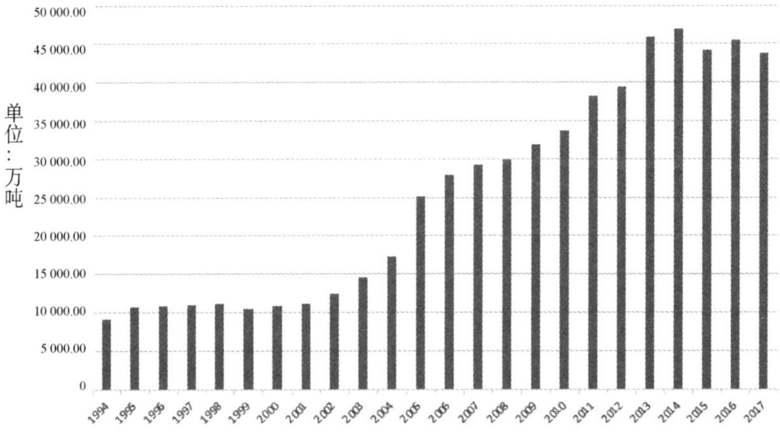

图2－7　1994—2017年我国焦炭消费量

资料来源：中国（香港）金融衍生品投资研究院。

第六节 焦炭产业重要政策

焦炭属于高污染、高能耗的资源性商品，为了促使焦化行业符合节能减排大趋势，实现可持续发展，国家政策近年来主要集中在设立行业准入条件、优化产业结构、提高环保要求、限制出口这四个方面加强宏观调控。这些政策规范了焦炭市场的发展，促进了行业经济的良性循环，提高了市场运行效率。

一、与炼焦准入门槛相关的政策

在2003年11月，国家发改委等五部门下发《关于制止钢铁行业盲目投资的若干意见》，规定新建焦炉炭化室高度必须达到4.3米及以上。在2004年4月又下发《当前部分行业制止低水平重复建设目录》，炭化室低于4.3米的焦炉与土法炼焦同等对待，被禁止生产。2004年5月和12月，先后下发《关于清理规范焦炭行业的若干意见》和《关于进一步巩固电石、铁合金、焦化行业清理整顿成果，规范其健康发展的有关意见的通知》，对焦化行业进行全面清理整顿。2004年年底，正式颁布了《焦化行业准入条件》，这时对炭化室的高度限制是不得低于4.3米。随着国内焦化产能不断提高，国家逐渐提高了行业准入门槛，在2008年12月工信部修订的《焦化行业准入条件》当中，新建顶装焦炉高度不得低于6米，新建捣固焦炉高度不得低于5.5米。

二、与产业规模相关的政策

2004年国家首次发布了《焦化行业准入条件》，在企业生产布局、工艺与装备、产品质量、资源能源消耗及副产品综合利用、环保指标和清洁生产等方面提出了规范要求。2008年和2014年，工业和信息化部对准入条件进行了修订，从工艺技术装备、节能、环保、循环经济，以及安全生产和技术进步等方面进一步提高了行业准入门槛。

三、与环保相关的政策

随着中国环保压力不断加大，环保标准也在逐步提高。新的《炼焦化学工业污染物排放标准》（GB 16171－2012），扩大了适用范围，涵盖了国内所有焦炉及生产过程的排污环节；增加了多环芳烃（PAHs）、硫化物等行业特征污染物指标；增加了水污染物排放控制要求；增加了机械化焦炉大气污染物有组织排放源的控制要求；增加了厂界无组织排放大气污染物的排放限值；增加了大气污染物、水污染物排放管理规定和监测要求。同时修订后的标准不再遵循“低功能区低保护”的原则，而是同类企业执行相同的排放标准，有利于进一步改善环境质量和促进公平竞争。

2016 年 1 月 16 日，环境保护部发布《关于京津冀大气污染传输通道城市执行大气污染物特别排放限值的公告》，该公告规定京津冀大气污染传输通道城市包括：北京市，天津市，河北省石家庄市、唐山市、廊坊市、保定市、沧州市、衡水市、邢台市、邯郸市，山西省太原市、阳泉市、长治市、晋城市，山东省济南市、淄博市、济宁市、德州市、聊城市、滨州市、菏泽市，河南省郑州市、开封市、安阳市、鹤壁市、新乡市、焦作市、濮阳市，即“2＋26”城市；含河北省雄安新区、辛集市、定州市，河南省巩义市、兰考县、滑县、长垣市、郑州航空港区的新建焦化项目，自 2018 年 3 月 1 日起新受理环评的建设项目执行大气污染物特别排放限值；现有焦化企业，自 2019 年 10 月 1 日起，执行二氧化硫、氮氧化物、颗粒物和挥发性有机物特别排放限值。

2016 年 11 月 10 日，国务院办公厅印发《控制污染物排放许可制实施方案》（国办发〔2016〕81 号），对完善控制污染物排放许可制度、实施企事业单位排污许可证管理作出总体部署和系统安排，提出排污许可制度要成为固定污染源环境管理的核心制度，以实现“一证式”管理，2017 年完成了《大气污染防治行动计划》《水污染防治行动计划》重点行业及产能过剩行业企业的排污许可证核发。炼焦化学工业排污节点较多、污染物成分复杂，属于《水污染防治行动计划》中规定的重点行业。

《排污许可证申请与核发技术规范（炼焦化学工业）》（HJ 854－2017）规定了炼焦化学工业排污单位排污许可证申请与核发的基本情况填报要求、

许可排放限值确定、实际排放量核算、合规判定的方法以及自行检测、环境管理台账与排污许可证执行报告等环境管理要求，提出了炼焦化学工业污染防治可行技术要求。2017 年 10 月 26 日，山西通洲煤焦集团成为全国首家获得国家统一编码焦化行业排污许可证的企业，这标志着我国焦化行业环保管理水平又上一个新的台阶，焦化企业也将面临更加严苛的环保标准。

2018 年 6 月 27 日，国务院印发了《打赢蓝天保卫战三年行动计划》，《行动计划》不仅涵盖了京津冀及周边地区的“2 + 26”城市、长三角地区，还将治污形势相对严峻的汾渭平原纳入重点区域，在重点区域将严禁新增钢铁、焦化、电解铝等产能，重点区域二氧化硫、氮氧化物、颗粒物、挥发性有机物（VOCs）全面执行大气污染物特别排放限值。

四、与限制出口相关的政策

财政部、税务总局于 2004 年 5 月下发《关于停止焦炭和炼焦煤出口退税的紧急通知》，停止焦炭增值税的出口退税。2005 年 7 月，国家发改委在《钢铁产业发展政策》中提出要限制焦炭出口，降低并取消出口退税。从 2006 年开始，由财政部、国家发改委、税务总局等部门组成的国务院税则委员会逐步提高焦炭出口关税，并由海关总署具体执行，在 2006 年 11 月开始对焦炭出口执行 5% 的关税，在 2007 年 6 月提高出口关税至 15%，到 2008 年 8 月进一步提高至 40%，2013 年取消焦炭出口关税（见表 2 – 2）。

表 2 – 2　　我国焦炭出口关税调整一览表

时间	调整内容
2004 年 5 月 24 日起	焦炭出口退税率由 15% 调整为 0
2006 年 11 月 1 日起	焦炭进口关税税率由 5% 降低为 0
2007 年 6 月 1 日起	焦炭出口关税税率由 5% 提高到 15%
2008 年 1 月 1 日起	焦炭出口关税税率由 15% 提高到 25%
2008 年 8 月 20 日起	焦炭的出口税率由 25% 提高至 40%

第三章

铁矿石产业链基础

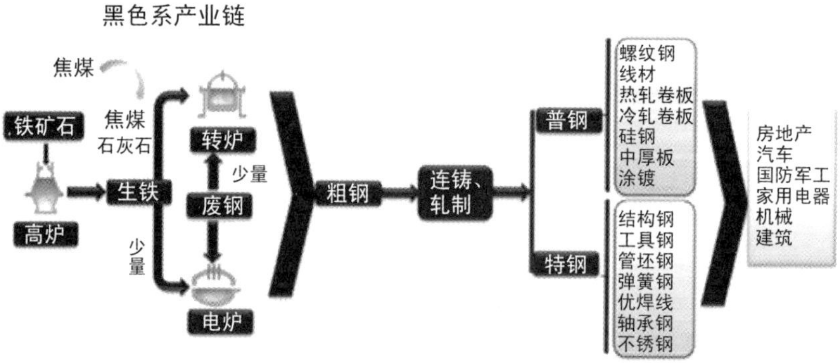

煤焦矿产业链导图

第一节 铁矿石的概念

铁是世界上发现最早，利用最广，用量也是最多的一种金属，其消耗量约占金属总消耗量的95%左右。铁矿石主要用于钢铁工业，自从19世纪中期发明转炉炼钢法逐步形成钢铁工业大生产以来，钢铁一直是最重要的结构材料，在国民经济中占有极重要的地位，是社会发展的重要支柱产业，是现代化工业最重要和应用最多的金属材料。所以，人们常把钢、钢材的产量、品种、质量作为衡量一个国家工业、农业、国防和科学技术发展水平的重要标志。

铁矿石是含有铁单质或铁化合物能够经济利用的矿物集合体。铁矿石是钢铁生产企业的重要原材料，天然矿石（铁矿石）经过破碎、磨碎、磁选、浮选、重选等程序逐渐选出铁。凡是含有可经济利用的铁元素的矿石都称为铁矿石。铁矿物种类繁多，已发现的铁矿物和含铁矿物约300余种，其中常见的有170余种。

一、铁矿石的分类

在当前技术条件下，具有工业利用价值的主要是磁铁矿、赤铁矿、磁赤铁矿、钛铁矿、褐铁矿和菱铁矿等。

按照矿物组分、结构、构造和采、选、冶及工艺流程等特点，可将铁矿石分为自然类型和工业类型两大类。

（一）自然类型

自然类型分为：

（1）根据含铁矿物种类可分为：磁铁矿石、赤铁矿石、假象或半假象赤铁矿石、钒钛磁铁矿石、褐铁矿石、菱铁矿石以及由其中两种或两种以上含铁矿物组成的混合矿石。

（2）按有害杂质（S、P、Cu、Pb、Zn、V、Ti、Co、Ni、Sn、F、As）含量的高低，可分为：高硫铁矿石、低硫铁矿石、高磷铁矿石、低磷铁矿石等。

（3）按结构、构造可分为：浸染状矿石、网脉浸染状矿石、条纹状矿石、条带状矿石、致密块状矿石、角砾状矿石，以及鲕状、豆状、肾状、蜂窝状、粉状、土状矿石等。

（4）按脉石矿物可分为：石英型、闪石型、辉石型、斜长石型、绢云母绿泥石型、夕卡岩型、阳起石型、蛇纹石型、铁白云石型和碧玉型铁矿石等。

（二）工业类型

工业类型分为：

第一种，工业上能利用的铁矿石，即表内铁矿石，包括炼钢用铁矿石、炼铁用铁矿石、需选铁矿石。

第二种，工业上暂不能利用的铁矿石，即表外铁矿石，矿石含铁量介于最低工业品位与边界品位之间。

铁都是以化合物的状态存在于自然界中，尤其是以氧化铁的状态存在的量特别多。将几种比较重要的铁矿石（见表 3－1）提出来说明：

表 3－1　铁矿石的分类

赤铁矿	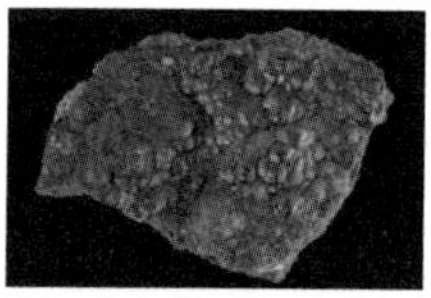	主要成分 Fe_2O_3，理论含铁 70% 典型代表：纽曼粉
磁铁矿		主要成分：Fe_3O_4，理论含铁 7.4% 典型代表：中国精粉，乌克兰精粉，俄罗斯精粉
磁赤铁矿	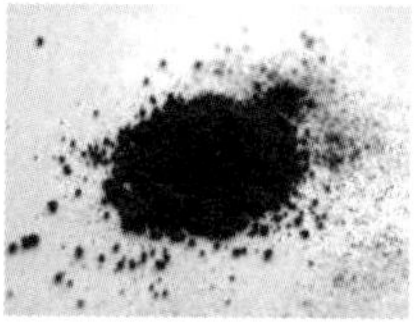	$\gamma-Fe_2O_3$，其化学组成中常含有 Mg、Ti 和 Mn 等混入物

续表

褐铁矿		主要成分：$Fe_2O_3 \cdot nH_2O$，理论含铁62% 典型代表：火箭粉，杨迪粉，罗布河粉
钛铁矿		主要成分：FeT_iO_3，理论含铁量为36.80%
菱铁矿		主要成分：$FeCO_3$，理论含铁量小于50% 典型代表：Harz，量少，多分布于波兰、美国、德国
黄铁矿		主要成分：FeS_2，理论含铁量46.55%

1. 磁铁矿

主要成分为Fe_3O_4，即四氧化三铁，其中Fe的质量分数约为72.36%，等轴晶系。单晶体常呈八面体，较少呈菱形十二面体。在菱形十二面体面上，长对角线方向常现条纹。集合体多呈致密块状和粒状；颜色为铁黑色、条痕为黑色，半金属光泽，不透明；硬度5.5～6.5；比重4.9～5.2；具强磁性。

磁铁矿中常有相当数量的Ti^{4+}以类质同象代替Fe^{3+}，还伴随有Mg^{2+}和V^{3+}等相应地代替Fe^{2+}和Fe^{3+}，因而形成一些矿物亚种，即

(1) 钛磁铁矿$Fe^{2+}(2+x)Fe^{3+}(2-2x)Ti_xO_4(0<x<1)$，含$TiO_2$ 12%～16%。常温下，钛从其中分离成板状和柱状的钛铁矿及布纹状的钛铁晶石。

（2）钒磁铁矿 FeV_2O_4 或 Fe^{2+}（$Fe^{3+}V$）O_4，含 V_2O_5 有时高达68.41%～72.04%。

（3）钒钛磁铁矿成分为复杂的上述两种矿物的固溶体产物。

（4）铬磁铁矿含 Cr_2O_3 可达百分之几。

（5）镁磁铁矿含 MgO 可达6.01%。

磁铁矿是岩浆成因铁矿床、接触交代—热液铁矿床、沉积变质铁矿床，以及一系列与火山作用有关的铁矿床中铁矿石的主要矿物。此外，也常见于砂矿床中。

磁铁矿氧化后可变成赤铁矿（假象赤铁矿及褐铁矿），但仍能保持其原来的晶形。

2. 赤铁矿

赤铁矿中主要成分为 Fe_2O_3，即氧化铁。自然界中 Fe_2O_3 的同质多象变种已知有两种，即 $\alpha-Fe_2O_3$ 和 $\gamma-Fe_2O_3$，其中 Fe 的质量分数约为69.94%。前者在自然条件下稳定，称为赤铁矿；后者在自然条件下不如 $\alpha-Fe_2O_3$ 稳定，处于亚稳定状态，称之为磁赤铁矿。常含类质同象混入物 Ti、Al、Mn、Fe^{2+}、Ca、Mg 及少量 Ga 和 Co；三方晶系，完好晶体少见；结晶赤铁矿为钢灰色，隐晶质；土状赤铁矿呈红色；条痕为樱桃红色或鲜猪肝色；金属至半金属光泽；有时光泽暗淡；硬度5～6；比重5～5.3。

赤铁矿的集合体有各种形态，形成一些矿物亚种，即

（1）镜铁矿为具金属光泽的玫瑰花状或片状赤铁矿的集合体。

（2）云母赤铁矿具金属光泽的晶质细鳞状赤铁矿。

（3）鲕状或肾状赤铁矿形态呈鲕状或肾状的赤铁矿。

赤铁矿是自然界中分布很广的铁矿物之一，可形成于各种地质作用，但以热液作用、沉积作用和区域变质作用为主。在氧化带里，赤铁矿可由褐铁矿或纤铁矿、针铁矿经脱水作用形成。但也可以变成针铁矿和水赤铁矿等。在还原条件下，赤铁矿可转变为磁铁矿，称假象磁铁矿。

3. 磁赤铁矿

$\gamma-Fe_2O_3$，其化学组成中常含有 Mg、Ti 和 Mn 等混入物。等轴晶系，五角三四面体晶类，多呈粒状集合体，致密块状，常具磁铁矿假象。颜色及条痕均为褐色，硬度5，比重4.88，强磁性。

磁赤铁矿主要是磁铁矿在氧化条件下经次生变化作用形成。磁铁矿中的Fe^{2+}完全为Fe^{3+}所代替（$3Fe^{2+} \rightarrow 2Fe^{3+}$），所以有$1/3Fe^{2+}$所占据的八面体位置产生了空位。另外，磁赤铁矿可由纤铁矿失水而形成，亦有由铁的氧化物经有机作用而形成的。

4. 褐铁矿

实际上并不是一个矿物种，而是针铁矿、纤铁矿、水针铁矿、水纤铁矿以及含水氧化硅、泥质等的混合物。化学成分变化大，含水量变化也大。

（1）针铁矿 $\alpha-FeO(OH)$，含 Fe 62.9%。含不定量的吸附水者，称水针铁矿 $HFeO_2 \cdot NH_2O$。斜方晶系，形态有针状、柱状、薄板状或鳞片状；通常呈豆状、肾状或钟乳状；切面具平行或放射纤维状构造；有时成致密块状、土状，也有呈鲕状；颜色红褐、暗褐至黑褐；经风化而成的粉末状、赭石状褐铁矿则呈黄褐色。针铁矿条痕为红褐色，硬度5~5.5，比重4~4.3；而褐铁矿条痕则一般为淡褐或黄褐色，硬度1~4，比重3.3~4。

（2）纤铁矿 $\gamma-FeO(OH)$，含 Fe 62.9%。含不定量的吸附水者，称水纤铁矿 $FeO(OH) \cdot NH_2O$。斜方晶系；常见鳞片状或纤维状集合体；颜色暗红至黑红色；条痕为橘红色或砖红色；硬度4~5，比重4.01~4.1。

5. 钛铁矿

主要成分为 $FeTiO_3$，即钛酸亚铁，其中 Fe 的质量分数约为 36.80%。三方晶系；菱面体晶类；常呈不规则粒状、鳞片状或厚板状；在950℃以上钛铁矿与赤铁矿形成完全类质同象。当温度降低时，即发生熔离，故钛铁矿中常含有细小鳞片状赤铁矿包体。钛铁矿颜色为铁黑色或钢灰色；条痕为钢灰色或黑色；含赤铁矿包体时呈褐色或带褐的红色条痕；金属—半金属光泽；不透明，无解理；硬度5~6.5，比重4~5；弱磁性。钛铁矿主要出现在超基性岩、基性岩、碱性岩、酸性岩及变质岩中。我国攀枝花钒钛磁铁矿床中，钛铁矿呈粒状或片状分布于钛磁铁矿等矿物颗粒之间，或沿钛磁铁矿裂开面成定向片晶。

6. 菱铁矿

主要成分为 $FeCO_3$，即碳酸亚铁，其中 Fe 的质量分数约为 49.05%，常含 Mg 和 Mn。三方晶系；常见菱面体，晶面常弯曲；其集合体成粗粒状至细粒状；亦有呈结核状、葡萄状、土状者；黄色、浅褐黄色（风化后为深褐色），玻璃光泽；硬度 3.5～4.5，比重 3.96 左右，因镁和锰的含量不同而有所变化。

7. 黄铁矿

主要成分为 FeS_2，即过硫化亚铁，其中铁的质量分数约为 46.55%，黄铁矿因其浅黄铜的颜色和明亮的金属光泽，常被误认为是黄金。晶体属等轴晶系的硫化物矿物。成分中通常含钴、镍和硒。常有完好的晶形，呈立方体、八面体、五角十二面体及其聚形。立方体晶面上有与晶棱平行的条纹，各晶面上的条纹相互垂直。集合体呈致密块状、粒状或结核状。浅黄（铜黄）色，条痕绿黑色，强金属光泽，不透明，无解理，参差状断口；摩氏硬度较大，达 6～6.5，小刀刻不动；比重 4.9～5.2；在地表条件下易风化为褐铁矿。

黄铁矿是铁的二硫化物。一般将黄铁矿作为硫磺和硫酸的原料，而不是用作提炼铁的原料，因为提炼铁有更好的铁矿石，且炼制过程当中会产生大量 SO_2，造成空气污染。黄铁矿分布广泛，在很多矿石和岩石中包括煤中都可以见到它们的影子。一般为黄铜色立方体样子。黄铁矿风化后会变成褐铁矿或黄钾铁矾。

二、铁矿石的品位要求

铁矿石的品位指的是铁矿石中铁元素的质量分数，通俗来说就是含铁量。比如说，铁矿石的品位为 62，指的是其中铁元素的质量分数为 62%。

对于赤铁矿（主要成分为 Fe_2O_3），理论最高品位为 70%。

对于磁铁矿（主要成分为 Fe_3O_4），理论最高品位为 72.4%。

对于菱铁矿（主要成分为 $FeCO_3$），理论最高品位为 48.3%。

对于褐铁矿（主要成分为 $Fe_2O_3 \cdot H_2O$），理论最高品位为 62.9%。

铁矿石中有益与无益元素：铁矿石中的杂质很多，根据其对冶炼过程及其对产品质量的影响又可分为有益的与有害的两类。

有害杂质（元素）指影响选冶的杂质。常见和最主要的有害杂质有：硫、磷、砷、钾、钠、氟等。

（一）磷

磷在矿石中一般以磷灰石（$Ca_5(PO_4)^3(F, Cl, OH)$）状态存在，也有以蓝铁矿（Fe（PO_4）$_2$ · $8H_2O$）状态存在。磷在高炉中全部被还原并大部分进入生铁。含磷多的钢铁在低温加工时易破裂，即所谓“冷脆”。

（二）硫

硫在矿石中主要以黄铁矿（FeS_2）存在，也有以黄铜矿（$CuFeS_2$）或硫酸盐（$CaSO_4$ · $2H_2O$ \ $BaSO_4$）状态存在。冶炼时硫部分被还原进入生铁，钢铁中含硫在其热加工时易产生“热脆”。高炉冶炼时虽然可以脱硫，但却要多消耗焦碳（提高炉温）和石灰石（提高炉渣碱度），以至提高生产成本，因此入炉铁矿石要求含硫应<0.15%。

（三）钾、钠

常存在于霓石、钠闪石、云石之中。它们的最大危害性是降低铁矿石的软化点，常常因此造成高炉结瘤。含钾、钠高的矿石往往容易影响高炉冶炼的顺行。

（四）砷

砷在一般铁矿石中很少，但在褐铁矿中比较常见，它以毒砂（$FeAs_2S$）或其他氧化物（As_2O_3、As_3O_5）的形态存在，砷在冶炼时大部分进入生铁，当钢中砷含量超过0.1%时会使钢冷脆，并影响钢的焊接性能。

铁矿石中有些元素对冶炼过程不一定带来好处，但是它们却往往能改善产品的某些性能，像这些元素我们称它为有益元素。这类元素常见的有：锰、镍、铬、钒、钛等。

三、铁矿石选矿

铁矿石是钢铁生产企业的重要原材料，一般低于50%品位的铁矿石需要经过选矿才能冶炼利用。

天然矿石（铁矿石）经过破碎、磨碎、磁选、浮选、重选等程序逐渐选出铁。针对中国铁矿石存在的特点，以及钢铁工业对铁精矿更高的要求等给中国选矿工作者提出了新的挑战。因此，对中国冶金矿山选矿技术有了更深的发展要求，随之而来的就是促发选矿设备的进一步提高。

选矿工艺流程应该尽可能的高效、简单，如抓好节能设备的开发，要尽可能以最合适的流程取得最佳的效果等。在选矿厂中，破碎和磨碎作业的设备投资、生产费用、电能消耗和钢材消耗往往所占的比例最大，故破碎和磨碎设备的计算选择及操作管理的好坏，在很大程度上决定着选矿厂的经济效益。

中国铁矿资源中易选的铁矿资源日益减少，铁矿资源特点是贫矿多，富矿少，伴生矿产多，矿石组分比较复杂，矿石嵌布粒度大多较细，给选矿造成一定的困难。从技术上来讲，迫切需要先进的技术、先进的工艺和先进的设备，来推动贫铁矿资源的高效开发与利用。从经济效益来讲，选矿厂对于贫铁矿的生产，必须扩大生产规模，必须扩大原矿的处理能力，节能降耗，降低选矿加工成本，才会有较好的经济效益。在矿石进入磨矿作业之前，将混入矿石中的一部分脉石矿物预选剔除，实现该丢早丢，以利于提高原矿品位。

采用超细碎粗粒抛尾优化的预选工艺，这是贫铁矿提高生产能力、节能降耗、创造较好的经济效益行之有效的方法。

嵌布粒度极细低品位铁矿石在进行超细碎作业时，由于铁矿石在料层的状况下，受到快速旋转的磨辊反复多次碾压和搓揉，使得矿石碾压成细粒及粉末状。从而使有用矿物与脉石的结合界面即会发生疲劳断裂或发生微裂纹和内应力，部分的结合界面也会完全分离。

这样很大一部分有用矿物便获得了完全的单体解离，另一部分没有完全单体解离的颗粒内部的结合界面处，也会产生微裂纹或内应力。当获得了完全单体解离或部分单体解离的颗粒，进入预选作业粗粒抛尾时，便可获得品位较高的粗精矿和品位较低的尾矿。

这种脉石矿物较少的粗精矿进入球磨机时，没有完全单体解离的颗粒内部的结合界面，由于含有大量的微裂纹和内应力，因此在球磨机中，这部分颗粒中的有用矿物和脉石便很容易获得更好的单体解离。这样粗精矿磨矿后有利于磁选精选作业提高最终精矿的品位。

嵌布粒度极细低品位铁矿石经辊式柱磨机超细碎后，预选：干式弱磁选可以抛弃40%左右品位较低的尾矿，湿式弱磁选可以抛弃50%左右品位较低的尾矿。其原因在于辊式磨机超细碎产品的粒度很小，粒度分布范围广，其中-5mm以下的粒级达80%以上，-1mm以下的粒级达50%以上，-200目粒级达20%左右，其超细碎产品呈粉末状，所以这种粒级分布的铁矿石进行预选，粗粒抛尾时会获得显著的选别效果。

四、铁矿石冶炼种类

（一）铁矿石冶炼种类：酸性烧结矿

碱度（CaO/SiO_2）小于0.5的烧结矿，由铁精矿或富矿粉不加或少加熔剂烧结而成。它的含铁矿物为磁铁矿、赤铁矿，主要黏结相矿物为铁橄榄石（$2FeO \cdot SiO_2$），钙铁橄榄石（$CaOFeOSiO_2$）。红热的酸性烧结矿在冷却过程中不发生自然粉化。它的机械强度较高，但FeO高，还原性差，软熔温度低；单独使用此种矿入炉冶炼，需加入大量石灰石；而且还原性差，导致高炉产量低、焦比高。现代高炉除某些特殊情况外，已不使用此种烧结矿。

（二）铁矿石冶炼种类：铁精矿

贫铁矿经过细磨、精选获得的铁品位较高的铁矿粉。铁精矿是生产人造富矿的钢铁冶金原料。铁精矿按含铁矿物的不同，有磁铁精矿、赤铁精矿和褐铁精矿之分；按选矿方法的不同，又可分为弱磁精矿、强磁精矿、浮选精矿以及重选精矿等。通常磁铁精矿是采用磁选法处理磁铁矿石所得；赤铁精矿是用重选法、浮选法、强磁选法、磁化焙烧—磁选法，或采用联合流程处理赤铁矿石所得；褐铁精矿则是用重选法、强磁选法或磁化焙烧—磁选法等处理褐铁矿石而获得。

对铁精矿一般有四点要求：

（1）含铁量要高。磁铁精矿含铁量要在65%以上，赤铁精矿在60%以上，褐铁精矿应在50%以上。含铁量的波动小于±0.5%。

（2）水分要低。水分对贮存运输、矿石混匀、造球等都有很大影响。一般磁铁精矿的水分应低于10%，赤铁精矿及褐铁精矿的水分应低于12%。

（3）粒度合适。用于生产球团矿的铁精矿，要求小于0.074mm的粒级占70%以上，比表面积以1 200～2 000平方厘米/克为好。

（4）杂质（如硫、磷、铅、砷、锌、铜等有害元素）的含量越低越好，一般要求 $S \leqslant 0.10\% \sim 0.19\%$，$P \leqslant 0.05\% \sim 0.09\%$，$Pb \leqslant 0.1\%$，$As \leqslant 0.04\% \sim 0.07\%$，$Zn \leqslant 0.1\% \sim 0.2\%$，$Cu \leqslant 0.1\% \sim 0.2\%$。

铁精粉（包括铁矿）的酸碱性是指矿中脉石成分的酸碱度，具体是指氧化钙与二氧化硅的比值，CaO/SiO_2 大于1则为碱性矿，CaO/SiO_2 小于1

则为酸性矿。如果矿中氧化镁、氧化铝含量较高，也有将（$CaO + MgO$）/（$SiO_2 + Al_2O_3$）大于1作为碱性矿，反之则为酸性矿。

铁精粉的酸碱度与高炉的炼铁指标有关，如果高炉采用碱性渣熔炼（为了更好地脱硫）则希望使用碱性矿；如果高炉采用酸性渣熔炼（为了提高高炉利用系数和降低焦耗）则希望使用酸性矿。目前国内高炉一般使用碱性矿，即希望铁矿的碱度（CaO/SiO_2 的数值）高一些。

铁精粉的酸碱度用下式计算：$(CaO + MgO)/(SiO_2 + Al_2O_3) > 1.2$；碱性矿石；$(CaO + MgO)/(SiO2 + Al_2O_3) = 0.8 \sim 1.2$；自溶性矿石；$(CaO + MgO)/(SiO_2 + Al_2O_3) = 0.5 \sim 0.8$；半自溶矿石；$(CaO + MgO)/(SiO_2 + Al_2O_3) < 0.5$；酸性矿石；也可以简化成 CaO/SiO_2 比进行评价。国内的铁矿大多是低 CaO、MgO，高 SiO_2、Al_2O_3 的酸性矿石。

五、铁矿石粒度分类

（一）矿石的粒度

矿石的粒度和气孔度的大小，对高炉冶炼的进程影响很大。粒度太小时影响高炉内料柱的透气性，使煤气上升阻力增大。粒度过大又将影响炉料的加热和矿石的还原。由于粒度大，减少了煤气和矿石的接触面积，使矿石中心部分不易还原，从而使还原速度降低，焦比升高。

（二）粗粉

基本在0~10毫米，但10毫米以上一般不超过10%，0.15毫米以下最大不超过35%。

（三）精粉

基本是国内产，在200目以下。国内一般用外矿都是粗粉，现在也用进口精粉的，如俄罗斯精粉、乌克兰精粉和巴西 SSFT 粉等。精粉要求0.074mm 以下的不少于70%。

（四）块矿

有两种，一种是标准块，粒度6~40毫米。另外一种是混合块，混合块一般需要筛选破碎后才可以使用。

（五）原矿

原矿从矿山开采出来未经选矿或其他技术加工的矿石，但原矿粒度最好不超过300毫米。少数原矿可直接应用，大多数原矿需经选矿或其他技术加工后才能利用。在选矿中，经过碎磨进入分选作业的矿石称作入选原矿。

（六）粉矿

粉末矿，英文名称：fine ore，mine smalls，ore fines，smalls；其品位低于块矿，需要通过破碎、磨矿、选别，把块子变成粉子，以达到品位的要求，一般要求60%~67%，攀钢的品位57%即可。

六、进口铁矿石

（一）PB粉、块

产于澳大利亚，又称皮尔巴拉混合矿（必和必拓公司经营），粉的品位在61.5%左右，部分褐铁矿，烧结性能较好；块的品位在62.5%左右，属褐铁矿，还原性好，热强度一般。PB粉和块可由汤姆普赖斯矿、帕拉布杜矿、马兰杜矿、布鲁克曼矿、那牟迪矿和西安吉拉斯矿等矿山的粉矿混匀成。

（二）杨迪粉

产于澳大利亚（必和必拓公司经营），品位在58%左右，铝含量低，属褐铁矿，结晶水较高，混合制料所需水分要求较高，因其结构疏松，烧结同化性和反应性较好，因此可部分替代纽曼山粉矿或巴西粉矿。含相对低的Al_2O_3，而且这两种矿粉都比哈默斯利矿粉粗，它们都有合理的冶炼性能，但烧结性能不佳。

（三）麦克粉

MAC粉的正常品位在61.5%左右，目前供给中国市场多为58%左右的品位，部分属褐铁矿，烧结性能较好，含有5%左右的结晶水，炼铁时烧损较高，随其配比加大，烧结矿的烧成率逐步下降。经钢厂研究，MAC粉配比在15%~20%时烧结矿小于5毫米级水平较低，配比为20%的烧结成品率最高。

（四）纽曼粉、块矿

产于澳大利亚的东皮尔巴拉的纽曼镇的纽曼山矿，属赤铁矿，烧结性能较好，粉的品位在62.5%左右，块的品位在65%左右，由澳大利亚西澳州必和必拓公司生产。

（五）罗布河粉、块

产于澳大利亚的罗布河铁矿联合公司；品位在57.5%左右，含3%~

5%的复合水，这会导致高燃料率及低生产率；属于褐铁矿，烧结性能不好，但其烧结矿的冶炼性能很好。

（六）火箭粉

火箭粉又称FMG（福蒂斯丘金属集团，Fortescue metal Group，FMG）粉，由澳大利亚第三大铁矿石生产商FMG公司生产；据说用作火箭发动机燃料的一种成分，故称火箭粉，其品位在58.5%左右，硅4左右，铝1.5左右，属于褐铁矿，烧结性能较好，储量大且单烧品位高，结晶水在8%左右。FMG粉矿化学成分优于杨迪粉，但烧结性能和造球性能不如杨迪粉。

（七）火箭特粉

由FMG公司生产的品位57.5%左右的火箭粉，硅5个左右，铝2个左右，其他冶炼性能同火箭粉。超特粉的品位低于火箭特粉1个品位，在56.5%左右，硅6左右，铝3个左右，结晶水在8.5%左右，其他冶炼性能类似。

（八）阿特拉斯粉块

由澳大利亚第四大铁矿石生产商Atlas Iron公司生产的位于澳大利亚皮尔巴拉矿山的铁矿石，品位在57.5%，属褐铁矿，结晶水在9%左右，硅含量高，在8%左右，物理化学性能和冶炼性能跟火箭粉的超特粉相近。

（九）KMG粉

由澳大利亚私人矿业公司KMG生产，该矿位于澳大利亚珀斯，是距离中国最近的西澳矿山，紧邻西澳最北的港口。矿山预计产矿6 700万吨，为58%~59%的低品位粗粉赤铁矿为主，硅8%、铝3%、磷0.08%、硫0.03%。性能类似于火箭特粉，但比火箭特粉的硅高很多。

（十）CSN粉、块

巴西CSN公司（全称为巴西国有黑色金属公司）生产的铁矿石，铁含量在65%以上，硅含量在1%~2%。

（十一）SSFT粉

巴西淡水河谷公司专门为中国市场配制的烧结粉，SSFT的铁含量在65%左右，硅含量在4.4%左右。

（十二）卡粉

卡拉加斯粉的简称，英文简称SFCJ粉，全称SINTER FEED，铁含量在65%以上（65%~67%），硅含量在1%~2%。铝1%左右，磷0.033%~

0.045%，烧损1.6%左右，水分8%~9%，产于巴西卡拉加斯矿的铁矿石，因为该地方的粉矿的质量优异，不会像南部矿源那样参差，所以在国际市场上十分受欢迎，价格也高于南部矿源。

（十三）巴西南部粉

该矿位于巴西有南部矿源“铁四角”，又称巴西南部粉，南部矿区主要矿山有 Itabira、Mariana、Mihas Centrals、Paraopebal、Vargem Grande、Itabiritos，均处于巴西铁四角地区，南部矿区主要开采方式为露天开采。这一带以铁英岩为主，赤铁矿含量较高，含铁量在66%左右。主要包括 SSFG 粉（巴西南部标准烧结粉，铁品位65%，硅3.2%~3.8%，铝1.2%~1.8%，磷0.049%~0.065%，锰0.25%~0.40%，水6.5%~8.5%，烧损1.7%左右），SFOT 粉等。

（十四）巴粗

指巴西粗颗粒粉矿，是巴西粗粉的统称，包括卡粉、SSFT 粉、CSN 粉、南部粉等。品位从65%~58%不等，其中东南部铁四角生产的矿粉冶炼性能最好。

（十五）印粉

指印度细颗粒粉矿，但不符合印粗的颗粒度标准。品位从40%~63.5%不等，属赤铁矿，高品位冶炼性能优良，低品位硅铝成分较高，具有较高的冶炼价值。

第二节　铁矿石产业发展现状

一、全球铁矿资源

世界铁矿总资源，按含铁量计算为1 964亿吨，其中工业储量930亿吨。

（一）北半球

总资源1 237亿吨，工业储量600亿吨，分别占世界总储量的63%和工业储量的64.5%。

（二）南半球

总资源725.6亿吨，工业储量330亿吨，分别占世界总储量的37%和工业储量的35.5%。

（三）欧洲

铁矿资源最丰富，总资源量622亿吨，工业储量350亿吨。

（四）南美洲

铁矿总资源量462.4亿吨，工业储量188.7亿吨。

（五）北美洲

资源总量444.4亿吨，工业储量149亿吨。

（六）大洋洲

资源总量191亿吨，工业储量109亿吨。

（七）亚洲

资源总量171亿吨，工业储量102亿吨，倒数第2位，相当贫乏。

（八）非洲

铁矿资源最贫乏的：资源总量73亿吨，工业储量33亿吨。

按国家来看，48%的原矿储量在澳大利亚、俄罗斯与巴西。2017年澳大利亚、俄罗斯、巴西铁矿石原矿储量分别为500亿吨、250亿吨与230亿吨，占比分别为29%、15%、14%。中国铁矿石储量位于全球第四，2017年储量为210亿吨，占比12%（见图3-1所示）。

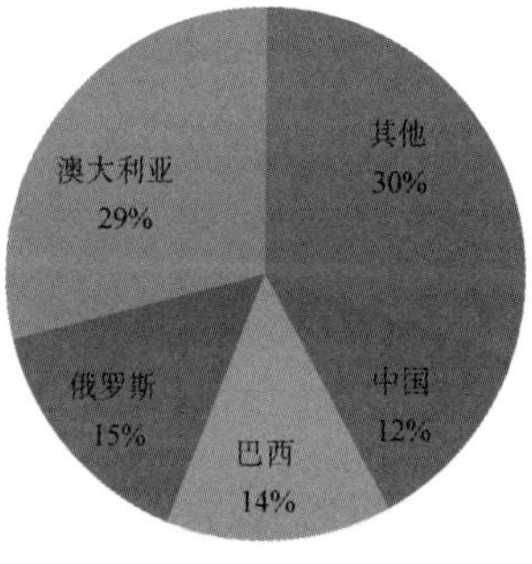

图3-1 2017年铁矿石原矿储量占比

资料来源：中国（香港）金融衍生品投资研究院。

二、我国铁矿资源

我国铁矿资源多而不富，以中低品位矿为主，富矿资源储量只占1.8%，而贫矿储量占47.6%。中小矿多，大矿少，特大矿更少。矿石类型复杂，难选矿和多组分共（伴）生矿所占比重大。难选赤铁矿和多组分共生铁矿石储量各占全国总储量的1/3，其共（伴）生组分主要包括V、Ti、Cu、Pb、Zn、Co、Nb、Se、Sb、W、Sn、Mo、Au、Ag、S、稀土元素等30余种，最主要的有Ti、V、Nb、Cu、Co、S和稀土元素等，有的共（伴）生组分的经济价值甚至超过铁矿价值，如白云鄂博铁矿中含有丰富的REO和Ta、Nb；攀枝花钒钛铁矿中的V和Ti储量居世界前位。随着分离和应用技术的提高，这些共（伴）生组分将得到充分的综合回收利用。有些红矿有用组分嵌布粒度细，或者与有害组分嵌布紧密，难以选别回收，造成铁矿物选矿回收率低，大量有用组分流失到尾矿中。有些以中低品位为主但易采易选的磁铁矿矿床，其中夹有大量边际效益的低品位矿石，如有适当的经济刺激政策，也可得到充分开发利用。

截至1996年年底，全国共查明铁矿产地1 834处。累计探明铁矿石储量（A+B+C+D级）504.78亿吨，按全国铁矿石平均含铁品位33%计算，铁金属量为166.58亿吨。扣除历年开采与损失，尚保有铁矿石储量（A+B+C+D级）463.47亿吨，铁金属152.95亿吨，其中A+B+C级铁矿石储量222.09亿吨，铁金属为73.29亿吨，D级铁矿石储量241.38亿吨，铁金属为79.66亿吨。若以我国A+B+C级储量与世界各国储量基础比较，我国铁金属储量排在俄罗斯、澳大利亚、加拿大、巴西之后居世界第5位。

我国铁矿石资源分布于全国29个省、市、自治区的660多个县（旗），主要集中在辽宁省111.81亿吨、四川省53.32亿吨、河北省62.36亿吨，三个省共计保有铁矿石储量227.49亿吨，占全国总保有铁矿石储量的49.08%；其次，储量超过10亿吨的有北京市、山西省、内蒙古自治区、山东省、河南省、湖北省、云南省、安徽省8个省、市、自治区，储量合计为160.88亿吨，占全国总保有铁矿石储量的34.71%；再次，储量不足10亿吨的有吉林省、黑龙江省、上海市、江苏省、浙江省、福建省、江西省、湖南省、广东省、广西壮族自治区、海南省、贵州省、西藏自治区、陕西省、甘肃省、青海省、宁夏回族自治区和新疆维吾尔自治区 18 个省、市、自治区，储量合计为 75.10 亿吨，占全国总保有铁矿石储量的 16.21%；其中，上海市、宁夏回族自治区最少，只有几百万吨。

保有铁矿石储量超过 10 亿吨的有：辽宁鞍山—本溪 106.5 亿吨、四川攀枝花—西昌 51.6 亿吨、冀东—北京 58.1 亿吨、山西五台—岚县 30.8 亿吨、宁（南京）芜（湖）—庐（江）枞（阳）21.4 亿吨、内蒙古包头—白云鄂博 16.3 亿吨、云南惠民 11.2 亿吨、皖西霍邱 10.2 亿吨、鲁中 10.1 亿吨等 9 个地区；储量在 5 亿 ~ 10 亿吨的有鄂东、鄂西、河北邯郸、邢台、滇中、甘肃酒泉、河南舞阳—许昌、江西新余—吉安、闽南等地区。上述 17 个地区经过 40 多年的开发建设，除惠民、鄂西、霍邱几个区因矿床自身特点和外部条件的影响，目前尚未开发利用外，均已成为我国主要的铁矿石原料供应基地。

现将国内 5 个主要铁矿储量集中分布地区，即鞍山—本溪、冀东—北京、攀枝花—西昌、五台—岚县、宁芜—庐枞，简单介绍如下：

一是鞍山—本溪地区万铁矿分布于辽宁鞍山、本溪和辽阳三市，东西长 85 千米，南北宽 60 千米，面积约 5 000 平方千米。铁矿床几乎全为“鞍山式”沉积变质型。有大、中、小型铁矿床 53 处，其中大型 19 处。合计保有铁矿石储量（A + B + C + D 级）106.5 亿吨。已开采的大型铁矿山有：鞍山齐大山、大孤山、东鞍山、眼前山和本溪南芬、歪头山、北台以及辽阳弓长岭铁矿等，1996 年年末铁矿开采能力 3 955 万吨。另外，可供设计与规划建设的大型铁矿床有红旗、贾家堡子、棉花堡子等。

二是冀东—北京地区铁矿分布于河北迁安、迁西、遵化、宽城、青龙、滦县、抚宁和北京密云、怀柔等县。铁矿几乎全为“鞍山式”沉积变质型。有大、中、小型矿床 84 处，其中大型铁矿床 9 处。合计保有铁矿石储量（A + B + C + D 级）58.1 亿吨。已开采的重点矿山有迁安水厂、大石河（包括大石河、二马、前裴庄、柳河峪、羊崖山、大杨庄、杏山）、棒槌山、磨盘山和遵化石人沟、青龙庙沟以及北京密云铁矿等，1996 年年末铁矿开采能力为 2 105 万吨。另外，可供设计与规划建设的大型铁矿床有迁安孟家沟（储量 2.1 亿吨，TFe28.9%）和滦县司家营北区（储量 8.4 亿吨，TFe 29.2%）。

三是攀枝花—西昌地区铁矿分布于攀枝花市和西昌地区的米易、德昌、会理、会东、盐边、盐源、冕宁和喜德等县。主要为岩浆型的钒钛磁铁矿矿床，其次有接触交代—热液型和沉积型铁矿床。有大、中、小型矿床66处，其中大型矿床有13处。合计保有铁矿石储量（A+B+C+D级）51.6亿吨，V_2O_2储量1 282万吨，TiO_2储量3.34亿吨。已开采的重点矿山有攀枝花的朱家包包、兰家火山、尖包包和西昌的太和北矿区等，1996年年末铁矿开采能力1 420万吨。另外，可供设计与规划建设的大型铁矿床有米易白马及及坪（TFe品位27.8%，铁矿石储量5.5亿吨，伴生TiO_2品位6.29%，TiO_2储量1 600万吨，V_2O_5品位0.27%，V_2O_5储量149万吨）；白马田家村（TFe品位25.3%，铁矿石储量3.14亿吨，伴生TiO_2品位6%，TiO_2储量922万吨，V_2O_5品位0.25%，V_2O_5储量76.5万吨）；攀枝花红格（TFe品位27.4%，铁矿石储量18.4亿吨，伴生TiO_2品位10.5%，TiO_2储量2亿吨，V_2O_5品位0.24%，V_2O_5储量448万吨）。

三、我国铁矿产业发展现状

我国铁矿产业消费量2000—2013年稳定增加，2014—2015年两年连降，其中2015年消费总量占全球的54.97%。从铁矿石消费总量上来看，我国是全球铁矿石需求量最大的国家，2015年达到10.77亿吨，占全球总量的54.97%。

2000—2007年，中国经济逐步崛起，铁矿石表观消费逐年增加，2007年中国铁矿石消费7.85亿吨，占全球总量的45.93%；2008年受金融危机影响，经济低迷，铁矿石消费总量减少1.97个百分点；2009—2013年由于“四万亿”的投资计划带动基建地产等钢铁下游产业，同时也刺激了铁矿石的消费，导致中国铁矿石表观消费量稳步增加；按照铁矿石表观消费量的标准，2013年中国铁矿石消费量到达峰值11.35亿吨，但是由于铁矿石表观消费量=铁矿石产量+铁矿石进口量-铁矿石出口量，是由间接测算得来，因此本书通过更直观的数据粗钢的产量来判断铁矿石需求到达峰值的时点（我国粗钢产量于2014年到达峰值8.23亿吨），因此按照粗钢产量的标准，我国铁矿石需求于2014年到达峰值11.28亿吨。2015年中国铁矿石消费10.77亿吨，同比下降4.52个百分点，但占全球总量仍高达54.97%，位居全球第一位。

第三节 铁矿石产业市场供需

一、进出口情况

2003 年我国已超过日本成为世界铁矿石进口第一大国。2005 年我国铁矿石进口量已占世界铁矿石进口量的 36.6%，2007 年我国进口 3.83 亿吨铁矿石，对外依存度为 52.65%。从进口数量来看，2017 年进口 10.73 亿吨，同比增长 5.01%，进口增速放缓。自 2005 年起铁矿石进口增速下降，2009 年进口增长 41.53%，2015 年至今增速都在 10% 以下。2018 年，受铁矿石价格低迷，非主流矿减产影响，上半年我国铁矿进口累计同比为 -1.39%（见图 3-2）。

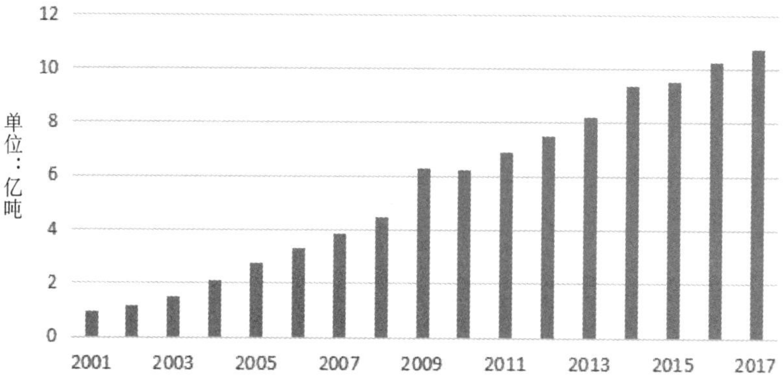

图 3-2　2001—2017 年中国铁矿石进口量

资料来源：中国（香港）金融衍生品投资研究院。

从进口国来看，我国铁矿石进口来源主要是澳大利亚，占进口总量 60% 以上。截至 2010 年以前，我国铁矿石进口来源主要为澳大利亚、巴西与印度三国，进口数量占进口总量 80% 以上。2010 年后，随着印度着力发展本国钢铁业以满足国内需求，通过提高关税、铁路运费等措施限制铁矿石出口，我国进口印度铁矿石数量急剧降低，取而代之的是澳大利亚铁矿进口占比上升，从 2010 年的 42.89% 上涨到 2017 年的 62.18%。供给替代从印度转移至澳大利亚而非巴西，主要原因为巴西铁矿石成本虽低，但是相比澳大利亚，巴西的运输航线长、运费高，导致成本较高。2017 年从进口结构来看，以澳大利亚与巴西为主，其中澳大利亚占比最大约 62.18%。2017 年我国进口铁矿石 1 075 亿吨，其中澳大利亚占比 62.18%，居第一位；其次为巴西，占比 21.33%；印度与南非共占比 6.53%。

图 3－3　2006—2018 年铁矿石澳巴进口占比

资料来源：中国（香港）金融衍生品投资研究院。

二、生产情况

2001 年我国原矿产量为 2.19 亿吨，随后逐年增长，2013 年我国铁矿石原矿产量达到峰值 15.2 亿吨。随着 2013 年我国粗钢产量达到峰值，以及进口铁矿石的挤压，国产矿产量开始下降，到 2017 年，我国铁矿石原矿产量为 12.3 亿吨（见图 3－4）。

分地区看，除天津市，上海市，宁夏回族自治区和西藏自治区受资源限制以外，没有进行铁矿石开采，其他各地区均有生产。其中，河北省产量占比最大，2017 年铁矿石原矿产量 5.8 亿吨，占比 47.1%；其次是四川省和辽宁省，分别占比为 11.3% 和 9.9%。

2018 年上半年，国产矿产量大幅下降，上半年产量累计增速均在 －10% 左右徘徊。国产矿产量下降的原因：一是国家环保限产限制开工产量。二是国产矿大都是高成本生产，而当下铁矿价格低位徘徊，这必然导致其亏损限产乃至停产。

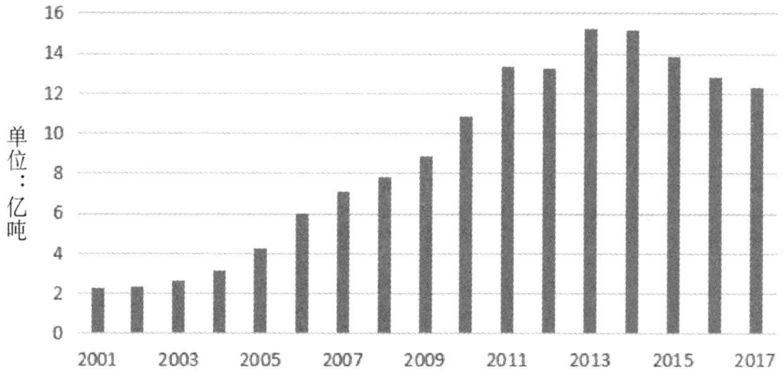

图 3-4　2001—2017 年中国铁矿石原矿产量

资料来源：中国（香港）金融衍生品投资研究院。

三、需求情况

中国逐步成为全球的钢铁消费中心。从总量上来看，2014 年中国粗钢产量达到阶段峰值 8.23 亿吨，相较于 2000 年增加了 5.47 倍，2015 年中国粗钢产量略有下滑至 8.04 亿吨，占全球总量的比重达 49.61%；从增量上来看，2000—2014 年全球的粗钢产量增加了 8.22 亿吨，而中国就贡献了 84.67% 的增量。

2016 年以前，我国钢铁行业供需严重失衡，供需矛盾突出。钢铁企业过高资产负债率、过低盈利水平、钢材质量良莠不齐、市场混乱导致行业逐渐低迷。根据国际钢铁协会统计的全球铁矿石表观消费量及世界主要国家铁矿石表观消费量，世界铁矿石消费量已在 2014 年达到阶段峰值 20.01 亿吨，2015 年铁矿石表观消费量同比下降 2.09% 至 19.59 亿吨。其中，就我国而言，铁矿石表观消费量于 2013 年达到阶段峰值 11.35 亿吨，而后进入下降通道。截至 2015 年，我国铁矿石表观消费量达 10.77 亿吨，占比达 54.97%，是目前全球铁矿石消费第一大国。

2015 年受宏观经济影响，钢铁企业产能过剩、竞相压价，致使钢价暴跌，行业大面积亏损。2015 年 12 月，习近平在中央经济工作会议上提出，落实“十三五”规划建议要求，推进供给侧改革，积极稳妥化解过剩产能。钢铁行业供给侧改革正式拉开序幕。随后，2016 年 2 月 1 日，国务院印发《关于钢铁行业化解过剩产能实现脱困发展的意见》，首次提出五年时间压减过剩产能 1 亿 ~ 1.5 亿吨。政府去产能政策紧密出台，各地区严格压减产能。2016 年钢铁行业去产能 6 500 万吨，钢铁企业由亏转盈，行业走出低迷。2017 年行业提前完成去产能计划，压减产能 5 500 万吨。

供给侧改革有效剔除钢铁落后产能，提升生产效率与钢材质量，供需矛盾得到明显改善，企业数量减少、利润率显著提升。生铁、粗钢月度产量增速放缓，同比下降（见图 3 – 5）。供给端收缩带来铁矿石价格持续下降，2007 年起铁矿石价格一路飙升至 2008 年 2 月高点，西北新干线铁矿指数突破 1 600；2008 年下半年起受金融危机影响，经济紧缩，矿石价格暴跌，随后两年在 600 ~ 800 附近震荡。全球经济复苏后，铁矿价格紧随钢材价格一路上扬，又持续下跌。铁矿指数始终处于 1 000 以上高位。供给侧改革去除落后产能，规范钢铁行业，钢价上涨、盈利水平大幅改善。从需求层面，钢铁企业数量减少使得铁矿石需求下降，从供给层面，四大矿山仍处扩产周期，铁矿石供大于求进一步导致价格一路走低，近一年西北新干线铁矿指数在 600 附近。较低的铁矿石价格增加成本红利弹性，钢厂毛利进一步提升。

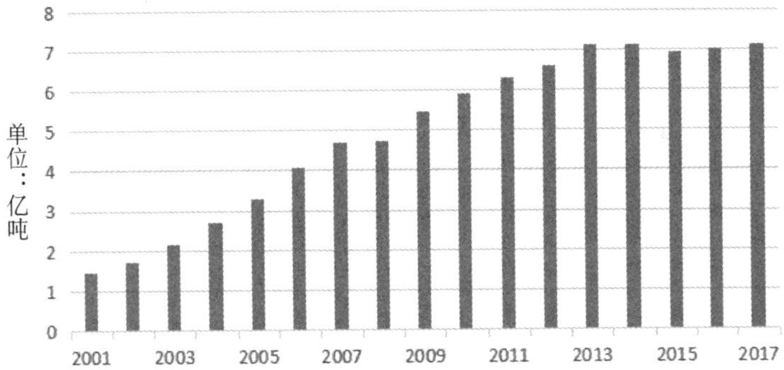

图 3 – 5　2001—2017 年中国生铁产量

资料来源：中国（香港）金融衍生品投资研究院。

第四节　铁矿石产业竞争格局

一、铁矿石定价机制演变

纵观铁矿石定价机制的演变历史，也是一部中国争取铁矿石话语权的斗争史。当前，全球铁矿石交易市场充斥着纷繁复杂的定价方式，混乱的价格体系不仅加大了钢厂对成本的控制难度，也让本已扑朔迷离的钢材市场更加令人难以捉摸。从历史上看，其中最重要的原因主要有以下四点：

（一）全球钢铁产业格局变迁

从历史前进的步伐来看，全球钢铁产业格局的变迁必然伴随着铁矿石定价机制的转变。1960 年以前，全球钢铁业巨头主要集中在欧美国家，此后随着亚洲国家的崛起，钢铁业的发展进入苏日时代，并于日本开始形成铁矿石年度定价机制。

在日本钢铁业快速崛起的同时，中国钢铁业也在悄然发展，并在进入 21 世纪后迅速跃居为全球第一大粗钢生产国。由此，全球铁矿石供需格局逐渐由松转紧，铁矿石价格波动性也远大于以往，这也埋下了铁矿石年度定价体系瓦解的种子。可以说，铁矿石定价机制转变的偶然性中存在着必然性，全球钢铁业新的格局需要新的铁矿石定价机制与之相匹配。

在当下，作为全球最大的铁矿石消费国，我国经济发展放缓，又有供给侧改革和环保限产常态化，对铁矿石的需求增速也开始放缓甚至呈下降趋势。在此背景下，国外矿山开始纷纷寻求新兴市场，铁矿石供需格局也将重新转变。

（二）全球铁矿石市场供需分析

全球铁矿石市场供求格局的不均衡，使得供给方的垄断地位决定了四大矿山对铁矿石价格具有较强的操控权，而需求方的相对分散决定了其弱势地位。

另外，矿石需求方的市场地位千差万别，这在中国更加明显，中小钢铁企业和国有巨头之间的矛盾十分尖锐，不同市场之间各方利益的不一致使得需求方像一盘散沙，无法形成统一战线。当供给方为了谋求更大的利润而不断更改铁矿石定价机制时，需求方也只能任由其牵着鼻子走。

（三）金融资本对铁矿石定价的影响

任何一次定价机制的变革都少不了金融资本的伺机炒作，而铁矿石的金融属性在铁矿石贸易过程中已被发挥得淋漓尽致。在每次谈判敏感期，国际投行都会频繁发表报告预测铁矿石价格会大幅上涨，使得原本乱象丛生的铁矿石市场更加动荡不安。在中国，铁矿石贸易过程中的贸易融资，抵押融资非常普遍，金融杠杆致使铁矿石贸易过程被众多投资机构注意。在四大矿山决定废除年度定价机制，转而实行季度定价机制，并逐步推行现货定价机制的同时，国际投机资金也看准了此次变革带来的机遇，纷纷推行铁矿石掉期交易、铁矿石期货等诸多金融衍生品，铁矿石定价机制的金融化趋势也不可避免。2013 年 10 月 8 日，大连商品交易所铁矿石期货上市，也极大地提高了我国对铁矿石的议价能力。

表 3－2 铁矿石定价机制的金融化演变

年份	月份	铁矿金融衍生品
2008 年	4 月	荷兰普氏能源资讯推出铁矿石价格指数
	5 月	金属导报推出 MB 铁矿石价格指数
	5 月	德意志银行推出掉期，以为 MB 铁矿石价格指数标的
	12 月	环球钢讯推出 TSI 铁矿石价格指数
2009 年	4 月	新加坡交易所推出掉期，以 TSI 铁矿石价格指数为标的
	5 月	伦敦清算所（LCH）推出掉期，以 TSI 铁矿石价格指数为标的
	12 月	美国洲际交易所 ICE 推出铁矿石合约，普氏铁矿石指数
2010 年	7 月	芝加哥商业交易所 CME 推出掉期，TSI 铁矿石指数
2011 年	1 月	印度商品交易所，期货
	3 月	芝加哥商品交易所期权，TSI 铁矿石指数
	3 月	新华社推出“新华—中国铁矿石价格指数”
	9 月	我的钢铁网推出 MylpiC
	10 月	中国钢铁工业协会推出中国铁矿石价格指数
2012 年	5 月 8 日	中国铁矿石现货交易平台
	5 月 30 日	新加坡铁矿石现货交易平台
	9 月	新加坡交易所，TSI 铁矿石指数期权
2013 年	4 月	新加坡交易所 SGX，TSI 铁矿石指数期货
	5 月	美国芝加哥商业交易所 CME，TSI 铁矿石指数期货
	10 月 18 日	大连铁矿石期货上市

（四）大宗商品及现货市场发展

同铝、原油以及动力煤等大宗商品的价格变迁相似，铁矿石已从采用固定价年度定价机制，逐渐转变成采用与现货市场价格指数挂钩的机制。铁矿石国际交易量的强劲增长催生了一个规模相对不小的现货贸易市场。现货贸易市场的发展，在铁矿石定价机制的改革中起到了关键性作用，它使钢厂和矿贸商能够根据现货市场行情来确定合约价格，而期货市场的发展则使这种定价策略更加灵活和精准。

铁矿石市场形成较晚。20世纪60年代大型铁矿被发现至今，铁矿石市场发展历经多个阶段，交易模式几经变化，最终发展成为今天趋于短期化和金融化的定价模式。

目前铁矿石的定价体系主要包括长协定价和现货定价体系。长协体系曾经是世界最重要的铁矿石定价体系，其核心是铁矿石供需双方通过长期合同锁定供货数量或采购数量，期限一般达到5~10年，甚至达到20~30年，但其价格并不固定。从20世纪80年代以来，长协定价体系则经历了年度谈判—季度指数—现货化的演变过程，其定价基准也由最初的离岸价（FOB），转为现今主流的到岸价（CFR）。

铁矿石长协定价机制决定年度铁矿石价格的谈判开始于1980年（1981财年），并平稳运行近30年。其框架是：根据惯例每年由世界主要铁矿石供应商与其主要客户进行谈判，决定下一财政年度铁矿石价格，价格一经确定，双方则依照谈定的价格在一年内执行。铁矿石需求方中的任意一方与铁矿石供应方中的任意一方价格达成一致后则谈判结束，国际铁矿石供需双方均接受此价格，这一谈判模式即“首发—跟风”模式；且计价基准为离岸价，同一品质的铁矿石各地涨幅一致，即“离岸价、同涨幅”。

在长协年度定价机制下，供方可长期均衡占领市场，需方则获得稳定供货渠道。自20世纪90年代以来，伴随着中国等发展中国家钢铁工业蓬勃发展，铁矿石全球供需格局变化剧烈，矿石产量的增长无法满足钢铁产能的迅速扩张，原材料严重紧缺，现货价远高于长协价，成为长协年度定价机制解体的导火索。

出于对长协年度定价机制的不满，三大矿山各自谋求对自身有利的定价方式。2009年在日韩钢厂与三大矿确认了“首发价”后，中国与三大矿山之外的FMG达成了价格略低的协议，“首发—跟风”规则被打破，铁矿石长协年度谈判就此破裂。

2010年3月，Vale率先将原有年度基准定价改变为季度定价，之后RIO和BHP与多数亚洲客户以到岸价基础达成协议，至此铁矿石年度定价机制瓦解，转而代之的是季度定价机制。在季度定价仅仅运行两个季度之后，BHP 开始推行月度定价。2011 年 6 月 23 日，RIO 方面也表示放弃季度定价，将转向更为灵活的铁矿石定价策略，包括按季度、月度甚至每天进行定价。长协体系目前虽然协议时期依然较长，但其定价机制逐步贴近现货。

贸易定价。由于长协谈判中以三大矿商的产品作为标准，而铁矿石种类较多，其他铁矿石厂商在贸易定价时，往往参照三大矿商的价格，并进行一定的调整，形成如下机制：

1. 基准价格

以往，价格每年由三大铁矿石生产商及主要钢铁客户谈判确定。

2. 净回值

三大矿商以外的铁矿石生产商定价能力较低，其产品定价通常参照三大矿商典型品种的“基准价格”，根据“利用价值”差异及运费进行调整而厘定。此计算方法也称为倒算净价格。

3. 利用价值

利用价值是指产品定价时，基于某种产品与相关基准产品的化学成分差异而调整价格。矿石化学成分不同使钢铁厂的成本差异化，依据铁品位、炉型、碳采购量、助燃剂采购量、脱磷成本及能源成本等因素做出调整。在一定时期内，贸易双方为节省谈判成本，利用价值调整通常以固定折扣比例及固定折扣价差的方式出现。

4. 计价单位换算方法

国际贸易中常用定价单位为美分/干吨度，该单位即每吨含铁量的美元价值除以 100，此单位表明了不同种类矿石中不同的铁含量及自由水分含量。国内的常用计价单位为元/吨，两者间的换算方法为：首先把美分/干吨度按汇率换算为元/吨，然后将其价格乘以矿石的含铁量（百分比），再除以 1“+水分含量”。将元/吨的价格换算为美分/干吨度的计算程序恰恰相反。

（五）铁矿石期货市场的发展

我国铁矿石期货上市前，铁矿石现货价格指数基本跟随国内钢材价格，呈明显快涨慢跌、涨幅大跌幅小的运行特点。铁矿石现货价格指数本应反映铁矿石现货的供需关系，但在铁矿石期货上市前，铁矿石现货价格指数基本是钢材价格的影子，在钢材价格上涨时跟涨，在钢材价格下跌时慢跌。通过对铁矿石期货上市前铁矿石现货价格指数与螺纹钢期货价格关系的统计发现，在铁矿石现货价格上涨阶段，现货价格指数通常较螺纹钢期货主力合约平均提前 6 天，而在铁矿石现货价格下跌阶段，指数则比螺纹钢期货主力合约平均滞后 5 天左右。在涨跌幅度方面，上涨阶段，现货价格指数对螺纹钢的价格涨幅比约是其下跌阶段跌幅比的 5 倍左右，国内上亿吨的港口库存对铁矿石的价格基本起不到调节作用。

我国铁矿石期货上市后，铁矿石现货价格指数快涨慢跌的态势得到有效抑制，且由原来紧盯螺纹钢价格向与铁矿石期货价格高度相关渐变。用同样的方法分析铁矿石期货上市后铁矿石现货价格指数和国内螺纹钢期货主力合约的价格关系，发现两者的价格相关性下降，价格波动启动点基本同步，两者的涨跌幅之比也变得大体相当，铁矿石现货价格指数在期货上市前“快涨慢跌、涨幅大、跌幅小”的势头得到明显抑制。更重要的是，由于有了一个公开、透明的铁矿石期货价格，铁矿石现货价格指数与螺纹钢期货主力合约价格的相关性由铁矿石期货上市前的 82.96% 降至上市后的 50.48%，而同期与大商所铁矿石期货主力合约的价格相关性则高达 98.98% ，这说明铁矿石现货价格指数由原来紧盯我国螺纹钢产品价格，开始逐步向反映铁矿石原材料本身供需关系转变。

图 3-6　螺纹钢、铁矿石现货价格指数与铁矿石期货价格走势图

资料来源：Wind。

铁矿石期货上市后，功能发挥良好，期现相关性始终保持在0.9以上，临近交割月基差收敛性好，产业客户参与度高，铁矿石期货价格开始成为现货定价的重要参考，成为主导企业经营避险的依据。据了解，一些国际矿山已逐渐开始参照铁矿石期货价格把控现货销售节奏，期货价格成为其招标价的重要参考。与此同时以期货价格为基准的基差贸易在现货市场得到普遍推广，许多现货企业开始利用期货价格进行基差贸易，铁矿石现货贸易也由传统的一单一议的方式逐渐转变为使用连续的基差贸易合同。2018年8月，河北钢铁（国内最大钢铁国企）和嘉吉（国际第二大铁矿贸易商）签订长期基差贸易供货协议，通过I1809合约和I1901合约进行点价，为市场树立了基差贸易典型。至今已有6家国内大型钢厂开始与嘉吉沟通寻求合作，利用铁矿石期货开展基差贸易，国内铁矿石市场初步呈现出以铁矿石期货价格为重要影响的国内港口车船板价和“海漂”价的“价格双环”格局。

二、废钢的发展

废钢是现代炼钢行业的又一重要原材料，也是短流程炼钢的主要原材料。在欧美、日本等发达国家，由于人均钢材已经达到很高水平，社会废钢已经成为钢铁行业主要原料，长流程所占比例不超过30%（美国人均钢材社会保有量超过70吨，日本达到90吨，世界人均水平是20吨，而中国人均钢材不到6吨）。这也是为什么发达国家铁矿石需求量很少，而发展中国家成为铁矿石主要需求国的直接原因。虽然我国钢铁规模仍处于增长期，但是增长速度十分迅速。在未来的发展过程中，中国社会的废钢量也会呈现快速发展态势，废钢在炼钢原材料中的占比将逐步提升。

同样作为原材料，废钢与铁矿石相比存在竞争关系。2017年6月底市场1.4亿吨“地条钢”已全部出清，全国各省区清理出“地条钢”企业共500多家，涉产能1.4亿吨，影响产量5 000万~6 000万吨。2017年5月、2017年7月、2018年5月，钢铁煤炭行业化解过剩产能和脱困发展工作部际联席会议与国务院纷纷派出督察组分赴各地开展取缔“地条钢”专项督查，防止死灰复燃。而原先流向违规产能的大量废钢也逐步回流到合规产能中去，替代部分铁矿石需求。

2016年12月，中国废钢应用协会发布《废钢铁产业“十三五”发展规划》。《规划》提出，到“十三五”末，废钢比要从10%提升至20%。2016年粗钢产量8.08亿吨，废钢消费9 010万吨，整体废钢比11%；2017年，粗钢产量8.3亿吨，废钢利用1.479亿吨，废钢比17.82%，同比增长64.15%。废钢的替代作用是对铁矿石价格继续打压的因素之一。

三、环保限产常态化

环保政策不断加码，采暖季限产+非采暖季错峰生产+超低排放标准，致使铁矿石用量继续降低。2017年11月工信部联合环保部印发《关于“2+26”城市部分工业行业2017—2018年秋冬季开展错峰生产的通知》。随后，各地区开展限产、错峰生产。石家庄市、唐山市、邯郸市等重点城市，采暖季以城市为单位钢铁产能限产50%。2018年3月起，各地区实施非采暖季错峰生产方案。其中，唐山市主城区钢铁企业基础限产15%，邯郸市限产25%，武安市地区限产50%。限产将持续对铁矿石需求造成冲击。

2018年5月，第八次全国生态环境保护大会提出了2035年基本实现、2050年全面建成美丽中国的宏伟目标。2018年6月，首个环保督查“回头看”全面启动，6个督察组陆续进驻河北省、河南省、内蒙古自治区、宁夏回族自治区、黑龙江省、江苏省、江西省、广东省、广西壮族自治区、云南省等10省、自治区开展督察工作。

2018年5月，环保部提出《钢铁企业超低排放改造工作方案》（征求意见稿），其中对2012年排放标准进行更新，对企业污染物排放提出更高标准。对于整改不合格企业由地方政府进行关停淘汰。对于大型钢铁企业需要加强脱硫脱硝除尘设施改造，不具备改造条件、不符合排放标准的小型钢铁企业将面临退出市场。环保标准加严将会促进钢铁行业改造升级与行业整合。超低排放会进一步减少合规企业数量，铁矿石需求端将面临持续收紧态势。

四、重点企业

（一）鞍钢集团矿业公司

鞍钢矿业是鞍山钢铁集团公司的全资子公司，是我国掌控铁矿石资源最多、产量规模最大，具有先进的工艺技术、低成本的运行模式，集探矿，采矿、选矿、烧结、球团生产，采选工艺研发设计，工程技术输出为一体，具有完整产业链的冶金矿山龙头企业。公司拥有七座大型铁矿山、六个大型选矿厂、一个现代化烧结厂、两个球团厂和石灰石、锰矿石、活性石灰等四座辅料矿山。地跨五座城市，总部设在辽宁省鞍山市中心。现具备2.3亿吨以上采剥总量生产能力，6 500万吨的选矿处理能力，年产铁精矿1 800万吨、烧结矿400万吨、球团矿800万吨、石灰石600万吨的生产能力。近年来，有2项科技成果获得国家科技进步二等奖；9项管理成果分别获得国家级企业管理现代化创新成果一、二等奖。

（二）包头钢铁（集团）有限责任公司

包头钢铁（集团）有限责任公司在国家“向北开放”的战略格局中占有重要地位。包钢白云鄂博矿是举世瞩目的铁、稀土、铌、钍等多金属共生矿，是西北地区储量最大的铁矿，稀土储量居世界第一位，铌、钍储量居世界第二位。除此之外，包钢还拥有经营外部矿产资源的矿业公司，已掌控铁矿石权益资源6亿吨以上，并与澳大利亚、蒙古等国企业开展了广泛的资源合作。

（三）太原钢铁（集团）有限公司矿业分公司

太原钢铁（集团）有限公司矿业分公司拥有袁家村和峨口两个铁矿项目。袁家村铁矿位于山西省吕梁市岚县，储量12亿吨，设计年产铁精矿750万吨，为亚洲规模最大的露天冶金矿山。项目总投资120亿元，生产全线采用国际一流的工艺装备，具有工艺先进、生态环保、循环利用等显著特点。项目的建成投产，对于缓解国内铁矿石短缺状况、促进当地经济社会发展具有重要意义。

峨口铁矿露天转地下开采工程拥有地下矿石储量2.6亿吨。首期工程计划于2017年年底建成投产，形成地下200万吨原矿生产能力；全部工程完工后，将具备年生产750万吨原矿能力，是公司安全、稳定、优质铁矿石生产基地。

第五节　铁矿石产业发展前景

一、供给前景

20 世纪 60 年代对于铁矿石市场形成是一个重要的时间节点，澳大利亚和日本在其中扮演着核心角色。20 世纪 60 年代以前，全球仅日本进口铁矿石，且数量很少。欧美发达国家铁矿石基本自给自足。在铁矿石供给方面，由于大规模铁矿资源尚未被发现，没有出现铁矿石供给大国。如澳大利亚政府曾认为本国铁矿石资源有限，为了保障未来铁矿石的需求，禁止铁矿石出口。因此，20 世纪 60 年代以前还不存在真正意义上的国际铁矿石市场。

20 世纪 60 年代中期，澳大利亚发现了皮尔巴拉铁矿山（PilbaraIron Ore Mine），丰富的铁矿资源储量使得澳大利亚政府解除铁矿石贸易禁令。然而，矿山的开采需要大量投资，澳大利亚面临资金紧缺的困难。巧合的是，此时经济飞速发展的日本对铁矿石需求量不断增加，为了稳定铁矿石供给来源，日本开始进行铁矿石资源的全球战略布局。于是日本和澳大利亚很快达成协议：日本出资开发矿山，澳大利亚将开采出的铁矿石出口日本。以新日铁公司为首的日本钢铁企业创造了长期合同制，协议通常是 15 ~ 20 年，前 5 ~ 7 年的铁矿石价格不变，从而既保证了矿山项目的资金，又保障了日本对铁矿石的需求。

相比澳大利亚，巴西介入国际铁矿石市场的时间较晚。在供给方面，巴西最大的铁矿石生产商淡水河谷成为最大的铁矿石供给商。20 世纪 90 年代中期以前，淡水河谷年产出仅有 9 000 万吨；20 世纪 90 年代中期以后，新铁矿山的发现令其年产量超过 35 000 万吨，份额占到巴西的 60% 和世界的 15%。

进入 21 世纪，铁矿石产量逐年增长。铁矿石产量增长幅度较大年份为 2002 年、2006 年与 2010 年，增速均在 10% 以上。自 2010 年之后铁矿石产量增速逐渐下降，2014 年产量增加 0.74%，2015 年产量降低 2.32%。2013—2017 年全球铁矿石产量稳定，期间产量约 20 亿吨。从产量分布来看，61.5%产量来自澳大利亚和巴西。中国2015年含低品位铁矿石13.81亿吨，转换为世界平均含铁量为1.24亿吨，占比6.12%，产量位居世界第三名。

四大矿山铁矿石原矿储量占全球总储量的17.94%，铁矿石含铁储量占全球总储量的20.3%。截至2016年年末，淡水河谷、力拓、必和必拓和FMG铁矿石原矿储量分别为184.42亿吨、58.88亿吨、40.02亿吨和21.73亿吨，合计占全球总储量的17.94%。含铁量方面，淡水河谷、力拓、必和必拓和FMG铁矿石含铁储量分别为98.85亿吨、37.09亿吨、24.45亿吨和12.42亿吨，合计占全球总储量的20.3%。

全球铁矿石平均品位为44.74%，四大矿山中淡水河谷的平均品位稍低，为53.60%，力拓铁矿石品位为最高，平均品位为62.05%；必和必拓和FMG平均品位则分别在56%和57.2%。四大矿山平均品位57.21%，较全球平均品位高12.47%。而中国铁矿石总产量虽然大，但总体矿山含铁量仅为25%~40%，只有1.6%的矿山为高品级，平均品位仅为34.29%，较全球平均品位低10.45%。

自2009年以来，四大矿山铁矿石产量占世界的比率不断上升，2017年四大矿山累计产量10.71亿吨，寡头地位显著。铁矿石供给量攀升新高，全球四大矿山2018年继续增产。淡水河谷2018年产量3.9亿吨，新增S11D项目将增产3 000万吨；力拓新建项目Silvergrass新增产能3 000万吨，2018年增产至3.3亿~3.4亿吨；必和必拓新增项目SouthFlank增加700万吨产能，2018年增产6%，即2.45亿吨；FMG暂无扩建计划，产量与2017年一样即1.91亿吨。根据Mysteel数据显示，2018年全球矿山增量4 000万吨，四大矿山增量4 400万吨。

矿山成本主要为C1成本，即现场生产的现金支出成本，包括现场运输、采矿、冶炼、税金以及现场管理成本。劳动成本减低与生产效率提升使得四大矿山C1成本逐渐降低。必和必拓年报显示，自2012年以来，公司通过简单组合、标准化系统和跨越资产的连通性进一步提高生产力，整个单位成本降低了40%以上。2018年，得益于劳动力成本与承包商成本的降低以及生产效率的改善，四大矿山现金成本均控制在20美元/吨之下。澳大利亚矿山FMG，现金成本降低为12.08美元/吨，成为四大矿山中成本最低的矿山。

到岸现金成本为C1加运费与资源税，其中海运费占比较大。根据大商所《铁矿石期货合约制度设计说明》，西澳港口到青岛港海运价占铁矿石到岸价5%~10%；巴西图巴郎到青岛港口海运价占铁矿石到岸价10%~30%左右。2016年淡水河谷海运费为8.9美元/吨，力拓、必和必拓、FMG海运费分别为4.43美元/吨。因为地理位置的原因，位于巴西的淡水河谷其海运成本占比最高。

由于非主流矿山的存在，铁矿石市场并非完全的寡头市场。以囚徒思维逻辑，主流矿山不断提高自己的产量来获取更高的利润，势必造成铁矿供大于求，价格下跌的状态。四大矿山由于技术领先，规模大，成本普遍较低，但非主流矿山则没有那么幸运，完全成本40美金之上的不在少数。伴随价格跌破其成本线，高成本非主流矿山减产乃至停产，进而给四大矿山提供了更多的市场份额，对四大矿山来讲，其增产的激励也将一直存在。

2018年4月9日，MRL宣布收购Atlas Iron Limited的全部股份（现已夭折，由RoyHill和FMG之间竞争），6月13日，MRL又宣布将收购Cliffs。高成本非主流矿山的退出意味着，铁矿底部的支撑正在逐渐下移。

二、需求前景

根据国际钢铁协会统计的1900—2015年全球粗钢产量数据，全球粗钢产量经历了缓慢增长（1900—1945年）、稳定增长（1945—1970年）、增速放缓（1970—2000年）和快速增长（2000—2014年）四个历史阶段。

分区域来看：自1900年以来，全球铁矿石消费中心发生了两次转移：欧洲→北美→亚洲；在亚洲进一步发生了区域性转移，即日本、韩国等→中国。

全球铁矿石需求出现阶段性的增长态势主要取决于不同时期的铁矿石消费主力的变化，而钢铁企业作为铁矿石的最终消费者，钢铁的生产情况决定了铁矿石的消费需求，因此接下来我们具体探析不同阶段区域性钢铁生产的变化情况。

（一）缓慢增长期（1900—1945年）

铁矿石需求缓慢增长，年均增速仅3.15%，生产消费主要集中于欧洲和北美两个地区。1900—1945 年，全球粗钢的生产和消费主要集中于欧洲和北美两个地区。

这一时期美、英、法三个国家产量占全球总产量的比重年平均为 61.70%。分国家来看，除 1929—1933 年大萧条经济下滑导致粗钢产量随之下降外，美国 1900—1945 年粗钢产量逐年增加，1945 年美国粗钢产量 7 231.40万吨，相较于 1900 年增加了 598.45%，占全球的比重达 63.93%。1900—1945 年英法产量基本稳定在 1 000 万 ~ 2 000 万吨之间，占全球的比重在 15%~20% 左右波动。因此，1900—1945 年全球粗钢产量仅从 0.28 亿吨增长到 1.13 亿吨，年平均增速仅 3.15%。而这个时期全球贸易还未发展起来，铁矿石的供需还未分离，生产和消费基本上都在同一个区域内。

（二）稳定增长期（1945—1970 年）

铁矿石需求稳定增长，年均增速达 6.86%，形成了欧洲、北美、日本等亚洲地区三分天下的局面，澳大利亚和日本开始了全球性的铁矿石贸易，供需分离局面开始出现。

第二次世界大战结束以后至 20 世纪 70 年代，全球步入战后复苏的经济发展阶段，粗钢生产呈现平稳较快增长的态势，从 1.13 亿吨增加至 5.94 亿吨，年平均增速达 6.86%。这个时期生产大量粗钢的国家和地区逐步增多，以日本等为代表的亚洲国家在经济上的快速崛起使其在全球粗钢产量中占比迅速提高，1970 年日本粗钢产量 9 332.20 万吨，占全球总产量的 15.71%，相较于 1945 年提高了 14.61 个百分点，形成了欧洲、北美、日本等亚洲地区三分天下的局面。

这个时期全球铁矿石出现了局部的供需分离，日本在 20 世纪 60 年代对西澳地区的铁矿石资源大力开发，导致澳大利亚地区铁矿石产量快速增加，而当时的澳大利亚钢铁工业不发达，对铁矿石的需求非常有限，因此开采的铁矿石主要用于满足亚洲地区的需求，澳大利亚与亚洲之间开始了全球性的铁矿石贸易。

（三）增速放缓期（1970—2000 年）

铁矿石需求增速放缓，年平均增速仅 1.19%，欧美地区的粗钢产量稳中有降，亚洲地区粗钢产量增速放缓，巴西和澳大利亚分别是欧洲和亚洲的供应主力，供需分离局面初步形成。1970—2000 年，全球粗钢生产增长缓慢，欧美和亚洲地区的粗钢产量都发生了较大的变化。

欧美地区的粗钢产量稳中有降：1970 年左右，美国、英国、法国等欧美国家粗钢产量基本已达到顶点，分别为 11930. 90 万吨、5 208. 90 万吨；1970—1982 年，欧美地区的粗钢产量逐年下降，1982 年美国、英国、法国粗钢产量分别为 6 765. 60 万吨、3 210. 60 万吨，相较于 1970 年大幅下降了 43. 39% 和 38. 36%；1982—2000 年，欧美地区粗钢产量稳中有升，但仍不及 1970 年左右的峰值，受益于里根总统扩张性的财政政策，美国经济复苏，随之粗钢产量也有所增长，2000 年美国粗钢产量 10 180. 30 万吨，相较于 1982 年大幅增加了 50. 47 个百分点，但仍不及 1970 年的峰值，而同一时期英法国家仅增加了 12. 47 个百分点。

亚洲地区粗钢产量增速放缓：以日本为代表的亚洲国家 1970—2000 年粗钢产量平稳增加，2000 年日本粗钢产量 10 644. 40 万吨，相较于 1970 年增加 14. 06 个百分点，但增速远小于 1945—1970 年，年平均增速仅 0. 44%，相较于前一时期（1945—1970 年）减少了 16. 26 个百分点，且占全球总产量的比重逐年下降，2000 年日本粗钢总产量占全球比重为 12. 56%，相较于 1970 年减少了 3. 15%。因此，这一时期全球粗钢产量仅从 5. 94 亿吨缓慢增长至 8. 48 亿吨，全球年平均增速仅 1. 19%。

（四）快速增长期（2000—2014 年）

铁矿石需求快速增长，年复合增长率达到 4. 96%，2015 年全球 49. 61% 的粗钢产于中国，供需分离格局十分明显。

2000—2014 年全球的粗钢产量快速增长，从 8. 48 亿吨增加到 16. 70 亿吨，年复合增长率达到 4. 96%。这个时期主要是由于中国经济逐步崛起，对粗钢的需求大量上升，带动全球粗钢总产量增加。

综合来看，自 1900 年以来，全球钢铁消费中心随工业中心转移发生了两次转移：欧洲→北美→亚洲；在亚洲进一步发生了区域性转移，即日本、韩国等→中国；全球铁矿石的需求格局随钢铁需求格局变化而变化。

第六节 铁矿石产业重要政策

一、矿业资源法律体系

自新中国成立以来，已经建立了以《宪法》为基础，以《矿产资源法》和相关法律法规为基本内容的矿产资源法律体系。中国《宪法》规定："矿藏、水流、山岭、草原、荒地、滩涂等自然资源，都属于国家所有，即全民所有。"《民法通则》第81条规定："矿产资源归国家所有。"《矿产资源法》第3条规定："矿产资源属于国家所有，由国务院行使国家对矿产资源的所有权。地表或者地下的矿产资源的国家所有权，不因其依附的土地的所有权或者使用权的不同而改变。"

这些法律确立了中国矿业法律的基础。1950年，政务院颁布了《矿产暂行条例》，1965年年底，国务院制定发布了《矿产资源保护试行条例》。1986年10月1日，中国第一部《矿产资源法》（"八六版矿法"）颁布施行，填补了矿产资源管理法律的空白，使中国矿产资源勘查、开发利用和矿山环境保护步入有法可依的轨道。《矿产资源法》是矿产资源法律体系中的基本法律，围绕这部法律制定的矿产资源法规、规章和其他规范性文件，构成矿产资源法律体系的基本框架。

1996年8月29日，八届全国人大常委会第二十一次会议正式通过了《矿产资源法》修正案，这是中国第一次对《矿产资源法》（"九六版矿法"）进行修改。"九六版矿法"也就是现行矿法。1998年，有三部重要的矿业行政法规相继出台，即《矿产资源勘查区块登记管理办法》（1998年2月12日国务院令第240号）、《矿产资源开采登记管理办法》（1998年2月12日国务院令第241号）、《探矿权采矿权转让管理办法》（1998年2月12日国务院令第242号）。这三部法规对中国矿产资源勘查、开采和矿业权流转制度的建立产生了积极影响。从2003年下半年开始，根据全国人大常委会的要求，由国土资源部牵头开始第二次《矿产资源法》的修改、调研、论证工作。经历过两次立法活动密集的高潮期，矿业资源法律体系已经具有初步体系化的特征。

（一）矿产资源国家所有制度

与大多数国家一致，中国宪法明确规定“矿产资源属于国家所有”，而且实行的是“一级所有制”，不存在各省（自治区）的“二级所有”，也不存在私人所有。1996 年修正的《矿产资源法》强化了国家对矿产资源的所有权，明确规定国家为所有权的行使主体。《矿产资源法》第 3 条规定：“矿产资源属于国家所有，由国务院行使国家对矿产资源的所有权。”地表或者地下的矿产资源的国家所有权，不因其所依附的土地的所有权或者使用权的不同而改变。

（二）矿产资源有偿使用制度

中国政府自 1994 年起对采矿权人征收矿产资源补偿费，结束了相关利益主体无偿开采国家所有的矿产资源的历史。无论是征收矿产资源补偿费，还是征收海上和陆上对外合作开采油气资源缴纳矿区使用费，都体现了国家作为矿产资源所有者的应有权益，上述费用的收取有利于建立促进矿产资源保护和合理利用的经济激励机制。自 1998 年起，中国开始对探矿权人、采矿权人收取探矿权使用费、采矿权使用费和国家出资勘查形成的探矿权价款、采矿权价款。

矿产资源有偿使用制度在实践中体现为两个方面，一方面是实行矿业权有偿取得制度，另一方面是矿产资源补偿费的征收制度。在计划经济时代，中国的矿业权都是通过行政划拨无偿授予的，同时矿产资源前期勘查费用又是由国家负担，因此矿业权的获得者几乎不花费任何代价就可以取得矿业权，客观上加剧了低效率开采和过量开采现象的产生，不利于矿产资源的高效和可持续利用。随着矿业改革的深化，中国除了征收资源税外，还建立了矿产资源补偿费征收制度，该制度无疑是国家作为矿产资源所有权人利益的体现。

（三）矿产资源登记管理制度

1998 年颁布的《矿产资源勘查区块登记管理办法》和《矿产资源开采登记管理办法》对矿产资源登记制度作出了细致的规定。1998 年的《探矿权采矿权转让管理办法》和 2003 年的《探矿权采矿权招标拍卖挂牌管理办法（试行）》也有关于登记制度的部分内容。

（四）矿业权及其流转制度

国家将矿产资源所有权的部分权能授让出去，相关利益主体经国家授权而获得该权能，就形成矿业权制度。矿业权的概念来源于古罗马法，是指探采人依法在已经登记的特定矿区或者工作区内勘查、开采一定的矿产资源，取得矿产品，并排除他人干涉的权利。矿业权制度包括矿业权的种类及其之间的相互关系。根据现行矿法及配套法规的规定，中国实行以勘查许可证为代表的探矿权制度和以采矿许可证为代表的采矿权制度。所谓“探矿权”，是指在依法取得的勘查许可证规定的范围内，勘查矿产资源并优先取得作业区矿产资源采矿权的权利。所谓“采矿权”，是指在依法取得的采矿许可证规定的范围内，开采矿产资源和获得所开采的矿产品的权利。作为拥有财产权属性的矿业权，在市场经济体制下必然反映出商品性特征，需要通过流通来实现资源的最佳配置。但因其往往事关社会公共利益、国家战略利益，所以各国对矿业权的转让都作出了不同程度的限制。中国矿法对于探矿权和采矿权转让条件的具体规定即凸显了这种限制，如探矿权人有权在划定的勘查作业区内进行规定的勘查作业，有权优先取得勘查作业区矿产资源的采矿权。但是探矿权人需要在完成规定的最低勘查收入后，且经依法批准，才可以将探矿权转让他人。已取得采矿权的矿山企业，只有因为企业合并、分立，与他人合资、合作经营，或者因企业资产出售以及有其他变更企业资产产权的情形而需要变更采矿主体，且经依法批准后，才可以将采矿权转让他人采矿。除此，探矿权、采矿权不允许进行转让，更不得倒卖牟利。

（五）进口铁矿石贸易政策

2005 年，中国政府决定自 3 月 1 日期，对铁矿石实行自动进口许可管理。由中钢协和五矿商会提出《铁矿石进口企业资质标准和申报程序》方案，要求 2004 年的粗钢产量必须在 200 万吨以上，且上年铁矿石进口数量在 30 万吨以上，这使市场上 500 多家进口企业立马被缩减到 118 家。

2010 年，根据《2010 年铁矿石进口企业资质标准》《进口铁矿石代理制实施细则》等新规定，进一步取消 2009 年铁矿石进口量不足 100 万吨的企业进口资质，这使具有进口铁矿石资质的企业只剩 105 家，其中钢铁生产企业 65 家，贸易商 40 家。根据规定，资质每两年还要进行一次审核。

2013 年，商务部决定自 7 月 1 日起，对铁矿石的自动进口许可证实行网上申领。只要具备进出口经营权就可以申领铁矿石自动进口许可证，没有其他审核标准限制，资质评审就此取消。取消资质评审可以让钢厂直面矿山，铁矿进口贸易行业不再有准入门槛。

二、产业相关政策部分

（一）国务院关于钢铁行业化解过剩产能实现脱困发展的意见

《国务院关于钢铁行业化解过剩产能实现脱困发展的意见》（国发〔2016〕6号）于2016年2月对外公布，拉开了钢铁行业供给侧改革的序幕，对钢铁行业影响深远。《意见》提出在2016—2020年压减粗钢产能1亿~1.5亿吨，具体措施包括依法依规退出产能；引导主动退出产能；拆除相应设备。自2016年供给侧改革实施以来，钢铁去产能政策得到有效顺利实施。2016年退出钢铁产能超过6 500万吨，2017年超过5 500万吨，另外清理“地条钢”等违法产能1.4亿吨，2018年退出钢铁产能超过3 000万吨，三年合计退出产能超过1.5亿吨，提前完成目标。钢铁“去产能”从中央到地方、到行业、到企业，决心之大、力度之大，前所未有，取得了非常积极的效果，得到了国内国外广泛认可。

（二）关于推动钢铁行业重组处置“僵尸企业”工作方案

国务院2016年9月发布了《关于推动钢铁行业重组处置“僵尸企业”工作方案》（国发〔2016〕46号）。其设定的总目标是，到2025年，中国钢铁产业前10大企业产能集中度将达60%~70%，其中包括8 000万吨级的钢铁集团3~4家、4 000万吨级的钢铁集团6~8家，以及部分专业化的钢铁集团，如无缝钢管、不锈钢等专业化钢铁集团。该方案提出要提高中国钢铁行业产能集中度，集中度的提高不仅有利于提高钢铁行业整体竞争力，也将对钢铁产业链产生较大影响，其中将提高中国在铁矿石市场的话语权。

（三）钢铁工业调整升级规划（2016—2020年）

《工业和信息化部关于印发钢铁工业调整升级规划（2016—2020年）的通知》（工信部规〔2016〕358号）于2016年10月正式发布，以下简称《通知》。《通知》指出：“十二五”期间，国内铁矿石价格指数、现货交易平台、期货交易的联动作用和国际影响力不断增强，铁矿石成交价格更加公开透明，利用境外铁矿资源的能力不断提升，已投产的权益矿产能累计1.2

亿吨，较“十一五”末增长114%，国内铁矿勘探力度不断加大，新增查明铁矿石资源量133亿吨。《通知》预测“十三五”我国钢材消费强度和消费总量将呈双下降走势，生产消费将步入峰值弧顶下行期，呈波动缓降趋势，这将对铁矿石的需求放缓。《通知》还提出完善钢铁布局调整格局，沿海地区要转变将区域内钢厂一味转移到沿海建设的思路，不再布局新的沿海基地，立足现有沿海基地实施组团发展、提质增效；内陆地区要以区域市场容量和资源能源支撑为双底线，坚决退出缺乏竞争力的企业，立足现有龙头企业实施整合脱困发展，这也将对国内铁矿石需求造成一定的影响。

（四）河北省钢铁行业去产能工作方案（2018—2020年）

2018年7月4日，河北省推进去产能调结构转动能工作会议在石家庄召开，会议印发了《河北省钢铁行业去产能工作方案（2018—2020年）》。《方案》提出，经过三年的努力，河北省钢铁产业发展实现“两减、两降、四提高”。“两减”：钢铁产能减少，2018年压减退出钢铁产能1 000万吨以上，2019年压减退出1 000万吨左右，2020年压减退出2 000万吨左右，到2020年年底全省钢铁产能控制在2亿吨以内；钢铁企业减少，2018年钢铁“僵尸企业”全部出清，钢铁冶炼厂点减至82个，企业减至63家，2019年钢铁冶炼厂点减至79个，企业减至62家，张家口市、廊坊市钢铁产能全部退出，2020年钢铁冶炼厂点减至70个，企业减至60家左右。“两降”：排放下降，到2020年，钢铁行业节能减排水平全国领先，主要污染物排放指标达到或超过特别排放限值要求，冶炼固体废弃物利用和处置率达到100%；能耗下降，吨钢综合能耗保持在570千克标准煤以下，单位工业增加值能耗持续优于全国平均水平。“四提高”：产业集中度明显提高，到2020年，前15家企业产能规模由2017年占全省的58.5%提高到90%以上；装备水平大幅提高，除特钢和符合《铸造用生铁企业认定规范条件》的铸造高炉外，钢铁行业转炉全部提高到100吨及以上、高炉全部提高到1 000立方米及以上；中高端产品比重提高，钢铁中厚板、专用板占板材比重由2017年的48.5%提高到60%以上，普通低合金钢、合金钢比重由2017年的17.7%提高到20%以上；质量效益显著提高，高强、耐腐、耐候、长寿命等优质钢材品种和高附加值钢铁新材料比重增加，企业效益持续高于全国平均水平，产业综合竞争力全面提升。

三、环保相关政策部分

（一）钢铁行业排污许可证

2017 年 7 月，环保部发布《排污许可证申请与核发技术规范钢铁工业》（HJ846－2017），全面推进钢铁行业排污许可制度改革。要求全国 5 000 余家钢铁企业在 2018 年年底前完成新排污许可证的核发，发放范围为含有烧结、球团、炼铁、炼钢或轧钢等生产工序的排污单位。

新排污许可制度通过向企业核发排污许可证的“一证式”管理模式，对企业固定污染源实施全过程管理和多污染物协同控制，实现精细化、信息化、系统化、科学化、法制化管理。排污许可证标准更严，企业需要加大环保设施的投入，同时也将加大运营成本。随着政府部门的监管趋严，钢铁生产将受到一定的影响。对未取得排污许可证的钢铁企业，严格按照相关法律规定予以处罚。

（二）中华人民共和国环境保护税法

《中华人民共和国环境保护税法》于 2018 年 1 月 1 日正式实施，征收对象包括直接向环境排放应税污染物的企业事业单位和其他生产经营者为环境保护税的纳税人。税额标准：大气污染物税额幅度为每污染当量 1.2～12 元；水污染物税额幅度为每污染当量 1.4～14 元；固体废物按不同种类，税额为每吨 5～1 000 元；噪声按超标分贝数，税额为每月 350～11 200 元。纳税人排放应税大气污染物或者水污染物的浓度值低于国家和地方规定的污染物排放标准 30% 的，减按 75% 征收环境保护税。纳税人排放应税大气污染物或者水污染物的浓度值低于国家和地方规定的污染物排放标准 50% 的，减按 50% 征收环境保护税。环保税法提出，排污费改排污税，征收人由环保部改为税务机关，环境保护税全部作为地方收入。环保税法的修订，一方面设立奖励机制，鼓励企业环保达标；另一方面环保税作为地方收入，带动地方政府积极性，增加地方财政收入。

（三）钢铁企业超低排放改造工作方案（征求意见稿）

生态环境部于 2018 年 5 月发布了《关于征求〈钢铁企业超低排放改造工作方案〉（征求意见稿）意见的函》，明确到 2020 年 10 月底前，京津冀及周边、长三角、汾渭平原等区域具备改造条件的钢铁企业基本完成超低排放改造；到2022年年底前，珠三角、成渝、辽宁中部、武汉及其周边、长株潭、乌昌等区域基本完成；到2025年年底前，全国具备改造条件的钢铁企业力争实现超低排放。烧结机头烟气、球团焙烧烟气在基准含氧量16%条件下，颗粒物、二氧化硫、氮氧化物小时均值排放浓度分别不高于10、35、50毫克/立方米；其他污染源颗粒物、二氧化硫、氮氧化物小时均值排放浓度分别不高于10、50、150毫克/立方米。《工作方案》的发布将有利于营造公平竞争、健康有序的发展环境，同时钢铁企业建设成本、运营成本将会增加。

（四）打赢蓝天保卫战三年行动计划

国务院2018年6月印发了《打赢蓝天保卫战三年行动计划》，涉及区域包括京津冀及周边地区，《计划》提出：经过三年努力，大幅减少主要大气污染物排放总量，协同减少温室气体排放，进一步明显降低细颗粒物（PM2.5）浓度，明显减少重污染天数，明显改善环境空气质量，明显增强人民的蓝天幸福感。到2020年，二氧化硫、氮氧化物排放总量分别比2015年下降15%以上；PM2.5未达标地级及以上城市浓度比2015年下降18%以上，地级及以上城市空气质量优良天数比率达到80%，重度及以上污染天数比率比2015年下降25%以上；提前完成“十三五”目标任务的省份，要保持和巩固改善成果；尚未完成的，要确保全面实现“十三五”约束性目标；北京市环境空气质量改善目标应在“十三五”目标基础上进一步提高。国务院在出台了《打赢蓝天保卫战三年行动计划》后，部分省市也出台了行动计划，如河北省、天津市、山西省、山东省、陕西省等，一些省市行动计划中提出的指标甚至高于国务院出台行动计划的指标。行动计划的出台说明国家将下大力气解决空气污染问题，这对钢铁行业将产生较大影响，特别是那些产能较大、环境容量有限的地区。

（五）推进运输结构调整三年行动计划（2018—2020年）

国务院办公厅于2018年10月9日印发了《推进运输结构调整三年行动计划（2018—2020年）》，要求以京津冀及周边地区、长三角地区、汾渭平原等区域为主战场，以推进大宗货物运输“公转铁、公转水”为主攻方向，通过三年集中攻坚，实现全国铁路货运量较2017年增加11亿吨、水路货运量较2017年增加5亿吨、沿海港口大宗货物公路运输量减少4.4亿吨的目标。到 2020 年，全国货物运输结构明显优化，铁路、水路承担的大宗货物运输量显著提高，将京津冀及周边地区打造成为全国运输结构调整示范区。该计划的出台对钢铁行业运输结构产生较大影响，特别是对以上区域的铁路运力提出了较大的挑战，可能会造成部分时段的运力紧张。不过从长远来看，这将减少运输行业带来的污染。

第二部分

煤焦矿产业链风险管理案例

第四章

期货应用策略及原理

第一节　套期保值的基本原理

一、套期保值的含义

套期保值（Hedging）是指在期货市场上买进或卖出与现货商品或资产相同或相关、数量相等或相反、月份相同或相近的期货合约，从而在期货和现货两个市场之间建立盈亏冲抵机制，以规避价格波动风险的一种交易方式。

通过期货合约的买卖将现货市场面临的价格风险进行转移的机构和个人被称之为套期保值者（Hedger），其大多是生产商、加工商、库存商以及贸易商和金融机构。他们试图通过套期保值交易来转移现货交易的价格风险，从而保证生产、经营或投资利润的稳定性。

一般来说，套期保值者具有以下几个突出特点：第一，生产、经营或投资活动面临较大的价格风险，直接影响其利润的稳定性。第二，避险意识强，希望利用期货市场规避风险，而不是像投机者那样通过承担价格风险获取收益。第三，生产、经营或投资规模通常较大，这是因为期货合约规模一般较大，且参与期货交易需要相当的资金规模和操作经验，只有规模较大的机构和个人才适合作套期保值。第四，从套期保值操作上，所持有的期货合约买卖方向比较稳定且保留时间长。

二、套期保值的经济原理

套期保值之所以能够取得规避价格风险的效果，主要是基于以下两个基本原理。

（一）期货价格和现货价格的同向性

对同一种商品来说，现货价格反映的是当前现货商品的供求关系，而期货价格反映的是在目前现货价格的基础上人们对未来供求关系的一种预期。因时间的长短不一，又有近期期货价格和远期期货价格之分。价格反映供求，由于某一特定商品的现货价格和期货价格受共同经济因素的影响和制约，如整个世界的经济周期，该种商品的成本构成及其变化、产品的季节性变化等，两者的价格变动方向是一致的，当商品供不应求时，导致现货价格上涨，此时近期的期货价格亦会水涨船高。一般来说，近期的期货价格受现货价格的影响更为直接。同时，继续受这种供求关系的影响以及经济周期和生产因素的影响，远期期货合约也将随之上涨。反之，当商品供大于求时则导致现货价格下跌，期货价格也受其影响随之下跌。诚然，期货价格作为对当前现货供求关系的反映和对未来供求关系的一个预测信号，也会对现货价格的运动产生影响，但从根本上说，是商品的实际供求关系的变化制约了价格运动的方向。因此，期货价格走势和现货价格走势是一致的，两者具有同向性。

（二）期货价格和现货价格的趋合性

期货价格包含了时间的因素。一方面包含了某一商品从现在到将来交货的持有成本。如某一商品的生产者生产出某种商品之后不直接到市场上去卖，而是储存起来三个月后再卖，他势必要负担这种商品的仓储费、保险费、损耗及损失在现货市场上卖掉商品获取资金后存到银行三个月所获得的银行利息，因此，期货价格应该高于现货价格。另一方面期货价格还包含了人们对未来供求关系的预测。随着期货合约交割期的临近，其“未来”的因素将大大减弱，仓储成本日渐减少，供求关系日益明朗，价格渐趋一致，到最后交易日“未来”意义已不复存在，仓储成本完全消失，到期日的期货价格与现货价格已大致相等，其微小的差别仅是交割成本。

而且，期货交易的交割制度也保证了现货市场与期货市场价格随期货合约到期日的临近而趋于一致。期货交易规定合约到期时，未平仓头寸必须进行实物交割。到交割时，如果期货价格和现货价格不同，如期货价格高于现货价格，就会有套利者买入低价现货，卖出高价期货，实现无风险套利。因此，在交割制度和套利交易共同作用下，期货价格和现货价格之间存在联动性并趋向一致。

期货价格和现货价格的同向性和趋合性是套期保值的经济原理，它使交易者利用对冲的方法来抵消价格波动的影响成为可能。套期保值者利用这一经济原理，在两个市场上同时交易并且反向操作。在价格走势相同的条件下，在一个市场上买就在另外一个市场上卖，进而无论价格怎么波动，都能取得在一个市场上出现亏损的同时，在另外一个市场上必定是赢利的结果。由此可见，套期保值是通过现货市场与期货市场上的反向操作来实现对价格的保险作用。

三、套期保值的功能

套期保值是期货交易最基本的特征之一，也是期货交易得以产生的最主要原因。它对经济的发展有着重要的功能，具体如下：

（一）套期保值能有效地控制生产成本

例如，某钢厂预计在三个月后购进一批铁矿石，而三个月后，若铁矿石价格上涨，则其原料成本就会增加。为了回避价格可能上涨的风险，他就在期货市场上买进三个月后交货的铁矿石期货合约。如果届时铁矿石价格果然上涨，他就可以卖出手中的期货合约，并从中盈利，因为这时期货市场上的价格也上涨了。这样，虽然在现货市场上他因进价较高而遭受了损失，但这个损失可以用期货市场上的盈利加以弥补。结果是铁矿石的成本费用就被控制了。当然，钢厂可以预先就买进所需的铁矿石，但这需要有仓储设施，还要因此增加资金占用和利息支付。

（二）套期保值能保障生产经营者获得正常的商业利润

例如，某焦炭加工商在购进原料后要加工成焦炭在六个月后出售，但他担心六个月后焦炭价格可能下跌，从而使利润减少。为此，他可以先在期货市场上卖出六个月后的焦炭期货合约。届时，如果焦炭价格真的下跌了，期货价格也会随之下跌；因此，他就可以买进先前卖出的期货合约进行平仓，并从中获利，从而弥补在焦炭现货市场上因焦炭价格下跌所遭受的损失，从而保障原定的销售利润。

（三）套期保值具有方便现货交易的作用

由于通过套期保值交易可以控制原料成本和保障销售利润，因此在进行现货买卖时比较灵活方便。例如，某制造商要购买焦炭，三个月后交货。若估计焦炭价格在三个月后会下跌，而卖家又坚持以现价签约，这时该制造商就可以在签约的同时，预先在期货市场上卖出合约，待价格下跌再买回合约平仓获利，从而弥补合同价格偏高所受到的损失。有时预计焦炭价格会上涨，而卖家又坚持以交货时大连商品交易所月平均价计算，这样制造商就可以在期货市场上预先买入焦炭合约，将价格锁住，然后待交易时再卖出合约了结获利，从而避免损失。可见，利用期货市场的套期保值，有利于买卖双方交易的达成。

四、套期保值的操作原则

（一）交易方向相反原则

交易方向相反原则是指在做套期保值交易时，保值者必须同时或先后在现货和期货两个市场上采取相反的买卖行动，即进行反向操作。如在现货市场上买进商品的同时或前后，在期货市场上卖出该种商品的期货合约。反之，亦然。这是因为期货价格和现货价格两者受共同经济因素的影响，两者同涨同跌，只有运用反向操作的原则，才能达到用一个市场的盈利弥补另外一个市场的亏损的目的。如果违反这一原则进行同向交易，不仅达不到转移价格风险的目的，反而增加了价格风险，其结果是在两个市场上同时出现亏损或同时盈利，最终没能把价格风险转移出去。

（二）种类相同或相近原则

种类相同或相近原则是指在做套期保值交易时，所选择的期货商品必须和保值者将要在现货市场上买进和卖出的现货商品种类相同或有较强的相关性。但由于商品期货的品种有限，如果套期保值者找不到与其将要在现货市场上买进或卖出的同种商品期货合约时，还可以选择一种与现货商品种类不同，但价格走势大致相同的相关期货合约来保值，即“交叉套期保值交易”

做法。一般地，选择作为替代物的期货品种最好是该现货商品或资产的替代品，相互替代性越强，套期保值交易的效果就会越好。

（三）商品数量相等或相当原则

商品数量相等或相当原则是指套期保值者在做套期保值交易时，选择的期货合约所载的商品的数量必须等于或大致等于将要在现货市场上买进（或卖出）的该商品的数量。这是因为只有保持两个市场上买卖商品的数量相等或大致相等，才能使一个市场上的盈利额与另外一个市场上的亏损额相等或相近。如果两个市场买卖的商品数量不等，那么就会出现一个市场的盈利大于另外一个市场的亏损或者相反。在前一种情况下，盈利额抵补亏损后还有利润留存，在后一种情况下，盈利额不足以弥补亏损额，价格风险便无法完全转移出去。

（四）月份相同或相近原则

月份相同或相近原则是指在套期保值时，所选用的期货合约的交割月份最好与交易者将来在现货市场上实际买进或卖出现货商品的时间相同或相近。这是因为只有选用期货合约的交割月份和交易者在现货市场上买进或卖出现货商品的时间相同或相近，才能使期货价和现货价之间的联系更加紧密，增加套期保值的效果。如果期货合约的交割月份离现货市场买进或卖出现货商品的时间太远，就会降低期货价格与现货价格之间的趋合性，影响套期保值的效果。当然由于期货交割月份是固定的，为了利用期货价格与现货价格的趋合性，交易者也可适当调整在现货市场上具体买卖的时间，使其与期货合约的交割月接近，但必须以不影响现货市场的交易为原则。

从理论上讲，套期保值操作应该遵守上述四项原则。但在实践操作中，应避免机械照搬而缺乏灵活性。实际上，虽然期货价格和现货价格受共同因素的影响走势大体一致，但涨跌的幅度并非完全一致，因此，一个市场的损失不一定完全从另外一个市场的盈利得到弥补。有时，盈利不仅能完全弥补损失，还有利润；有时，盈利不能弥补全部损失，还有亏损。此外，由于每个企业都受追逐利润的内在驱动，因此企业参与期货交易不仅希望能够保值，而且还希望获取额外利润，正是这种心理产生了动态套期保值的理论。动态套期保值理论认为：套期保值可以在期货商品合约相同或相关的现货与期货之间进行；套期保值的头寸方向及持仓数量应有一定的灵活性和可变幅度；套期保值出入市的时机及价位、合约月份的选择具有因市场变动的可变性。

五、套期保值交易的发展

近几十年来，随着期货市场的发展和交易制度的逐步完善，新期货商品的不断出现，交易范围的不断扩大，套期保值已涉及各种领域的生产和经营，期货市场在某种程度上已成为企业或个人资产管理的一个重要手段，在此基础上，套期保值者除了减少交易风险，达到保值的原始传统动机之外，还有一些其他目的，如由于交易风险减少而获得更多的贷款，便于交易决策，以及取得现货市场和期货市场这两个市场相配合的最大利润，由于这种动机的驱使，使得套期保值者的交易行为以及对套期保值的利用范围发生了如下一些变化。

（一）套期保值者由简单自动保值变为主动参与保值

保值者不再单纯地进行简单自动保值，被动地接受市场价格变化，只求降低风险，达到保值目的，而是主动地参与保值活动，大量收集整个宏观经济和微观经济信息，采用科学的分析方法，来决定交易策略的选取，以期获得较大利润。

（二）套期保值者可在交割期前，依据两个市场价格变动情况多次停止或恢复保值的活动

现在保值者不一定要等到现货交割才完成保值行为，而可在交易期间根据现货、期货价格变动，进行多次的停止或恢复保值的活动，不但能有效地降低风险，同时还能保证获取一定的利润（特别是避免了因两个市场价格均不利而受双重损失的可能）。

（三）套期保值者已把期货保值当作一种风险管理工具

套期保值者将期货保值视为风险管理工具，一方面利用卖期保值控制商品销售价格；另一方面通过买期保值锁住原材料的价格，以保持低原料成本及库存成本，通过这两方面的协调，在一定程度上可以获取较高的利润。

（四）套期保值者将期货保值活动视为融资管理工具

在国外，进行融资时，如果以已作套期保值的商品做抵押，可提高担保商品的价值。这是因为，资产或商品的担保价值通过套期保值，可使其具有

相当的稳定价值，如一般没有进行套期保值的商品其担保价值是50%，而经过套期保值后，商品的担保价值可上升到90%~95%，对提供资金者来说，套期保值者具有较高的资信水平，因而放心地提供资金，以供套期保值者进一步的发展。

（五）套期保值者将保值活动视为重要的营销渠道

首先，套期保值对商品经营者来说是一种安全营销保障，可有效地保证商品供应，稳定采购；同时，可在一定程度上消除因产品出售而发生债务互欠的可能性。其次，由于期货交易与现货交易结合，近远期交易相结合，从而可形成多种价格策略，供套期保值者选择参与市场竞争，将保值活动视为一种有效的安全营销渠道，有助于提高企业的市场竞争力，扩大市场占有份额，获得企业的长远发展。

六、正确评价套期保值与套期保值的决策

（一）正确评价套期保值

套期保值确实能够回避现货价格波动的风险，特别是当现货价格出现对本企业不利的情况下，通过期货市场的反向操作，能够用期货市场的盈利弥补现货市场的亏损，也正是这个原因，促使很多企业在面临价格波动风险的同时，本着稳健经营的原则，参与期货交易，使企业能够在价格波动的大风大浪中驶进避风港。但必须注意到的是，套期保值企业在回避了价格波动风险的同时，也放弃了当价格出现对己有利的情况时，获取更大利润的机会。

套期保值者在利用期货市场进行套期保值交易时，可以避免现货市场上价格变动这一较大的风险，但要承担现货市场价格与期货市场价格变化幅度不相一致的风险。

（二）套期保值的决策

通过上面的分析，我们知道套期保值能够规避风险，但是企业并不是在任何时候、任何条件下都适宜进行套期保值，这是因为套期保值是需要支付费用的，其中包括付给期货公司、交易所的佣金（手续费）和为参与期货交易而投入期货市场的那部分资金所占用的银行利息（即如果这部分资金不投入期货市场而存入银行所能获得的银行利息），若此两项费用之和大于价格变动所带来的风险，可以断定投入高于收益，则套期保值是没有必要

的。与此同时，当保值费用低于价格变动所带来的风险时，套期保值就非常必要了。这是对采取套期保值手段与否所做的最简单、最直接的权衡。基于这一原因，我们有必要对保值费用和价格风险进行简单的定量分析。

保值费用 = 保证金的利息 + 佣金 + 基差变量

（1）保证金的利息。期货交易是一种保证金交易，虽说进行期货交易的资金只占整个合约价值的很小比例，但如果参与保值的数量较多，这也是一笔数额较大的资金。

（2）计算交付给期货公司的佣金（即手续费）。

（3）计算基差变量。在期货交易中，基差是指某一商品在某一特定地点的现货价格与期货价格间的差额，即基差 = 现货价 − 期货价。

第二节 套期保值的应用

各种类型的现货经营企业面临的价格波动风险最终可分为两种：一种是担心未来某种商品的价格上涨；另一种是担心未来某种商品的价格下跌。因此，在期货市场上进行买入套期保值用以回避将来价格上涨的风险和在期货市场上进行卖出套期保值用以回避将来价格下跌的风险是套期保值最基本的操作方式，这是根据套期保值者预先在期货市场上占据买方位置还是卖方位置来划分的。此外，由于有一部分现货企业本身就需要或生产商品期货实物，具有极强的现货交割能力，交割式的套期保值方式也很普遍，但这种方式最终亦可归入买入套期保值和卖出套期保值这两个大类里面去。

一、买入套期保值

买入套期保值（long hedge）是指以买入期货合约行为进入期货市场的一种保值方式。套期保值者先在期货市场上买入与其将在现货市场上买入的现货商品或资产数量相等且交割日期相同或相近的该商品或资产期货合约，即预先在期货市场上买空，持有多头头寸，然后当该套期保值者在现货市场上买入现货商品或资产的同时或前后，在期货市场上进行对冲，卖出原先买进的该商品的期货合约，进而为其在现货市场上买进现货商品的交易进行保值。因为套期保值者首先在期货市场先以买入方式建立多头的交易部位，故又称多头套期保值或买入套期保值。

（一）适用对象及范围

买入套期保值是那些准备在将来某一时间内必须购进某种商品时价格仍能维持在目前自己认可的水平的生产经营者常用的保值方法，他们最大的担心是当他们实际买入现货商品或偿还债务时价格上涨。一般来讲，买入套期保值的适用对象及范围包括：

（1）工业制造企业为了防止日后购进原料时价格上涨。

（2）供货方已经跟需求方签订好现货供货合同，但供货方此时尚未购进货源，担心日后进货时价格上涨。

（3）需求方认为目前现货市场的价格很合适，但由于资金不足或者缺少外汇或一时找不到符合规则的商品，或者仓库已满，不能立即买进现货，担心日后购进现货，价格上涨。

（二）买入套期保值的操作方法

交易商先在期货市场上买入期货合约，其买入的合约品种、数量、交割月份都与将来在现货市场上买入的现货大致相同，以后如果现货市场价格真的出现上涨，他虽然在现货市场上以较高的现货价格买入现货商品，但由于此时他在期货市场上卖出与原来买进的期货品种数量、交割月份都相同的期货合约进行对冲平仓而获利，这样，用对冲后的期货盈利来弥补因现货市场价格上涨所造成的损失，从而完成了买入保值交易。

（三）买入套期保值的利弊分析

买入套期保值对套期保值者有以下好处：

（1）买入套期保值能够回避价格上涨所带来的风险。

（2）提高了企业资金的使用效率。由于期货交易是一种保证金交易，因此只用少量的资金就可以控制大批货物，加快了资金的周转速度。

（3）对需要库存的商品来说，节省了一些仓储、保险费用和损耗费。

（4）能够促使现货合同的早日签订。

但是在采取了买入套期保值策略以后，也失去了由于价格变动而可能得到的获利机会。也就是说，在回避对己不利的价格风险的同时，也放弃了因价格可能出现对己有利的机会，即如果不做买入套期保值，反而能够获取更大的利润。

二、卖出套期保值

卖出套期保值（short hedge）是指以卖出期货合约行为进入期货市场的一种保值方式。套期保值者先在期货市场上卖出与其将要在现货市场上卖出的现货商品或资产数量相等，交割日期也相同或相近的该种商品或资产的期货合约。然后，待该套期保值者在现货市场上实际卖出该种现货商品或资产的同时或前后，又在期货市场上进行对冲，买进原先所卖出的期货合约，结束所做的套期保值交易，进而实现为其在现货市场上卖出的现货保值。因其在期货市场上首先建立空头的交易部位，故又称为空头保值或卖期保值。

（一）适用对象及范围

那些准备在未来某一时间内在现货市场上售出实物商品的生产经营者，为了日后在现货市场售出实际商品时所得到的价格仍能维持在当前合适的价格水平上，他们最大的担心就是当他们实际在现货市场上卖出现货商品时价格下跌，为此应当采取卖期保值方式来保护其日后售出实物的收益。卖期保值的目的是为了回避日后因价格下跌而带来的风险。具体说来，卖出套期保值的适用对象及范围包括：

（1）直接生产商品期货实物的生产厂家、农场、工厂等手头有库存产品尚未销售或即将生产、收获某种商品期货实物，担心日后出售时价格下跌。

（2）储运商、贸易商手头有库存现货尚未出售或储运商、贸易商已签订将来以特定价格买进某一商品但尚未转售出去，担心日后出售时价格下跌。

（3）加工制造企业担心库存原料价格下跌。

（二）卖出套期保值的操作方法

交易商先在期货市场上卖出期货合约，其卖出的合约品种、数量、交割月份都与将来在现货市场卖出的现货大致相同，如果以后现货市场价格真的出现下跌，他虽然在现货市场上以较低的价格卖出手中的现货商品，但是他在期货市场上买入与原来卖出的期货品种、数量、交割月份都相同的期货合约进行对冲平仓，用对冲后的盈利弥补因现货市场出售现货所发生的亏损，从而实现保值的目的。

(三) 卖出套期保值的利弊分析

卖出套期保值对套期保值者有以下好处：

(1) 卖出套期保值能够回避未来现货价格下跌的风险。

(2) 经营企业通过卖出套期保值，可以使保值者能够按照原先的经营计划，强化管理、认真组织货源，顺利实现销售计划。

(3) 有利于现货合约的顺利签订。企业由于做了卖出保值，就不必担心对方要求以日后交货时的现货价为成交价，这是因为在价格下跌的市场趋势中，企业由于做了卖出套期保值，就可以用期货市场的盈利来弥补现货价格下跌所造成的损失。反之，如果价格上涨，企业趁机在现货市场上卖个好价钱，尽管期货市场上出现了亏损，但该企业还是实现了自己的销售计划。卖出套期保值所付出的代价是保值者放弃了日后出现价格有利获得更高的利润的机会。

三、交割式的套期保值

由于保值企业在现货市场上都有稳定而正常的进货和销售渠道，或者有远期合同的维系，更主要的是由于商品期货的品种有限，相当多的企业不能直接使用或生产实物商品期货，他们只能使用相关品种进行保值。因此，绝大多数的保值企业都通过对冲的方式退出期货市场，既实现了保值的目的，又回避了交割商品期货实物的义务。据统计，在一个成熟而活跃的期货市场，实物交割的数量一般不超过交易量的5%。虽然实物交割的数量只占期货市场总交易量中很小的一部分，但实物交割是套期保值功能能否实现的基础。首先，期货合约有一个到期的问题，最终得有一部分交易者通过交收实物进行实物交割。其次，实物交割顺利实现期货价格与现货价格的衔接，因为期货合约到期之后，其未来的时间因素就会自然而然地消失，期货价格也就变成了现货价格。最后，实物交割是促使期货价格回归价值的重要途径。由于期货市场存在投机炒作的因素，必然会出现某一时期现货价格高于期货价格或期货价格高于现货价格的情况，通过计算仓储、运输、损耗、资金占用等成本之后，如果期货价格仍高于现货价格，就会促使现货商在期货市场上抛售现货，最终促使期货价格理性的下跌，直至期货价格与现货价格保持在合理的价位上；如果期货价格低于现货价格，就会促使需要现货的企业在期货市场上购买现货，最终使期货价格理性的上涨，回归其内在价值。

从某种意义上讲，现货企业通过期货市场购买或销售现货，实际上是订立了一份远期的购销合同。但是，由于这份购销合同的实现是通过期货市场根据期货的交易规则买卖期货合约竞价成交的，必然和期货公司、期货交易所、期货交易所的注册仓库等期货市场的中介组织发生联系，遵守注册仓库的出库、入库的程序，因此在形式上又跟一般意义上的现货购销不同。

第三节 基差变化对套期保值效果的影响

一、基差的概念

在套期保值交易中，如果现货市场和期货市场价格变动的幅度完全相同，那么无论是进行的买入套期保值还是卖出套期保值，均能够使两个市场盈亏完全相抵，实现完全的套期保值。但在实际操作中，两个市场的变动趋势虽然相同，但变动幅度在多数情况下是不相同的，在这种情况下，两个市场的盈亏不会完全相抵，可能出现净盈利或净亏损的情况，从而会影响到套期保值的效果，从这个角度上看套期保值交易也是有风险的。在这里，我们介绍套期保值中一个非常重要的概念——基差（Basis）。

基差是指一种商品或资产在某一特定地点的现货价格与同种的某一特定的期货合约价格之间的差额。如果没有特别说明，则基差为当时现货价格与离交割期最近的一个期货合约月份价格之间的差额。即：

基差 = 现货价 - 期货价

若现货价格低于期货价格，基差为负值；现货价格高于期货价格，基差为正值。基差的内涵是由现货市场和期货市场间的运输成本和持有成本所构成的价格差异所决定的。也就是说，基差包含两个因素：“时间和空间”。运输成本反映着现货市场与期货市场间的空间因素，决定着为何在同一时间里，两个不同地点之基差不同的基本原因。持有成本反映着现货市场与期货市场间的时间因素，即两个不同交割月份间的持有成本，它反映着持有或储藏某一商品由一段时间至另一时间的成本，它包括储藏费用、利息与保险费。影响基差变动的因素很多，凡是影响决定基差的现货价格与期货价格的因素最终都会影响基差变动。这包括：该商品的一般供给与需要情况、替代商品的供给与需求情况及相对的价格、运销情况和运输问题及运输价格的构成、商品本身的品质因素、交割的期限、政府政策、经济周期波动和经济变动因素、投机的心理影响等。了解基差的各种变动形态对于期货交易中的套期保值者而言是至关重要的，因为期货合约期满时，现货价与期货价趋于一致，而在未到期之前基差呈规律的季节性变动，因此交易者有能力去分析过去基差的变动来预测基差可能增强或减弱，从而决定自己所处的地位是买者还是卖者，是签约还是平仓，并通过期货市场来减少价格波动的风险。另外，还应用基差来作为现货市场交易活动中的定价基准。再者，应用基差使期货市场发挥价格发现的功能。可见，基差的应用范围是十分广泛的，在期货交易中基差是最基本、最重要的概念之一。

二、基差变化的三种形式

既然基差反映的是现货价格与期货价格的关系，那么，随着现货价格或期货价格的变化，基差值也会发生变化。虽然现货价和期货价受共同的经济因素的影响，两者同涨同跌，但两者的涨幅或跌幅并不完全一样，一般说来，基差值的波动幅度要小于现货价格或期货价格的波动幅度。

在套期保值效果的例子中，一般都作了现货价格与期货价格同幅波动的假设，即期货价和现货价都上涨了或都下跌了同样的价格，通过在期货市场上的套期保值操作可以大体抵消现货市场价格波动的风险。然而，在实际的经济生活中，很难做到完全抵消这种风险，原因就在于基差因素，基差不是固定不变的，即现货价格与期货价格的不同幅波动是普遍存在的，只不过是有时变动的幅度大，有时变动的幅度小，在这种情况下，投资者就不可避免地面临基差波动的风险，这就要求套期保值者必须了解基差变化对套期保值效果的影响，从而规避基差风险，达到保值甚至获利的目的。为了更好地理解基差变化对套期保值效果的影响，我们来看基差变动趋向的三种情况。

（一）期货价格高于现货价格，基差为负值

从理论上来讲，10 月的期货价格要高于 8 月的现货价格，这是因为从 8

月持有期货到10月要支付两个月的仓储、利息、损耗等费用，即持有成本。持有成本的存在，使得储存者（持有期货合约者）可以获得一定的价格补偿。理论上，负值基差有一个上限，即其绝对值不能超过持有成本。如果基差绝对值大于持有成本，将促使交易商增加实货储存，造成存货的增加，而导致现货供给减少。同时，由于会发生购买现货来储存，而使现货需求增加，引起现货价格上涨；而存货的增加，使出售期货来套期保值的商品数量增加，结果期货价格下跌，而使现货价格与期货价格间的价差缩小，最后缩小至相当于或低于持有成本。

（二）期货价格低于现货价格，基差为正值

当某种商品在现货市场供不应求，而人们对该商品将来的供应持乐观态度，认为供应短缺的情况将会缓解时，会出现现货价格高于期货价格，近月期货价格高于远月期货价格的情况，这时持有期货合约会产生负的持有成本。此时，市场优先考虑目前，愿以较高价格购买现货商品及库存商品，因而导致现货及近期期货价格高涨。在这种市况下，某地的现货价格可能远远高于期货价格，近期期货价格可能远远高于远期期货价格。与升水市况不同，正向基差或两个不同月份期货合约的价差究竟是多少，没有一定的上限，这主要由当地的供给情况及运输情况而定。

（三）期货价格与现货价格相等，基差为零

当期货合约的交割期到来时，期货价格中的远期成本也会逐渐消失，期货价格和现货价格互相趋合，基差趋近于零，而这正是套期保值之所以能取得保值效果的一个基本原因。

事实上，当期货合约临近交割期时，若其价格比现货便宜，人们就会买入期货合约，待交割后在现货市场卖出以赚取利润；若其价格超过现货价，持有空头期货合约者就可以买进现货来完成期货合约的交割。

基差还可以用来表示市场所处的状态，它是期货价格与现货价格之间实际运行变化的动态指标。当期货价格高于现货价格时，基差为负值，这种市场状态称为正向市场（Normal Market 或 Contango），或者正常市场；当现货价格高于期货价格时，基差为正值，这种市场状态称为反向市场，或者逆转市场（Inverted Market）。此外，对于同一品种不同交割月份的合约来说，距离交割较近的合约称为近期合约，距离交割较远的合约称为远期合约，当远期合约价格大于近期合约价格时，也是正向市场；近期合约价格大于远期合约价格时，也是反向市场。

三、基差变动对套期保值的影响

由于受到相近的供求因素的影响，期货价格和现货价格表现出相同趋势，但由于供求因素对现货市场、期货市场的影响程度不同，以及持仓费等因素，导致两者的变动幅度不尽相同，因而计算出来的基差也在不断地变化中，我们常用“强”（Strength）或“弱”（Weakness）来评价基差的变化。如果基差为正且数值越来越大，或者基差从负值变为正值，或者基差为负值且绝对数值越来越小，我们称这种基差的变化为“走强”（Stronger）。相反，如果基差为正且数值越来越小，或者基差从正值变为负值，或者基差为负值且绝对数值越来越大，我们称这种基差的变化为“走弱”（Weaker）。

在进行套期保值业务的过程中，由于基差的变化，保值效果就有了三种情况：盈利性保值、亏损性保值和完全保值。下面我们对这三种情况进行分析。

（一）盈利性保值

所谓盈利性保值（profitable hedging）是指在结束套期保值业务时，现货市场上盈利或亏损与其在期货市场上的亏损或盈利相抵后，还获得了一些盈利，即一个市场的盈利不仅能弥补另外一个市场的损失，还有盈利，也就是说，获得了基差变动的利润。

（二）亏损性保值

亏损性保值（loss hedging）是指在结束套期保值业务时，现货市场的盈利不足以抵补期货市场的亏损或期货市场的盈利不足以抵补现货市场的亏损，即一个市场的盈利不足以抵补另外一个市场的亏损，损失了基差变化的利润。

需要说明的是，由于基差变化的存在，有时会出现亏损性保值，但在此种情况下进行保值仍有积极的作用。与不进行保值业务相比，有如下的好处：一是可以预先将价格的成本基本锁定，从而比较从容地安排经营活动，也无须占用更多的资金和增加利息的支出；二是在市场不利情况下，可以从期货市场得到大部分的弥补，如果不进行套期保值，损失将会更大。

通过基差变动对保值效果影响的分析，我们可以得到以下几点基本认识：

第一，套期保值是在现货市场和期货市场同时进行方向相反的交易，以期通过中和的方式用一个市场的盈利来弥补另一个市场的损失。但由于期货和现货的波动幅度不一样，即由于基差的存在，套期保值并不是在什么时候都能够百分之百地回避价格波动的风险，完全保值在实际操作中很难实现。因此，套期保值很难将现货市场上的风险全部转移出去，只是把可能发生的价格变动的风险尽量减小到最低程度，企业仍面临着基差波动的风险。

第二，套期保值只有在实物（现货）买卖价格发生不利变化的条件下才能起到正面作用。若实物价格向有利的方向变化时，套期保值交易将起到相反的作用，使厂商的盈利减少；若能准确预测现货价格将向有利的方向发展，则可不必进行套期保值运作。

第三，套期保值者应密切关注基差的变化，以便在最有利的基差值上进行对冲，力争实现盈利性保值。

四、基差交易

由于基差变化幅度要远小于价格变动幅度，因此套期保值实质上是以较小的基差风险代替较大的价格风险。但由于影响基差的因素非常多而富于变化，要对基差的变化进行准确的判断是很困难的。这会在一定程度上影响套期保值交易的避险效果。套期保值者在结束交易时，如果基差对自己不利，只能接受损失的结果。经过不断的实践，国外市场上出现了一种以基差为轴心的交易方式——基差交易。采取这种交易方式，无论基差如何变化，都可以在结束套期保值交易时取得理想的保值效果。

基差交易（basis trading）是指现货买卖双方均同意，以一方当事人选定的某月份的期货价格为计价基础，以高于或低于该期货价格若干为报价进行现货买卖的交易方式。他们对变幻不定的现货价格可能置之不理，而以能否在基差方面获利来互相订约，可见，只有熟悉基差变化，才能在基差交易中掌握主动权。一般地，基差交易都是和套期保值交易结合在一起进行的。

根据确定具体时点的实际交易价格的权利归属划分，基差交易可分为买方叫价交易（又称买方点价）和卖方叫价交易（又称卖方点价），如果确定交易时间的权利属于买方称为买方叫价交易，若权利属于卖方则为卖方叫价交易。由双方确定到期日的基差，由于以哪一天的期货价为现货买卖基准价由买方决定，故属于基差交易中的买方叫价交易，它一般与卖出套期保值配合使用，即现货商已经为其将要出售的商品作了卖出套期保值，即已确定买进时的基差，事后无论价格怎么变化，该卖出套期保值都可稳定地实现盈利性保值。反之，如果买方为了防止日后价格上涨，事先作了买期保值，确定了买进期货时的基差，同时积极在现货市场上寻找货源，由双方协商以买方买进的套期保值的交割月某一天的期货结算价为基准上下浮动一定的价格，确定了平仓时基差，然后卖方决定以哪一天的结算价为现货买卖的基准价即为卖方叫价交易。这样，不论价格如何变化，该买入期货保值者均可以实现盈利性保值。卖方叫价交易的基本方式跟上述买方叫价交易相似，这里就不再赘述。

第四节 套期保值的操作流程

一、基本流程

套期保值是企业利用金融衍生品对某种风险进行全部或部分对冲的行为，属于风险管理范畴，也要遵循风险管理的一般规律。从事套期保值的企业中，常见的一种认识是把套期保值等同于做期货，其实期货操作只是套期保值过程中的一个环节。期货操作是手段，管理和控制风险才是目的，搞不清这个关系，就会本末倒置、舍本逐末，不仅不能对冲风险，甚至给企业带来额外的重大风险。与风险管理的基本流程相似，套期保值过程主要包括以下内容：

（一）风险评估

识别企业面临的风险，并对风险发生的可能、对企业的影响后果等进行评估，从而找出企业面对的主要风险及其影响。例如，对于铜加工企业，过去最重要的风险来自加工利润的波动，而铜价的波动可以传导到客户，企业不需要过多关注。但是，随着商品价格波动日益剧烈以及行业内竞争加大，企业转嫁价格波动的能力下降，价格波动给加工企业自身带来的风险也就越来越大，要求企业对于价格波动风险进行有效管理。价格波动对企业的影响主要来自原料采购与产品销售之间的不匹配以及生产线上的在产品，风险评估就是要对这部分数量进行计算，并评估价格的可能波动对企业的影响。

（二）制定保值政策

评估了价格波动对企业的影响后，企业要制定保值政策。企业要判断自身的风险承受度和风险偏好，确定风险管理目标，并确定采取的风险对冲策略。保值政策是企业保值工作的指导方针，对企业保值的目标和原则做出规定。制定保值政策时需要考虑多种因素：风险评估结果、风险偏好、保值的成本与收益、财务目标、可用于保值的资金规模等。保值政策的内容通常包括：开展保值必须具备的前提条件、保值目标、保值比例、保值时间跨度、保值工具选择规定等。

（三）设计保值方案

根据保值政策，结合市场形势和风险现状确定具体的保值方案。对于加工企业，常见的保值方案包括锁定成本或收入、购销差保值、在产品保值、价格优化等。选择保值方案时要对方案本身的风险进行评估，特别是现金流风险和会计风险，要保证企业具备承担相应风险的能力。

（四）实施、监控保值方案

这就是一般说的做期货的环节，在这里捕捉市场时机的能力很重要，同时企业要确保对方案实施的及时监控，一方面保证方案被正确执行，另一方面保证方案实施后的风险处于可控状态，从而实现预期的保值目标。

（五）保值评估与改进

保值操作完成后，要评估保值是否实现了预期的效果，寻找改进的机会，以便企业不断提高保值水平。

企业的套期保值应该至少包括以上的完整过程，而且每个环节都要认真到位。有不少企业很重视方案设计和实施，但对风险评估和政策制定投入不足，造成保值流程的重大缺陷，给企业带来很大损失，这些教训值得我们认真反思和借鉴。

二、企业套保 5W 决策系统

商品期货市场的建立，不仅使企业能通过期货市场获取未来市场的供求信息，提高企业生产经营决策的科学合理性，而且为企业通过套期保值来规避市场价格风险提供了场所和工具，在增进企业经济效益方面发挥着重要的作用。

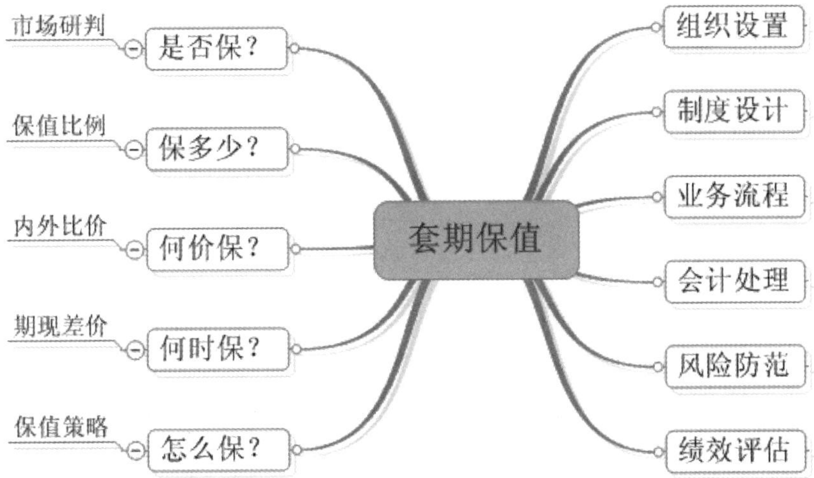

图 4－1　企业套保 5W 决策图

资料来源：中国（香港）金融衍生品投资研究院。

企业套保 5W 决策系统，是以市场结构判断为基础，以产品成本为参照，以企业整体效益为目标，分散、降低企业经营风险，全过程指导客户的套期保值活动，并取得良好成效。

企业套保 5W 决策系统指的是企业客户在进行套期保值操作时，要形成客观、高效、科学的决策系统，这个系统主要从 5 个方面构建：WHETHER—是否保值？WHAT—保值多少？WHEN—何时保值？WHICH—何价保值？HOW—如何执行？

表 4－1　企业套保 5W 决策表

WHETHER	WHAT	WHEN	WHICH	HOW
是否保值	保值多少	何时保值	何价保值	如何保值
市场研判	保值比例	期现价差	内外比价	保值执行
分析	控制	时机	关键	策略

资料来源：中国（香港）金融衍生品投资研究院。

第五节 提升套期保值的内涵——全面企业风险管理

自改革开放以来，我国企业可谓经历了三次革命：第一次是以商品经济和企业股份制改造为代表的市场化和资本化革命；第二次是以电子信息技术为依托的信息化革命；我国企业将要经历的第三次革命，将是以衍生工具和风险对冲为依托的金融化革命，或者可以叫作风险管理革命。

自21世纪以来，世界大宗商品价格的一度持续高涨，以及本次金融危机带来的沉重打击，充分表明了一个重要动态：21世纪的我国企业迫切需要进行一场新的管理革命。这场革命已经在21世纪初悄然开始，并在我国少数大型国有企业和民营企业中得到了验证，今后的任务是如何启迪更多的我国企业自觉面对、深刻认识和积极投入其中。这对我国企业是一次世纪性的挑战，也是我国由经济大国走向经济强国的必然选择。

期货等衍生品市场和期货业，一方面担负着为我国企业风险管理革命提供平台和服务支撑的责任，另一方面则必将在企业风险管理革命的浪潮中获得自身更大的发展。回顾我国期货市场近20年的坎坷发展历程，只有来自经济和产业的强大需求，才是期货市场创新发展的真正推动力。期货人要高瞻远瞩，放眼我国经济全局，才能把期货事业拓展得更快更好。

从实际层面来说，企业在应用期货市场进行套期保值的过程中，市场化意识和风险管理意识也得到了提升。如生产型企业在原材料采购中，对期货市场价格的参考程度也在不断加深。企业经营管理的科学性和稳健性迈上了新的台阶，逐步将套期保值的理念贯穿、渗透入企业生产经营管理的方方面面，从企业全面风险管理的视野来看待套期保值。这也是我国期货市场服务于国民经济功能日渐深化和提升的必然轨道和选择。

就一些大型企业而言，在参与和利用期货市场的过程中，逐步建立起一整套适应国际市场变化和期货市场风险管理所需要的企业内部决策管理系统、风险管理体系和市场运作机制，这使得企业的经营管理体系日渐得到丰富和完善，管理更加趋于严谨，企业的国际化和现代化水平也得到了较快的提升。因此，借助期货市场及套期保值这一纽带，企业的全面风险管理体系逐步成熟和完善起来。

这在一定程度上也需要企业建立更为专业化的管理体系，遵循国际化的视野和风险管理思维，充分利用国际和国内两个期货市场，统一进行采购和销售等。同时，在运作体系上通过建立适当的沟通制度，实现企业内部各部门联动、期货与现货联动、采购与销售联动、国内与国外联动，从而把价格风险管理转化为企业的日常管理工作，贯穿于企业业务的各个层面。

具体来说，企业在实际运用套期保值的过程中，可以将套期保值的内涵不断延伸、扩展，将其上升到企业全方位管理的高度。

一、灵活运用套期保值策略

实体企业采用套期保值策略最根本的目的是保证企业投资利润，规避金融风险。但在实际操作中企业依然需要结合内外市场环境灵活运用各种投资工具和各项投资策略。能够站在一定的高度，前瞻化、灵活化的进行投资操作是确保各种投资策略得以顺利实施的关键点之一。对此，不同企业可以采取不同的投资策略。

对一些具有丰富期货保值经验的企业来说，可以采取主动型投资策略。也就是结合自身的实际情况、投资需求以及技术能力等，组织专业的投资分析团队，进行更加专业化的投资操作。通过主动分析市场机会，进行套期保值策略的选择，在不违背套期保值原则的前提下，实现保值收益的最大化。在具体套期保值过程中，企业可根据市场价格变动的趋势，灵活掌握套期保值的交易时机、买卖点位以及结束时机等各项交易要素，而不是被动接受市场的变化。也可选择对自己最有利的交易时机，提前终止套期保值操作，而不是一定要等到现货交割时才完成保值操作。

对于一些刚刚参与期货市场投资的企业来说，可以选择与期货公司建立良好的投资合作关系，借用期货公司成熟的交易平台、专业的投资团队来进行投资操作。但在具体投资中企业依然需要做到与时俱进，灵活应对。

对实体企业来说，参与期货市场投资，进行套期保值是为了增强企业的市场竞争能力，运用金融工具是为了进一步的提高企业盈利的能力，而不应让这种投资成为企业的负担。因此，怎样充分利用期货市场就成为企业经营中需要进一步探索的重要问题。将期货市场投资作为实体企业全面经营的一部分必然会成为企业发展的趋势之一。

二、套期保值的资金流动性管理促进策略

流动性是企业为偿付其债务所持有的现金数额或通过资产转化为现金的能力的描述。一个企业如果持有充足的现金，或者资产能够在短期内转化为现金来履行它的支付义务，则该企业具有较好的流动性。如果企业缺乏流动性，则意味着企业无力履行已到期的付款义务。这时，企业可能延期支付，也可能采取借款或处置资产等紧急措施偿还债务，因此面临较大的财务风险。

以前很多公司往往只能在现货市场价格较低时囤积一批原料以备长期耗用，这不得不占用大量的流动资金，还使本来就资金紧张的企业背上更沉重的利息和仓储费用的重负。有了期货市场之后，通过买入套期保值，仅以5%~10%的保证金便确保了货源，降低了成本，还减少了资金占用和库存的负担，也使得企业零库存的设想得以实现。此外，期货市场还可以对仓库整体进行保值，宏观方面可以根据企业的库存量以及库存成本来决定保值的数量和策略，当现货价差大的时候，就全部进行保值，反之，则不保值或者部分保值。微观方面可以根据每日的流动量进行保值。

为进一步增强经营资金流动性，实体企业尤其是参与期货市场套期保值操作较多的企业，可以充分利用期货市场杠杆投资的特点，通过提高商品的抵押比率，不仅增强企业的融资能力，同时也可以进一步增加企业的现金流量。但如何具体操作，则需要企业制定合理的套保比例以及考虑流动性杠杆等相关因素，同时也要符合会计准则的相关规定。

三、套期保值的营销促进策略

企业经营的最终目的是要将产品销售出去。销售虽然是生产环节最终的一环，但销售是否顺利则需要不同部门的参与和支持。各个环节的共同合作才能够促进整个经营流程的最终完结。在销售过程中价格是最主要的影响因素。价高，企业盈利多，但对客户的吸引力就会下降。价低，会吸引客户，但利润率会相对有限。因此，如何制定合理的价格水平也是企业营销过程中最为重要的一方面。

实体企业参与期货市场是为了规避价格波动的风险，进一步锁定利润。因此，从持续性发展的角度看，需要将其参与期货市场的投资作为企业发展战略的一部分。通过期货市场与现货市场的良好结合达到对企业生产经营的促进作用。

套期保值的营销促进策略是指企业将套期保值作为重要的营销促进策略，不仅在战略上配合企业的营销价格定位，又能确保企业营销计划的完成。尤其在经济不景气的时期，企业通过套期保值可以以较低的价格开展销售，或维持对出售企业较有吸引力的采购价格，从而有利于稳定企业的客户资源和营销市场。

从以上这几方面可以看出，企业参与期货市场的投资，尤其是参与套期保值的操作，对企业实际经营的影响结果是巨大的。结合套期保值的投资特点，不仅可以增加企业的资金流动量，也可以增加企业产品的价格优势。不仅可以缓解企业融资的困境，也可以促进其产品的销售竞争能力。但套期保值操作是否能够顺利进行，是否能够与企业的整个生产经营流程融合，是否能够与企业的全面管理相结合，则是需要实体企业进一步摸索的。

第六节 商品期货中的套利与投机

一、期货套利的原理与类型

在期货交易中，投机者除了直接依据对市场价格的判断而买进或卖出合约来获利外，还可以利用两个相互联系的市场或期货合约之间的价格差来获利，这就是套利交易。

套利交易是指利用相关市场或相关合约之间的价差变化，在相关市场或相关合约上进行交易方向相反的交易，以期价差发生有利变化而获利的交易行为。

在进行套利时，交易者注意的重点不是期货合约的绝对价格水平，而是合约之间的相互价格关系——价差关系。一般具体表现为同一商品不同交割月份期货合约价格之差；在不同交易所的同种商品的期货合约价格之差；不同商品但存在相互关联的期货合约价格之差；或者是同一商品的现货与期货不断变动的价格之差。交易者正是利用这些价格差通过买卖合约获利的。套利成功与否的关键是要正确预测不同头寸之间的合理价差，即不同地区合理的价差、同一商品不同季节合理差价或不同商品之间合理比价，如果预测错误，交易蒙受的损失可能不比单向交易小。

二、期货套利的分类

（一）期现套利

利用期货市场和现货市场之间的价差进行的套利行为，称为期现套利。利用期货市场上不同合约之间的价差进行的套利行为，称为价差套利或价差交易、套期图利。操作中可以是买进/卖出有相互替代性的不同商品；买进/卖出相同商品但不同交割月份的期货合约；或者买进/卖出同种商品、相同交割月份，但交割地点不同的两种期货合约等。价差套利有根据选择的期货合约的不同，分为跨期套利、跨商品套利和跨市套利。

期现套利是利用期货市场与现货市场之间的不合理价差，通过在两个市场上进行反向交易，待价差趋于合理而获利。一般来说，期货价格和现货价格之间的价差主要反映了持仓费。但是现实中价差并不绝对等同于持仓费，当两者出现较大的偏差时，期现套利机会就会存在。具体来说有两种情形，如果价差远远高于持仓费，套利者就可以通过买入现货，同时卖出相关期货合约，待合约到期时，用所买入的现货进行交割，价差的收益扣除买入现货之后发生的持仓费之后还有盈利，从而产生套利的利润；相反，如果价差远远低于持仓费，套利者就可以通过卖出现货，同时买入相关期货合约，待合约到期时，用交割获得的现货来补充之前所卖出的现货，价差的亏损小于所节约的持仓费，因而产生盈利。

（二）价差套利

1. 价差套利的基本概念

与投机交易不同，在价差交易中，交易者不关注某一期货合约的价格向哪个方向变动，而是关注相关期货合约之间的价差是否在合理的区间范围。如果价差不合理，交易者可以利用这种不合理的价差对相关期货合约进行方向相反的交易，等价差趋于合理时再同时将两个合约平仓，从而获取收益。

因而，价差是价差套利中非常重要的概念。

在价差套利中，交易者要同时在相关合约上进行方向相反的交易，也就是说要同时建立多头部位和空头部位，这是套利交易的基本原则。大多数价差套利活动都是由买入和卖出两个相关期货合约构成，但也有例外情况，如跨商品套利中，如果涉及的相关商品不止两种，可能包含了一个多头、两个空头，或者一个空头、两个多头。

尽管套利的种类很多，但其基本的操作原理是相似的，都可以归结为买进套利和卖出套利两大类。

（1）买进套利。如果套利者预期不同交割月份的期货合约的价差将扩大，则套利者将买入其中价格较高的期货合约，同时卖出价格较低的期货合约，这种套利就被称为买进套利。如果价差变动方向与套利者的预期相同，则套利者就会通过同时将两个期货合约平仓来获利。

（2）卖出套利。如果套利者预期不同交割月的期货合约的价差将缩小，套利者可以通过卖出其中价格较高的期货合约，同时买入价格较低的期货合约来进行套利，这种套利被称为卖出套利。

在计算建仓时的价差时，用价格较高合约的价格减去价格较低合约的价格；在计算平仓时的价差时，为了保持计算上的一贯性，也要用建仓时价格较高合约的平仓价格减去建仓时价格较低合约的平仓价格。只有计算方法一致，才能恰当地比较价差的变化。

由于价差套利是利用相关期货合约之间不合理的价差来进行的，价差能否在套利建仓之后“回归”正常，会直接影响到套利交易的盈亏和套利的风险。具体来说，如果套利者认为目前某两个相关期货合约的价差过大时，他会希望在套利建仓后价差能够缩小；同样地，如果套利者认为目前某两个相关期货合约的价差过小，他会希望套利建仓后价差能够扩大。如果当前（或平仓时）价差大于建仓时的价差，则价差是扩大的；如果相反，则价差是缩小的。

2. 跨期套利

跨期套利（interdelivery spreads），又称同类商品套利交易，是指买进某一交割月份商品期货合约的同时，卖出另一交割月份的同类商品合约的交易方法，即跨交割月份套利。它是利用同一商品但不同交割月份合约之间正常的价差出现异常变化时进行对冲来获利的，其现实基础是许多商品价格变动具有季节性周期，如农产品价格普遍随季节性变化，大多热带作物供求变化也跟季节密切相关，甚至一些工业品供求也受到季节影响，因此跨期套利在期货交易中应用相当普遍。如美国的商品期货交易时间可长达21个月之久，我国商品期货的交易时间也可长达一年，小麦、大豆、玉米等生产周期十分明显的商品，在收获期前后价格变动十分明显，便为跨期套利交易提供了良好的条件。又如，铜铝等工业品生产具有连续性，不同月份价格之间也因仓储成本、资金利息等具有合理价差；同时，一些交易品种不同月份因升贴水关系存在合理价差，当实际价差远远偏离这种合理价差时，也为套利者提供了较为安全的市场机会，虽然这样无风险的套利机会在一年的交易中并不是随时可见的。

根据交易者在市场中所建立交易部位的不同，跨期套利可以分为牛市套利、熊市套利、蝶式套利和兀鹰式套利四种。

（1）牛市套利（bull spreads）。又称买空套利或多头套利，是指在牛市中，商品或金融资产价格不断上扬，交易者买进近期期货合约，同时卖出远期期货合约，并寄希望于在看涨的市场气氛中，由于商品短缺，近期合约的价格上涨幅度会远远大于远期合约的价格上涨幅度；反之，若市场不涨反跌，则希望近期合约的价格下跌幅度会小于远期合约的价格下跌幅度，即是利用近期月份在牛市中起领涨作用和抗跌性强的特点，使其组合头寸获利可能性大大增加。如大连商品交易所的焦炭期货，某年受供需转变影响，结束近两年的熊市，开始新一轮牛市行情，各月份期价全线上涨，但涨幅不一。某投机商通过分析预计将会呈现近强远弱的走势，因此决定在买入近期9月合约的同时，抛空同等数量的远期1月合约。5月20日收市时同时持有100手9月多单和1月空单，价格分别是1 100元/吨和1 050元/吨，希望两者价差进一步扩大。果然如其所愿，至即将进入交割前的8月31日，两者价格分别上涨至1 300元/吨和1 180元/吨，同时平仓出场，盈亏分别为+2 000 000元和-1 300 000元，合计盈利700 000元，扣除10 000元手续费后获纯利690 000元。

（2）熊市套利（bear spreads）。又称卖空套利或空头套利，是指在熊市中，商品或金融资产价格不断下跌，交易者卖出近期交割月份合约，同时买进远期期货合约，寄希望于在看跌的市道中，由于商品过剩，近期月份的价格下跌幅度会大于远期合约的价格下跌幅度；反之，如市场不跌反涨，则寄希望于近期合约的价格上涨幅度会小于远期合约价格上涨幅度，即是利用近期月份在熊市中起领跌作用和反弹力度弱的特点，使其组合头寸获利的可能性增加。

以上两种跨期套利的交易方法，共同点是持有不同月份的等量相反头寸，利用远近月份的价差变动获利。一般对冲时，某一方向的头寸盈利，而另一方向的头寸亏损，希望在盈亏相抵后仍有盈余。成功的关键是正确判断价差变化趋势，制定交易策略入市。如远近月份价差没有变化，交易者无法获利；价差与预计的变化相反，则交易者将面临损失。

（3）蝶式套利（flying spreads）。这种是指利用若干个不同交割月份合约的价差变动来获利的交易方式。它一般由两个方向相反、共享居中交割月份的跨期套利交易复合头寸组成，可以视为一种特殊方式的跨期套利。其交易原理是：套利交易者认为中间交割月份的期货合约价格与两旁交割月份合约价格之间的相关关系将会出现差异，一般选择在预计中间月份期价将相对偏高或偏低时入市，如农产品价格在收获期密集上市时价格相对相邻月份将最低，而在青黄不接的季节价格将最高，此时便可分别采取类似买—卖—买，或卖—买—卖的蝶式套利方法。一般而言，中间月份的交易头寸数量分别为两边月份的双倍。

如5月份某交易日，期货交易所焦炭报价为：7月期价格为1 400元/吨，9月期价格为1 450元/吨，11月期价格为1 420元/吨。某贸易公司综合各种信息，预计日后9月份价格相对7月、11月两个月份的价格差异还会扩大，因此决定采取蝶式套利策略入市，分别卖出7月合约、11月合约各1 000吨，买入9月合约2 000吨。一个月后，三个月份期价分别为7月1 450元/吨、9月1 600元/吨、11月1 500元/吨时同时平仓出场，盈亏分别为－5万元、－8万元和＋30万元，总计盈利17万元。假如一个月后三个月份期货价格分别为7月1 300元/吨、9月1 400元/吨、1 350元/吨，同时平仓盈亏状况分别为＋10万元、－10万元和＋7万元，总计盈利7万元。

进行蝶式套利时，关键因素是居中月份的期货价格与两旁月份的期货价格之间出现预期有利的差异，或者说蝶式套利成功与否的关键在于能否正确预测居中月份与两旁月份的价差变动趋势。

(4) 兀鹰式套利。兀鹰式套利交易包括两个方向相反，且中间交割月份不同的多交割月套利交易。两端为买进中间为卖出的交易方式称为买入兀鹰套利，两端为卖出中间为买进的交易方式称为卖出兀鹰套利。

如某交易商经分析后认为焦炭存在买入兀鹰式套利机会，于是买进交易所焦炭期货5月合约、卖出7月份合约、卖出9月份合约和买进11月份合约各1 000吨，成交价格分别为1 400元/吨、1 420元/吨、1 430元/吨和1 440元/吨，一个月后价格分别变为1 500元/吨、1 505元/吨、1 530元/吨和1 560元/吨，同时平仓出场，盈亏情况分别为+10万元、-8.5万元、-10万元和+12万元，总计盈亏为3.5万元（不计手续费）。

进行兀鹰套利时，关键因素也是正确把握中间月份期货价格对两旁月份期货价格之差的变动趋势。对买入兀鹰套利交易者，希望两旁月份价格相对呈强，中间月份价格相对呈弱；对卖出兀鹰套利交易者，希望两旁月份价格相对呈弱，中间月份价格相对呈强。

从以上四种跨期套利的运作分析，可以看出，一方面跨期套利的关键因素是对同月份价差变化趋势作正确预测，另一方面是根据价差变化的市况采取适当的交易方式。交易方式的灵活选择，大多时候来自交易者经验的积累。

3. 跨市套利

跨市套利（intermarket spreads），是指在某期货交易所买入（或卖出）某交割月份的某商品期货合约的同时，在另一个交易所卖出（或买入）同一交割月份的同一种商品期货合约，然后寻机分别在两个交易所对冲合约，从中获利的交易方法。

同一商品期货合约可能同时在两个或更多的交易所内进行交易，由于区域间的地理环境不同、局部供求关系的不同或者合约设计差别等原因，各交易所中同一合约间往往存在一定的合理价差关系，当这种价差关系受某些因素影响而发生变化时，就为交易者提供了跨市场套利的机会，从而客观上缩小了商品在不同地区间的不合理价差，促进了物流的合理分配。例如，在我国期货交易所合并（1998年）前，大豆在大连商品交易所和上海粮油交易所、绿豆在郑州商品交易所和北京商品交易所、铜铝在深圳金属交易所

（Shenzhen Metal Exchange，简称 SME）和上海金属交易所（Shanghai Metal Exchange，简称 SHME）及许多品种在两家或更多的交易所都曾经有过上市，由于各种各样的原因，同一商品在不同交易所存在价差是非常普遍的现象，投资者经常可以在买进一家交易所商品合约时，卖出另一家交易所同一交割月份同一商品合约，当其价差从不合理变为合理时，赚取一定利润。通过这种跨市套利，一般能起到缩小差价的作用。

在期货市场间进行跨市套利时，主要是依据其市场间的价差，因此在操作中应特别注意影响各市场间差价的几个主要因素：

（1）运输费用。在进行跨市套利时，商品的运输费用是最重要的影响因素，一般来说，商品在其产地上市交易或以产地库作为基点仓库时，期货价格最低，而在消费地上市交易或以消费地仓库作为基点仓库时，期货价格相对较高，两者之间的正常差价为两地之间的运费（包括长短途运输费用、出入库费用及资金成本等）。例如，作为产地价的郑州商品交易所绿豆期价就往往比作为销地价的北京商品交易所绿豆期价为低，作为产地价的大连商品交易所大豆期价也总是比作为销地价的上海粮食商品交易所大豆期价低。

（2）交割等级。期货合约是标准化的远期合同，各交易所都对交易商品作了严格的等级划分。不同交易所同一商品的交割等级往往并不一致，因此其基准价格往往也有一定差异。如芝加哥期货交易所交易的小麦合约是以当地主产的软红冬麦为标的物，而堪萨斯市交易所则以当地主产的硬红冬麦为标的物开展期货交易。因此，这两家交易所的小麦期货合约，由于其等级不同，基准价格也不同。如其他交易所也进行小麦期货交易时，则要根据基准交割品种的价格，调整溢价或升贴水。

（3）商品的生产成本。尽管两个交易所进行同一商品期货交易，但由于其生产国家或地区的不同，商品本身的成本也就自然不同。例如，由于我国生产力水平相对落后，铜的平均生产成本比国际市场平均水平要高出许多，从而影响国际国内铜市场的套利交易，交易者经常在买入国际市场铜（LME 三月铜）的同时在国内市场抛空进行跨市套利。大豆、豆粕等品种的国际、国内平均生产成本也有较大差距，国内粮油进出口公司也经常利用芝加哥谷物交易所价格与国内价格差进行跨市套利操作。在操作上，一般而言，有现货背景的交易者利用买低卖高的原则入市，当两者价差变为合理时平仓出场。而实践中纯投机者也有在认为两者价差低于正常水平时采取买高卖低的交易方法。

（4）仓储费用。参与交割后往往需要支付仓储费用，不同商品的单位时间仓储费用不尽相同，在套利交易或者交割中都应仔细计算仓储费用。

总之，跨市套利者应特别注意存在于两个市场间影响期货交易商品价格的内在因素，以及相关市场价格间的内在关系。估计两市正常价差时应当要注意合约条款、交割等级等是否相同，两个地区发展水平差异，两地产销情况是否相同以及两地距离远近等诸多因素，然后综合考虑，不能仅仅简单看纯粹的价格数量之差。交易者既可在同一国家不同地区间进行套利，也可在不同国别间进行套利交易。不同国别的期货交易所之间的套利交易较为复杂，参与跨国套利的交易者，除注意保持合约在实际数量上的一致外，尤其应注意两种货币汇率的变化，防止货币贬值而造成的损失。

4. 跨商品套利

跨商品套利（intercommodity spreads）是指利用两种不同但相互关联的商品之间的期货合约价格差异进行套利的交易方法。这种交易形式通常是在买入某一交割月份某种商品的期货合约的同时卖出另一份相同交割月份、相互关联的商品期货合约，然后伺机同时对冲获利。这两种商品通常具有替代性和互补性，或受同一种供求因素的制约，即两种商品具有相关性——无论是正相关还是反相关。

常见的跨品种套利可分为两种情况，一种是相关商品间的套利，另一种是原料和成品间的套利。相关商品间的如小麦和玉米、菜油和豆油的套利等。原料和成品间的最典型的就是大豆提油和反向提油套利。

三、套利交易的特点

套利与普通的投机交易相比较有其自身的特点：

（1）普通投机交易是从单一的期货合约中利用价格的上下波动赚取利润，而套利交易则是从不同的两个及以上期货合约彼此间的相对价格差异套取利润。普通投机者关心和研究的是单一合约价格的涨跌，而套利者关心和研究的则是不同合约之间的相对价差。

（2）普通的投机交易在一段时间内只做持有单向多头或单向空头头寸，

而套利则是在同一时间内既持有多头头寸又持有空头头寸，即在买入某种合约的同时卖出另一种合约，同时扮演多头和空头的双重角色，不同头寸之间的组合是其基本的交易方法。

（3）套利风险较小，由于套利交易者同时持有相反头寸，可以回避一些始料不及原因所引起的价格异常波动风险，一般情况下交易风险小于单向投机交易，虽然许多情况下也并非如此，如当交易者对合约之间价差关系估计错误时，损失往往会超过单向交易。

（4）套利交易成本较低，利润较为稳定。一般情况下套利交易资金成本相对较低，虽然实践中因要付出双向买卖的保证金，套利的资金成本往往并不比单向投机成本低，反而经常高于单向投机交易。在成熟的期货市场，对套利交易保证金的收取比例较单向交易大幅降低，因此杠杆作用更加明显，从而使交易者以更加少的资金控制更大规模的合约总值，为交易者在资金融通上提供了更大的灵活性。

四、套利交易的作用

（一）套利提供了风险对冲的机会

风险对冲与套期保值一起构成了现货经营的左右手，没有风险对冲，套期保值的作用难以顺利实现，保值者就失去了中途选择适当时机退出期货市场的机会，套利交易为期货市场提供了一种有效的润滑剂，在使交易者能自由进出期货市场的同时，达到自动调节市场的功能。

（二）套利有助于合理市场价格水平的形成

套利实质上是以对冲为手段，调节期货市场的供求变化，加快价格拉平的进程。如套利者一般买入价格相对偏低的期货合约，从而减少市场供给，增加市场需求，使相对偏低的价格回升，将市场价格拉回到正常的运行区间。同理，套利者卖出价格相对偏高的期货合约，从而增加了市场供应，减少市场需求，促使价格水平下降，同样把相对偏高的价格拉回正常运行区间。因此，套利交易的平稳进行，将对期货市场的供求和价格水平形成一个平稳的自发调节过程，进而有助于一个合理的市场价格水平的形成。

（三）套利有助于市场资源的合理分配

套利交易不仅利于形成合理的价格，而且通过不同商品间、不同月份间的跨期套利交易，可以促使社会资源在不同商品间的合理分配。套利者卖出比价偏高的商品合约，买进比价偏低的商品合约，熨平商品间不合理比价和同商品间不合理差价，起到了自动调节市场供求的作用。

第七节　期货的投机交易及策略

一、期货投机的含义

期货投机是指在期货市场上以获利为目的并承担价格波动风险的买卖行为。投机行为是商品经济发展的必然产物，而并非是股票、期货、外汇等风险投资市场所特有的经济现象。例如，商品贸易即是一种投机行为，贸易（投机）商利用同一商品在不同地区或不同时间上的价格差异，在甘愿承受一定风险的同时赚取应得利润。而在期货市场上，由于空间上的价差已经基本消失，价格仅随时间变化，投机者愿意在付出一定风险代价后赚取可能的利润，因此也才有机可投。与商品贸易（投机）一样，期货投机有助于增强市场流动性，缩小期货商品价格差异，有利于现货商套期保值的顺利进行，也有利于商品远期价格的发现，即有利于期货市场价格发现、套期保值等积极功能的顺利实现。所以，投机行为是一种积极的经济活动，没有投机因素的市场是很难长期存在和发展的。

（一）期货投机与套期保值的联系与区别

在期货市场上，投机与套期保值永远是一对矛盾的统一体，它们既相互对立、相互制约，又相互依存、相互转化。期货市场是为现货商发现价格和回避风险而设立的，现货商发现价格和回避风险的过程便称作套期保值，然而如果只有现货商而没有投机商的存在和积极参与，这一市场充其量只能称作现货远期批发市场，其流动性远远不如期货市场，现货商想要随时以理想的价位顺利实现保值交易必然十分困难；反之，期货市场若没有现货商的广泛参与，也无存在的必要，即使在有现货商参与的期货市场，如果投机过度泛滥也经常会造成价格极度扭曲，从而导致套期保值功能难以发挥。

投机与套期保值的区别主要表现在以下方面：

1. 从交易对象看

投机交易是以期货市场为操作对象，利用期货价格的波动，通过买空卖空牟取利润，一般不涉及现货交割；而套期保值交易则是以“现货、期货两条腿走路”，同时参与两种经营，以期货交易保证现货交易，以现货交易促进期货交易，并经常进行实物交割。

2. 从交易目的看

投机交易借助期货市场的杠杆原理，以少量资金获取为目的，并且不希望占用过多资金或支付较大费用；而套期保值交易则经常有现货交易背景，占用资金数额通常较大，其目的不是为了获取高额利润，而是希望用期货对现货进行必要的风险保值，锁定未来价格，保证利润。

3. 从交易方式看

投机交易主要利用价格波动进行短期买空和卖空，获取差价收益，进场出场均较迅速，做多做空并无固定方向；而套期保值交易则是利用现货、期货价格同向波动的特点，通过持有相反头寸，用一个市场的盈利去弥补另一个市场的亏损，目的不是为了赚取差价收益，而是为了回避价格风险，持有头寸的时间一般较长，不经常改变交易方向。

4. 从交易风险看

投机交易是以投机者自愿承担价格波动风险为前提而进行的，风险的大小与投机者收益的多少有着直接、内在的联系，符合高风险高利润的特点；而在套期保值交易中，套期保值者是价格风险的转移者，其参与期货交易的目的是为了转嫁或回避现货市场的风险，风险的大小与套期保值者的收益成反比。

（二）期货投机与股票投机的区别

虽然期货投机和股票投机都是投机方式，但是由于期货交易本身的特点，期货投机与股票投机还存在着显著的差别。这些差别主要表现在保证金规定、交易方向、结算制度和特定到期日等方面。

1. 从保证金规定看

期货投机只需提供交易总额的一定比例（一般为5%~10%）作为保证金就能进行，而股票投机交易则需要提供交易的全额，即保证金比例100%。

2. 从交易方向看

期货投机交易可以进行买空和卖空双向交易，而股票投机交易则只能进行买进的单向交易。

3. 从结算制度看

期货投机交易实行当日无负债结算制度，而股票投机交易则没有每日结算。

4. 从特定到期日看

期货投机交易有特定到期日，股票投机交易则无特定到期日。

（三）期货投机与投资的区别

在经济学中，投机与投资都是需投入一定资金，并在承受一定风险后期望得到收益的行为，很难有一个明确的划分界限。普遍意义的投资（investment）是采用适当的形式投放现有资金，以便以利息、股息、租金、利润等形式获取将来的收入；投机则是利用商品或某种资产在不同时间或不同空间的差价，试图低买高卖赚取利润的行为。两者的主要区别如下：

1. 从风险偏好来看

投资者一般为风险厌恶者，他们把资本限制在未来收入比较可靠和本金安全的投资工具上；投机者则属于风险偏好者，他们倾向于高风险的投资工具，认为风险与收益成正比。在各种金融资产和投资工具中，期货交易风险较大、收益也较高，因此备受投机者青睐，投机交易也非常盛行，常常占交易量的较大比例。

2. 从资金供给目的看

投资者追求的是长期稳定的收益，投机者注重短期内资本迅速增值。期货交易以其价格易变性和高流动性满足了投机者的要求，因此期货市场除少量投资者或套期保值者外大部分为投机者。

3. 从对价格的分析方法看

投资者往往关心金融工具的内在价值，一般用基本分析法来判断价格的走势，从而做出选择何种金融资产的决定；而投机者热衷于市场短期波动，大量采用技术分析方法，根据交易量、价格涨跌的广度和幅度，结合价格曲线图来预测价格变动的趋势。正是投机者的不断买卖才使交易连续进行，保证了市场的高流动性。

（四）期货投机与赌博的区别

投机交易与赌博行为也有着本质的区别。期货投机与赌博是两种完全不同的行为。无论是从风险的本质还是对社会的贡献来看，两者都有本质的区别。

1. 从风险本质看

赌博是一种人为制造的风险，参与赌博的风险随赌局的设立而产生，也会随赌局的消除而消失，赌博所冒的风险是原本不存在的风险。而期货市场价格波动的风险，其本身在现货商品中已经客观存在，并不因投机者的参与而产生。因此，期货投机者是风险的承受者，而非风险的制造者，虽然在实践中由于少量投机者可能试图去操纵市场价格，将局部风险放大，但如果有严密的监管，这种操纵市场行为是可以避免的。

2. 从对社会的贡献角度看

赌博行为仅仅是个人之间金钱发生转移，赌博活动所耗费的时间和资源没有创造出新的价值，没有对社会做出任何贡献。而期货市场投机者的大量参与，转嫁和分散了完全单纯由现货商承受的风险，现货市场巨大的价格风险得以分解和回避，对社会经济发展有一定积极作用。

投机的前提条件是期货价格存在波动。价格变化小或者较为固定，则无所谓价格风险，当然也不会吸引投机者参与交易。投机的动力在于期货交易的成本低、收益高，主要是因为期货交易中实行的保证金制度。投机者以杠杆作用来寻求获取高额利润的机会。由于单纯买空卖空的风险较大，随着期货市场的发展，又出现了各种套利交易方式，试图将交易风险控制在一定水平内，正因为各种投机方式的创新，又为市场提供了更多的交易机会。

期货投机的可操作性还体现在期货合约的可对冲性。对冲机制是期货市场的一大发明，无论是投机者还是套期保值者，在合约到期前都无须履行实物交割的义务，随时可以对冲离场。对冲机制对投机市场至少有两大作用：首先，投机者在价格变化不利时可以及时平仓离场，避免损失扩大；其次，对冲机制方便投机者加快交易频率，加速资金周转，提高了市场的流动性。与商品贸易中的投机行为不同的是，期货投机者无须而且往往也不愿完成商品的储存、运输和交割等烦琐过程，期货交易既可以做多头，也可以做空头，因此比贸易投机要灵活得多。

因此，投机的全过程可以概述为：无现货背景的资金拥有者利用所掌握的市场信息，对市场价格进行预测和判断，在认为市场行情未来看涨时买入合约，或认为市场行情未来看跌时卖出合约，然后寻机对冲获利的交易行为。

二、期货投机的经济功能

（一）期货投机的积极功能

1. 期货投机保证套期保值的顺利运行，使投机商成为现货风险的承担者

套期保值者因为本身的生产周期、生产规模以及目标成本的限制，导致其在交易的时间、数量和价格上都有特殊的要求，如果没有大量投机者的积极参与，套期保值者很难顺利成交。可以说，由于投机者的广泛参与，大大缩小了套期保值者之间的买卖差价，提高了成交速度，并且承担了由现货商转嫁而来的风险。

2. 期货投机交易提供了所需要的风险资本

投机者愿意承受一定的特殊风险，是希望市场价格朝所预计的方向发生变化，得到一定的收益，客观上投机者的大量参与，促进了市场的流动性，同时降低了现货市场的交易成本。

3. 期货投机交易促进了相关市场的调节

各期货商品间价格或现货商品间价格往往具有高度的相关性，投机者的大量交易，有利于消除地区间价格的不合理状况，改变产品在不同时期的供求结构，使产品价格趋于合理，有利于不同商品之间保持合理的比价关系。

4. 期货投机有助于缓和商品价格的波动幅度

影响商品或金融工具价格的因素很多，如农产品价格除受供求关系的影响外，气候条件或进出口量的变化也会影响其价格，金融工具的价格同时受利率及诸多政治、经济因素的影响，但有一共同点，投机商在价格较低时不断买进，增强了买方力量，减缓了价格的下跌速度、减小了价格下跌空间，在价格较高时投机者不断卖出，增强了卖方力量，减缓了价格的上涨速度、减小了价格上涨空间，从而在一定程度上“熨平”了大起大落的现货价格。

5. 期货投机降低了商品信息传播和预测成本

由于投机者来自各行各业，包罗万象，带来了对价格的不同预测和详细的信息，如政治信息、经济信息、自然信息等，使供求各方在更全面信息的

基础上进行决策，从而可以调节市场资源的合理分配，避免不必要的浪费。

（二）期货投机的消极功能

期货虽然有上述积极的经济功能，但同时也存在一定的消极功能，尤其是在投机过度的情况下，会对市场造成不同程度的破坏甚至灭顶之灾，这一点无论是在发达国家成熟的期货市场，还是我国期货市场的试点实践中都有不胜枚举的例子出现，因此必须对期货市场上的过度投机行为进行严格监管。

期货投机的消极功能主要体现在过度投机和市场操纵。过度投机的“过度”应以投机造成效率损失的程度来判断，当投机所造成的效率损失使期货市场的功能受到严重损害，以至于不能发挥其价格发现和分散风险功能时，这种投机就是过度投机。

操纵市场也是期货交易中的违规行为。操纵（manipulation）是指一个或少数几个投机者利用资金实力雄厚的优势联合起来组成临时的操作集团，通过分散席位隐蔽仓位（头寸）、对敲虚假买卖、连续买入或连续卖出等手段，造成市场成交热络的假象，希望在市场价格暴涨暴跌中牟取暴利的交易行为。这种行为也经常伴随囤积行为，同时成为操纵市场者的工具。囤积行为是指投机者事先在期货市场大量买进并持有某种商品或金融资产的多头头寸，同时在现货市场不断买进同一商品形成囤积，辅之以利用交割条款漏洞、控制库存等违规手段，随着交割月的临近，可流通现货稀少，价格因囤积而高涨，呈现升水扩大趋势，投机空头被迫高价买入现货交割或忍受巨额亏损高位斩仓出局，操纵市场的投机者从而牟取暴利。

反之，囤积大量现货的投机者也可能在临近交割月时大量反手抛空期货合约，买家因无力全部履约被迫斩仓致使期价暴跌，损害了中小投资者的利益。这两种情况在我国发展初期的期货市场中时有发生，俗称“多逼空”（short squeeze）或“空逼多”（long squeeze）。即使在发达国家成熟的期货市场中也不鲜见，如亨特兄弟操纵白银事件、住友银行操纵铜事件、巴林银行操纵日经指数期货事件。囤积居奇行为严重扰乱了期货市场中的正常供求关系和价格关系，也破坏了公平、公正、公开的基本原则，一直是各国监管机构严厉打击的对象。

某些投机者除以上不法手段外，还通过其他一些违规行为，如转移仓位、最后交易日前弃仓违约以逃避交割等操纵扭曲期货市场价格的手段，破坏市场正常秩序。不法投机行为人为地增加了市场风险，强迫价格扭曲，使期货市场功能丧失，对市场、对社会都具有极大的破坏作用，必须进行严厉打击。

三、期货投机者类型

按照不同的分类方法，期货投机者可以划分为不同的类型：

（1）从投机者持仓时间长短区分，可分为长线交易者、短线交易者和当日交易者（俗称抢帽子者）。长线交易者（long run investor）在买进或卖出期货合约后通常持有较长时间，专业交易和大众交易都可以运用这种方法；短线交易者（short run investor）持有头寸的时间少则一两天、多则数天；当日交易者（day traders）只当日持有期货合约，很少持仓过夜，俗称抢帽子者（scalper)，他们在微小的价格变动中交易，希望以大量微利头寸来赚取利润。

（2）从交易量的大小区分，可分为大投机商和中小投机商，俗称投机大户、中户和散户。其间并无严格的区分标准，因市因时而定，投机大户占有资金、信息优势，往往在交易中占有主动地位，而投机散户则因资金量小、信息滞后而经常处于劣势地位，为保持市场的公平、公正和公开等原则，大多数交易所都定期公布库存量、大笔交易量和成交持仓排行榜等，以便让小投资者也有机会了解更多信息。

（3）从分析预测方法区分，可分为基本面分析派和技术分析派。基本面分析派是通过分析商品供求因素来预测价格走势，技术分析派是通过借助图形和技术指标来对商品的价格走势进行分析。

（4）从交易部位区分，可分为多头投机者和空头投机者。买进期货合约投机者，拥有多头部位，也称为多头投机者；卖出期货合约者，拥有空头部位，也称为空头投机者。期货市场多空方向泾渭分明，无论是套期保值者还是投机者，所有交易非多即空。买入套期保值者，为防止未来价格上涨而入市交易；卖出套期保值者，为防止未来价格下跌而入市交易。投机者预期价格将上涨，就买入期货合约；预期价格将下跌，则卖空期货合约。前者分别称套保多头和套保空头，后者则分别称投机多头和投机空头。

第五章

焦煤风险管理案例

第一节 焦煤期货市场概述

其实煤炭是最早与金融市场结缘的能源行业。煤炭在 19 世纪是一种非常重要的能源，1886 年，世界上最早的能源交易所——煤炭交易所就建立在当时世界上最大的煤炭出口城市——威尔士的卡迪夫。不过在两次世界大战之后，石油凭借可燃性好、发热量高、运输方便等优点，取代煤炭成为世界主导性能源；再往后，天然气对能源的生产和使用亦产生了巨大影响。

目前纽约商业交易所的 WTI 原油（1983 年）和天然气（1990 年）期货都已经交易了 20 余年，并在世界能源衍生品市场中占有重要地位，然而对于煤炭行业来说，期货交易的历史仅有十多年。2001 年 7 月，纽约商业交易所（现已被 CME 合并）率先推出以美国阿巴拉契亚中心山脉出产的煤炭为基准品的实物交割期货合约，这张合约的问世填补了煤炭行业风险管理工具的空白。然而，这个煤炭期货合约的标的物并不是炼焦煤。此后，洲际交易所（2006 年）和澳大利亚证券交易所（2009 年）都曾推出过煤炭期货。同样设计为动力煤实物交割，但是由于交易活跃度不理想，澳大利亚交易所甚至不得不在 2012 年对其煤炭期货进行摘牌处理，而 ICE 转向推出以现金结算的煤炭指数期货，大获成功，带动煤炭期货市场规模扩大。此后，CME 和 ICE 相继推出不同品质的动力煤期货品种，都是以指数为标的，以现金结算。

直到2011年7月25日，CME以普氏能源（Platts）澳大利亚炼焦煤现货报价指数为基础，推出低挥发性焦煤（普氏）期货（代码为ALW），全球第一个炼焦煤相关的标准化衍生品才算真正问世。之所以欧美交易所推出焦煤期货的时间比动力煤期货晚了近十年，主要是因为欧美国家的煤炭用途比较单一，几乎完全用于发电，其他行业使用很少。相比之下，21世纪以来，亚洲地区尤其是中国钢铁工业的快速发展，带动全球炼焦煤消费量大幅提高，进而促进了全球炼焦煤的生产积极性。2005—2014年，炼焦煤产量呈显著上升趋势，2014年产量达到11.08亿吨，较2005年增长70%。全球炼焦煤生产地较为集中，中国是最大的生产国，产量占比超过一半，澳大利亚、美国、俄罗斯、印度分列第二、三、四、五位。近年来，澳大利亚炼焦煤产量增长较快，也是中国进口焦煤的主要来源地。

近年来，焦煤价格的剧烈波动令国际大型贸易公司措手不及，迫使他们纷纷使用衍生品对冲风险，下游钢铁企业也不再满足于单独使用铁矿石期货来对冲经营风险，于是CME焦煤衍生品市场的持仓量及交易规模屡创新高。受此影响，地处世界焦煤消费核心地区的中国大连商品交易所（2013年3月）和新加坡交易所（2014年8月）随之推出各自的焦煤相关衍生品，也取得了不俗的成绩。

大连商品交易所在2013年3月22日推出的焦煤期货是国内首个以炼焦煤煤种为标的物的衍生品工具。得益于中国在炼焦煤产业链中得天独厚的优势，我国的焦煤期货一经推出便初具规模——交易活跃、流动性充足。据大商所统计，因为一手焦煤期货对应60吨焦煤现货，所以2014年焦煤期货的双边合计成交量约等于69亿吨的现货规模。2015年，焦煤价格继续大幅下跌，期现市场规模双双萎缩。自2016年至今，焦煤价格触底反弹，甚至大幅上涨，带动期现市场规模又双双恢复增长。

一、期货市场总体运行情况

目前，大商所的焦煤期货市场近三年日均交易量大约为351 700手，最高交易量为1 536 442手，最低交易量为55 588手；近三年日均持仓量大约为287 930手，最高持仓量为603 336手，最低持仓量为119 804手。焦煤期货的成交量、持仓量及价格走势如图5－1至图5－3所示。

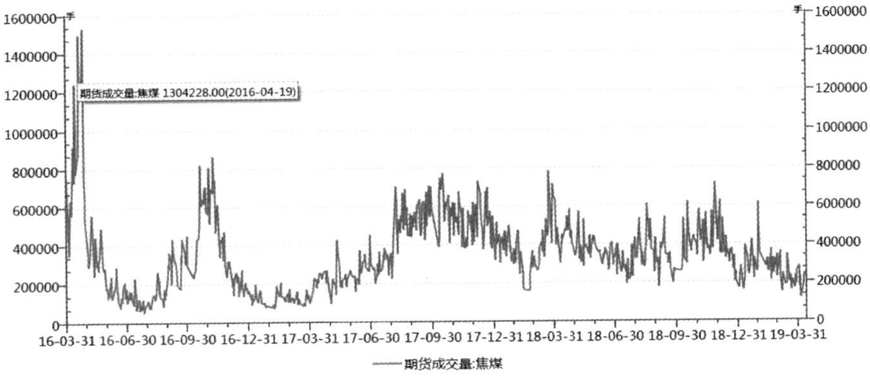

图 5－1　大连商品交易所焦煤期货市场成交量走势

资料来源：Wind。

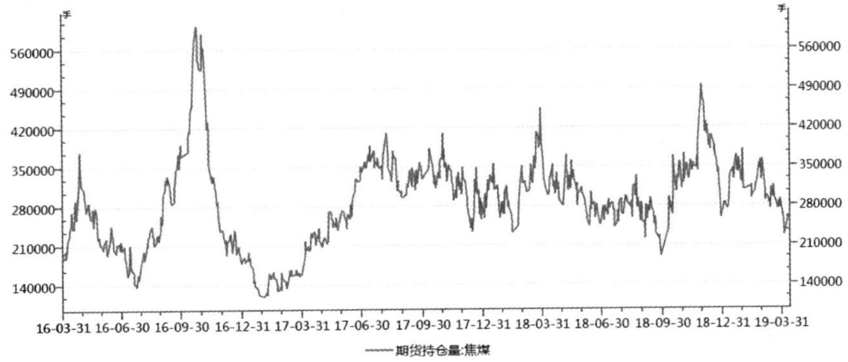

图 5－2　大连商品交易所焦煤期货市场持仓量走势

资料来源：Wind。

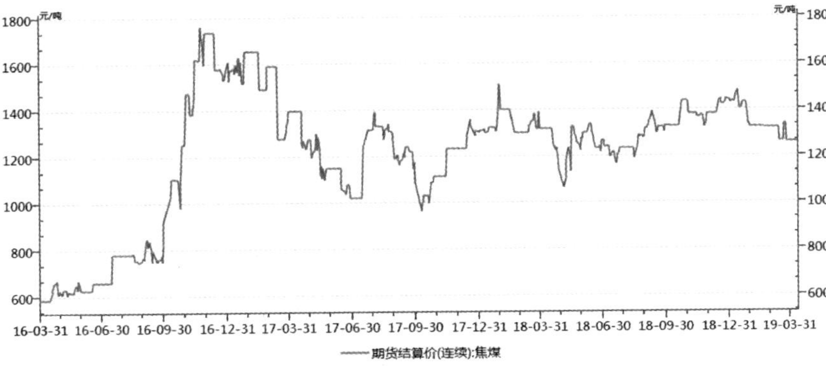

图 5－3　大连商品交易所焦煤期货市场价格走势

资料来源：Wind。

二、2018 年价格走势变化分析

2018 年焦煤期现货价格波动趋势基本一致，期货价格和现货价格均是小幅震荡（见图 5－4）。焦煤期货主力合约年末结算价为 1 175 元/吨，比 2017 年年末的 1 314.5 元/吨，下降了 10.61%。焦煤期货主力合约最高价 1 443.5元/吨，最低价 1 115.5 元/吨，波动幅度为 29.4%；波动幅度比 2017 年下降 30.3%。京唐港澳大利亚产主焦煤现货价格由 2017 年年末的 1 640 元/吨涨至2018 年 12 月 28 日的1 690 元/吨，涨幅为3.05%。焦煤现货最高价1 780 元/吨，最低价1 490 元/吨，波动幅度为19.46%，波动幅度比 2017 年下降了 39.74%。

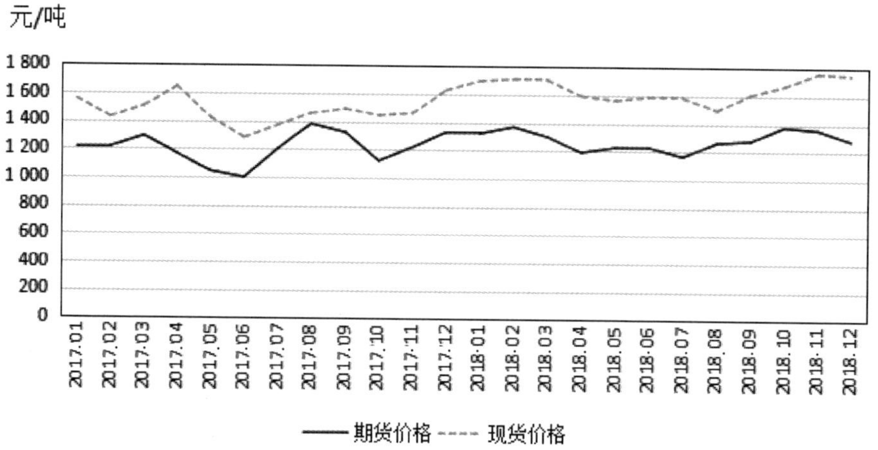

图 5－4　2017—2018 年焦煤期货主力合约和现货基准地价格走势

数据来源：Wind。

焦煤期货和现货价格波动幅度之所以均出现明显收窄，主要原因在于焦煤现货市场全年总体平稳运行。分阶段看焦煤期现货价格波动的原因：2018 年年初到 2 月底，焦煤期现货价格均是小幅上涨。首先，2018 年年初到 2 月份恰逢中国春节假日，安全检查、环保限产力度较大，加上节日放假，直接影响到焦煤生产和运输，焦煤现货价格出现小幅上涨后保持平稳运行，焦煤期货价格持续小幅震荡上行。2018 年 2 月底至 4 月中旬，焦煤期现货价格均震荡下行，主要原因在于下游需求疲软，而焦煤产量增加。春节过后，煤矿开工率处于高位，焦煤供应增加；2018 年 3 月，炼焦煤产量 3 738 万吨，同比增加 0.04%，增速比 2017 年同期扩大 5.3 个百分点；2018 年 3 月炼焦煤消费量 4 118 万吨，同比减少 6.99%，增速比 2017 年同期下降 8.1 个百分点。2018 年 4 月下旬至 12 月初，焦煤期现货价格总体震荡上行，主要原因在于下游钢铁制品以及焦炭价格持续上涨，焦煤需求旺盛。从焦化行业来看，焦炭企业开工率整体呈现偏高局面，2018 年全年焦炭企业开工率为 76.5%，比 2017 年上升 3.8%；在 2018 年 4 月，国内焦化厂开工率逼近 80%；下游需求旺盛，从 2018 年第三季度中后期开始，焦煤供需呈现紧平衡状态，尤其是进入 2018 年 9 月以来，焦煤供需向偏紧方向发展，加上焦炭价格一再上调，导致焦煤期现货价格从 2018 年 9 月到 12 月初均出现一波幅度较大的上涨。2018 年 12 月中旬到 2018 年年底，焦煤期现货价格均出现下跌，焦煤供需基本面并未发生明显变化，期货现货价格下跌主要源于钢铁制品价格的快速下跌，以及焦炭采购价格的下调。2018 年 11 月开始，钢铁制品需求转淡，不少钢铁制品价格开始持续快速下跌，陆续有钢厂要求下调焦炭价格，从而进一步向上游焦煤传导，焦煤期现货价格下跌。

三、2018 年交易主体结构分析

（一）客户总量继续增加，法人客户占比略有下降

2018 年，焦煤期货服务市场能力进一步提升，交易客户数量进一步增加。从平均数来看，2018 年全年月度平均交易客户数为 80 806 户，比 2017 年的 66 363 户增长了 21.76%。其中，月度平均法人客户数为 2 660 户，比 2017 年的 2 700 户下降了 1.48%；月度平均个人客户数为 77 946 户，比 2017 年的 63 663 户增长了 22.44%。2018 年焦煤期货价格波动幅度下降，月度交易客户数在全年变化幅度比 2017 年收窄（见图 5 - 5）。

从焦煤期货交易客户的结构上来看，2018 年，法人客户占比总体比较平稳，全年基本没太大变化。2018 年平均法人客户占比为 3.29%，比 2017 年的平均法人客户占比 4.10% 下降了 0.81 个百分点（见图 5 - 6）。

（二）短线客户数占比增长，仍然以个人短线客户为主

从月度平均数据来看，2018 年月度平均短线客户占比为 77.13%，比 2017 年的 76.73% 增长了 0.4 个百分点。从月度短线客户数据的变化可以看

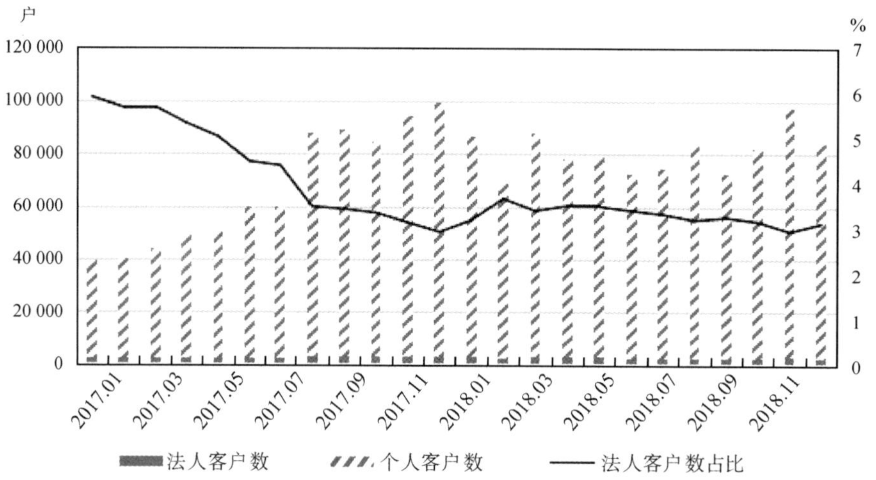

图5－5 2017—2018年焦煤期货市场客户结构

数据来源：大连商品交易所。

出，月度短线客户数全年小幅波动，在2018年11月最大，2018年12月短线客户数下降。

从短线客户结构来看，个人短线客户仍然占比较高，法人短线客户占全部短线客户的比重为2%左右。2018年12月，个人短线客户占全部短线客户的比重为98.09%，比2017年同期的98.04%增加0.05个百分点；法人短线客户占全部短线客户的比重为1.91%，比2017年的1.96%下降0.05个百分点。

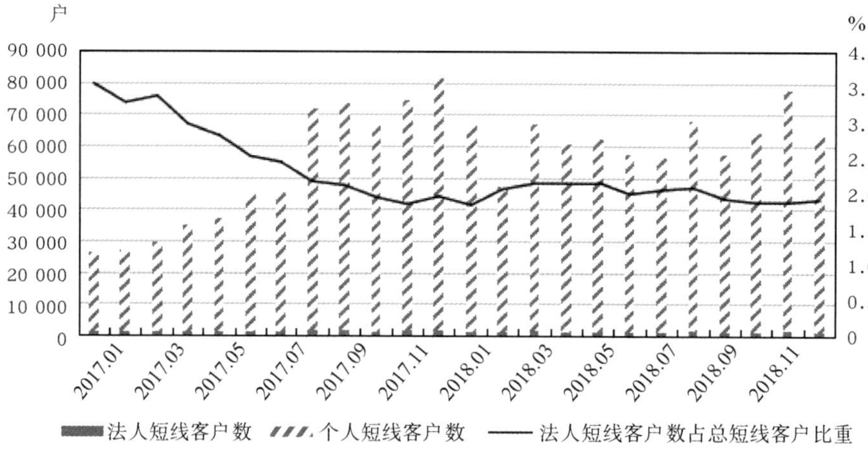

图5－6 2017—2018年焦煤期货法人参与客户数

数据来源：大连商品交易所。

（三）成交和持仓集中度重心上移

2018 年，焦煤期货成交集中度为 29.58%（计算口径为前 100 名客户，下同），比 2017 年的 24.11% 增长了 5.47 个百分点（见图 5-7）；持仓集中度（计算口径为前 100 名客户，下同）为 41.33%，比 2017 年的 38.33% 增长了 2.99 个百分点；成交和持仓集中度均出现一定程度的增长。从月度走势来看，焦煤期货成交集中度总体保持小幅波动趋势，无明显上涨和下降趋势；而焦煤期货持仓集中度从 2018 年年初到 2018 年 9 月基本是小幅波动上行，2018 年 10 月当月持仓集中度出现明显下跌，2018 年 11 月和 2018 年 12 月再次出现上行。

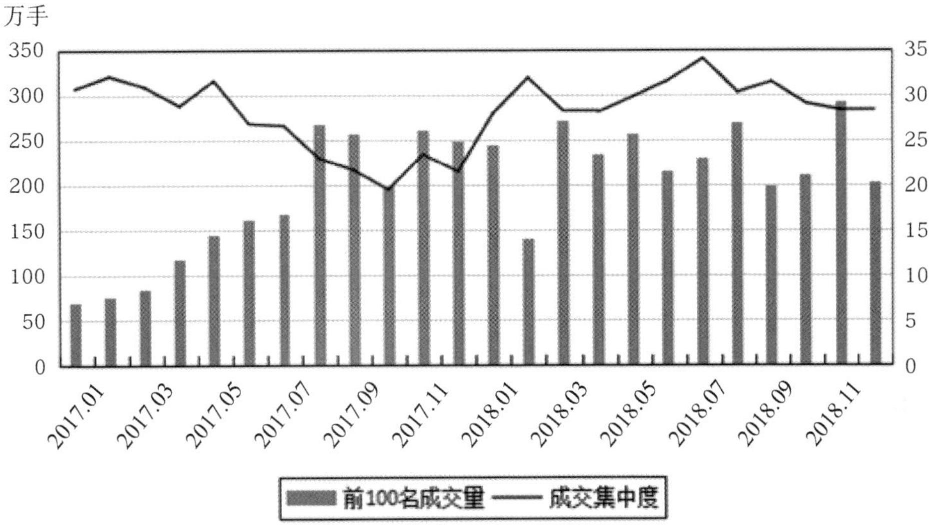

图 5-7 2017—2018 年度焦煤期货成交集中度

数据来源：大连商品交易所。

四、2018 年期货市场功能发挥情况

（一）价格发现功能发挥情况

2018 年焦煤期现价格的相关性为 0.67，比 2017 年的 0.36 明显增长，增长幅度达 86.11%。期现货价格相关性提高，但是仍然处于相对低位，原因主要有两个方面：一是期货市场和现货市场对政策性因素反应速度不一致，而从 2018 年的焦煤市场供需来看，环保政策等是影响焦煤价格变化的

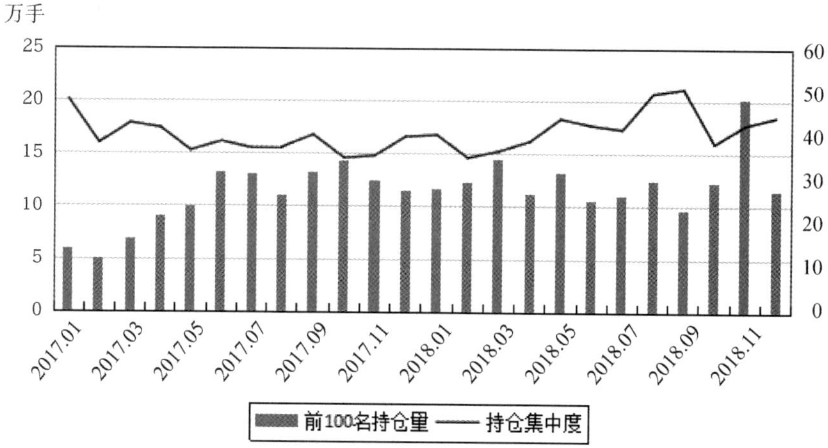

图 5－8　2017—2018 年度焦煤期货持仓集中度

数据来源：大连商品交易所。

重要因素；二是焦煤合约对灰分、硫分、反应后强度等指标设计较为宽泛，导致最终交割品和实际现货需求差异较大，进而影响了近月流动性和现货企业的参与度。

从期现货价格关系来看，2018 年，焦煤期货市场进一步发育，焦煤期货价格引导现货价格。

表 5－1　　2017—2018 年焦煤期现价格相关性

检验项 \ 年份		2017	2018
期现价格的相关性	系数	0. 36	0. 67
	显著性检验	未通过检验	通过检验
期现价格引导关系		互不引导	期货引导现货

数据来源：大连商品交易所。

（二）套期保值功能发挥情况

1. 基差全年均为正数，基差波动幅度收窄

2018 年焦煤全年基差最大值出现在 5 月，为 527 元/吨，全年基差最小值出现在 9 月，为 140 元/吨，基差波动 387 元/吨，比 2017 年明显收窄。2018 年焦煤基差波动幅度明显收窄，主要原因在于：一是 2018 年焦煤供需

总体平稳，焦煤长协合同价格以及市场煤价格总体保持平稳，占进口焦煤最大比重的澳大利亚主焦煤价格全年波动幅度不大；二是焦煤期货价格与2017年不同，全年焦煤期货价格基本没有出现大幅波动。

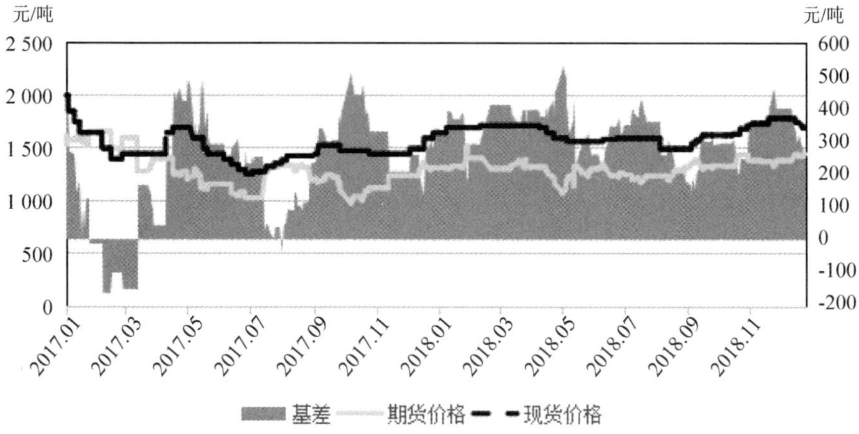

图5－9　2017—2018年焦煤期现价格及基差变化

数据来源：大连商品交易所。

2. 套期保值效率明显提高

2018年，焦煤期货到期期现货价差明显收窄，当年期现价差率为5.06%，比2017年的12.58%下降了7.52个百分点。全年套期保值效率为66.04%，比2017年的27.37%大幅提升了38.67个百分点。主要源于2018年焦煤现货市场平稳，期货价格波动性较2017收窄，期现价差率缩小，套期保值效率提高。

表5－2　　2017—2018年焦煤期货套保有效性

			2017	2018
基差	均值	元	9.73	330
	标准差	元	175.08	71.61
	最大	元	863.00	527.00
	最小	元	-86.00	140.00
到期价格收敛性	到期日基差	元	210.00	341.00
	期现价差率	%	12.58	5.06
套期保值效率	周（当年）	%	27.37	66.04

数据来源：大连商品交易所。

下面分别就如何利用期货、期权等工具，在焦煤产业链上下游企业中实施套期保值、库存管理、套利交易、点价交易以及相关的企业全面风险管理等进行案例分析。

第二节　焦煤产业链上游生产企业卖出保值案例

“煤—焦—钢”产业链涉及三大行业，上游煤矿、中游焦化企业以及下游钢铁行业。根据生产、流通、消费环节，企业运营模式以及原料、产品价格波动的特点，产业链上的企业主要分为三种类型。

一、煤矿

煤矿的特征是原料开采成本相对固定，企业利润的多少主要取决于焦煤销售价格的高低。对于大煤矿来说，焦煤开采成本较为低廉。煤企主要以合同煤的方式供应给大钢厂，保量的同时价格随市场调节。采用卖出套期保值尽可能地将焦煤销售价格锁在较高位或者避免焦煤价格跌破成本是企业参与套期保值的重要目的。

二、焦化厂

对于独立焦化厂而言，其主要特征是焦炭价格与焦煤价格相关性较大，焦煤价格涨跌直接影响焦炭的成产成本。将焦煤采购成本划定在较低的价位以及焦炭销售价格锁定在较高位是独立焦化厂参与套保的主要目的。而相对于独立焦化厂煤源无保障的情况，大钢厂因与煤企形成了长期定向合作的关系，其下自有焦化厂焦煤需求可以得到充足的保障，但焦煤价格随市场价格而调节，因此焦煤采购成本的上涨以及钢材价格下滑是其主要的风险敞口。

三、中间贸易商

对中间贸易商来说，焦煤进货的时候价格上涨，出货的时价格下跌，以及库存风险是其较为关注的地方。对这类企业进行套期保值操作，通常对将采购或已有的焦煤或其品库存进行套期保值。

四、举例

某炼焦煤生产企业拥有炼焦精煤年产量为400万吨的煤矿，每月生产约为30万吨左右。按照焦煤比例25%计算月度焦煤产量为7.5万吨。假定焦煤价格从2012年5月初的1 500元/吨开始下滑，下降至1 400元/吨左右。企业对市场估计，预计一段时间内焦煤价格仍将走低，因此该企业决定对2015年7月的6万吨焦煤在期货市场上进行卖出套期保值。卖出套期保值具体盈亏情况如表5－3所示。

表5－3

	建仓时价格	卖出现货时价格	
现货	1 400元	1 370元	
期货	1 440元	1 380元	
卖出一吨现货时减少收入	30元	现货总盈亏	180万元
每吨期货盈利	60元	期货总盈亏	360万元
总盈亏	180万元		

同时，若焦煤期货处于正向市场，当基差缩小时，除了达到完全保值外，还出现了净盈利。所以，在建仓时，如果预计基差缩小可能性较大时，也可适当提高保值比例。

第三节　焦煤产业链中游贸易企业卖出保值案例

一、业务风险分析与套保策略

企业5月进口一批焦煤，预计到港时间是6月中旬，到港后落地销售，采购定价按照中低挥发分硬焦煤指数（CSR64%，V25.5%，A9.0%，S0.6%，P0.05%）5月均价为准。

由于指数的特殊性，一般在当月下旬以后价格波动幅度收窄，通过历史价格规律，5月25日已经能估算出5月的月均价在160美元左右（折合盘面标准品 1 258 元/吨)，此时相当于采购价格已经基本确定，但售价并未确定，企业可以在期货上提前实现卖出保值。

二、策略要素分析

（一）供需因素分析

二季度炼焦煤月度供需结构预估显示，4—5 月仍存在供应缺口，但缺口 5 月将收窄至 30 万吨，6 月供需结构转向供应过剩 90 万吨。产量在二季度将呈现环比增长趋势，5 月环比增长 1.4%，6 月环比增长 5.5%；消费受下游焦化厂季节性补库影响，4 月消费在二季度预估将达高位。

表 5 – 4　　炼焦煤二季度供需评估表（2017 年）

月度	产量	净进口	消费	总供应 – 总需求
4	3 600	490	4 380	–290
5	3 650	440	4 120	–30
6	3 850	440	4 200	90

（二）季节性因素分析

按下游焦化厂炼焦煤补库周期看，5 月底下游将完成补库。6 月补库需求不在，若价格有下滑趋势，下游还将提前进入主动去库存阶段。当前 5 月中旬钢厂以及焦化厂炼焦煤总库存同比增长 228 万吨，幅度达 26%，下游炼焦煤库存充足，后期库存有可能成为打压焦煤价格下行的重点因素。增强钢厂焦化厂话语权的砝码。

三、策略方案

综上分析，建议企业在焦煤期货上卖出保值，或当期货价格 – 现货价格高于或接近交割成本时，可作为卖方实现交割保值。

（一）建仓时间

从季节性因素考虑，我们建议在 5 月选择相对高点建立一定数量的期货空头头寸。

（二）建仓头寸

当前基差偏低，卖出套保风险较低，从稳定性、收益性、风险性的角度看，建议初始保值头寸设置在现货总量的60% ~70%左右，2万吨现货即期货总建仓头寸约333手，初始建仓后再根据行情发展考虑加仓至100%或不加。

（三）建仓合约

选择JM1709主力合约，JM1801合约所对应是下游9—10月旺季需求以及冬储补库的需求，故不利于建立空单。从目前09 -01价差持续收缩也可以分析出近月1709合约价格相对弱于1801合约。

（四）入场点位

参考建仓区间1 060 ~1 070元/吨建立60%的初始头寸，即200手。如建立初始仓位后价格下探，1 020元/吨一线平台支撑有效跌破，可加仓133手至100%仓位，建仓均价控制在1 044 ~1 050元/吨。若建立初始仓位后，价格上涨，则在1 090元/吨一线压力有效时，加仓至100%，建仓均价1 072 ~1 078元/吨。

（五）止盈条件

技术指标参考，1 000元/吨以下逐步止盈。

基差变动，期货贴水现货15%以上时，可考虑平仓止盈。

成本因素，900元/吨以下逐步止盈。

（六）止损条件

技术指标参考，1 150元/吨有效突破，做止损。

基本面变动，产业政策导致供需基本面发生利多转变。

（七）保值效果评估

本方案的目的是规避焦煤下跌的风险，评估的重点在于利用期货市场获得的这份处置权以何种方式对企业现货面临的跌价风险更为有利，该种处置方式是否达到规避风险的目的，对于最终评估应囊括处置和未处置资产的综合评定。从以上测算可知，如果现货市场开启下行走势，期货价格能够达到预期价位完成建仓，企业不仅可以获得对于现货资产的保值效果，而且可以获取基差收益。

第四节 焦煤产业链中游贸易企业跨期套利案例

一、操作要点

（1）套利驱动力：下游冬储补库需求提升+季节性运力下滑，导致近月合约预期走强，价差扩大。

（2）套利方向：多JM1701、空JM1705。

（3）操作时间：11月1日至11月30日。

（4）套利配比：1∶1手。

（5）操作时机：05－01合约隔夜价差波幅大于4。

（6）套利应用：产业客户利用焦煤套利实现焦煤买入保值需求，投机客户获取价差收益。

二、基本面评估

在国家煤炭控制产量政策背景下，炼焦煤供应缺口正持续扩大，价格走强预期增强。

产业政策方面，全年276工作日政策未变，目前煤矿依旧严格执行276个工作日。周末以及节假日矿井工人及后勤管理人员均不上班。生产情况分别从生产时间和月度总产量上控制，总量达到上限停产。

供需状况方面，7月炼焦煤产量环比下滑2.03%，全年产量累计同比下滑再度扩大。国内炼焦煤市场供不应求，7月供需缺口再度扩大至509.44万吨。8月炼焦煤进口同比环比双双大幅增长，再度验证国内炼焦煤市场供应紧张的状况。

表5－5 炼焦煤供需平衡表 单位：万吨

炼焦煤供需	总供给	总需求	供需缺口
2016.01	4 121.66	4 081.91	39.74
2016.02	3 287.78	3 800.99	－513.22

续表

炼焦煤供需	总供给	总需求	供需缺口
2016. 03	4 453. 18	4 392. 92	60. 26
2016. 04	3 987. 78	4 424. 02	-436. 24
2016. 05	3 904. 32	4 621. 85	-717. 53
2016. 06	4 170. 49	4 643. 12	-472. 63
2016. 07	3 962. 15	4 471. 59	-509. 44

据海关最新数据显示，8 月中国进口炼焦煤 649 万吨，同比增长 56. 6%，环比增长 45. 5%，进口炼焦煤数量刷新年内新高；1—8 月累计进口炼焦煤 3 794 万吨，同比增长 17. 5%。

运输物流方面，11 月山西省、内蒙古自治区、陕西省其最低气温呈现趋势性下滑走势，11 月下旬气温将跌至零度以下。汽运、铁路运力将受阻。汽运、铁路货运量将全面下滑。

季节性方面，从焦煤 01 -05 合约价差走势中观测到，11 月期间两者价差存季节性趋势性上行高概率走势。

三、操作时机

依据焦煤 05 -01 合约三年隔夜价差波幅测算，价差波幅大于 4 时，是入场操作焦煤多 01 空 05 套利策略的较佳时机。

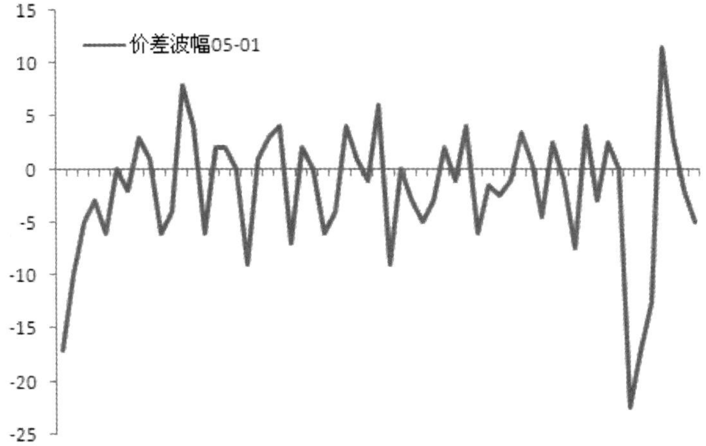

图 5 -10　焦煤 05 -01 隔夜价差波幅

第五节　焦煤产业链中游贸易企业场外期权买入保值案例

某华北现货贸易企业，计划在后期买入焦煤，并卖给下游客户，需要在期货或场外期权市场进行套保。对于此需求，在传统的套期保值中，往往采用提前买入远月合约多单，达到套利保值的目的。此方法虽然效果明显，适用性广，但资金占用率相对较高，且要承受较大的市场波动风险。

而期权是赋予其购买者在规定的期限内按双方约定的执行价格购买或出售一定数量某种标的资产的权利的合约。从方向上可分为看涨期权和看跌期权：买入看涨期权，当标的物价格上升时可获得市场价格（S）与执行价（K）之间的差额，用于规避价格上行风险；买入看跌期权，当标的物价格下跌时可获得执行价（K）与市场价格（S）之间的差额，用于规避价格下行风险（见图 5 - 11）。

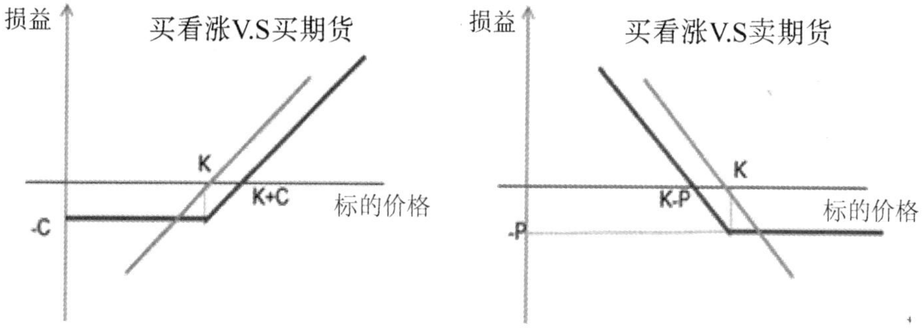

图 5 - 11　期权与期货损益图

通俗地说，购买一份期权就像买入了一份保险，且可以降低套利或套保中的资金占用，同时降低市场波动所带来的风险。

2019 年 11 月，华北某现货贸易企业，计划在一个月后，以 1 050 元/吨的口岸价格买入一批蒙古国进口的焦煤，并提供给下游客户。由于焦煤自身指标容易变质等特性，企业计划在合约执行前再在口岸上购买焦煤，然后卖给下游客户。

2019 年 11 月初，焦煤市场因下游焦企限产及补库完成等因素影响，整体有所趋弱，价格出现小幅下跌，截至 11 月初口岸焦煤价格下跌至 1 050 元/吨左右。不过企业根据往年经验，及上下游煤炭库存情况判断，12 月下游焦化企业开工率存在上升可能，且原料库存回落，可能将进入补库周期，因此将面临原料备货高峰期，焦煤现货市场上涨概率有所增加（见图 5－12）。

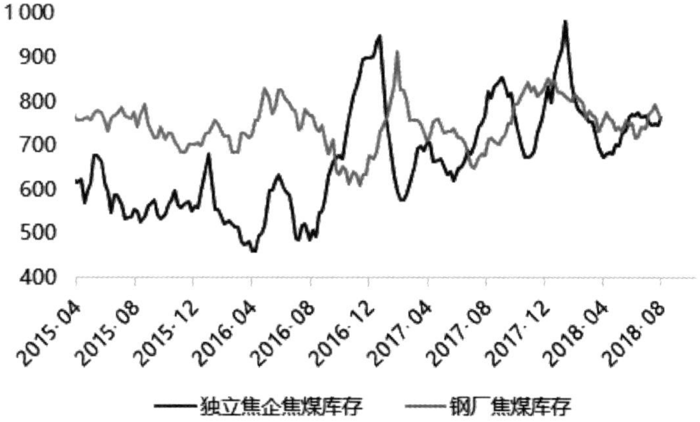

图 5－12 2015—2018 年钢厂及焦企焦煤库存

根据传统的做法，企业应该在期货盘面买入期货多单，然后买入现货后平出焦煤盘面多单，已达到降低采购成本的目的。11 月 15 日时，JM1805 盘面价格约在 1 210.5 元/吨，当天现货价格在 1 050 元/吨，基差约负 160 元/吨。尽管企业对于后市有一定把握，但由于买入期货占用资金量相对较大，当时企业资金年底较为紧张；同时，部分市场人士对于后期盘面预期仍偏弱，一旦行情下跌，将面临较大的波动风险。因此，企业决定通过场外期权的方式锁定采购成本（见表 5－6）。

表 5－6 焦煤期权价格表

项目	内容
标的合约	JM1805
报价单位	元/吨
合约乘数	60

续表

项目	内容
头寸规模	1 手 60 吨
期权风格	美式
生效日	2017. 11. 15
到期日	2017. 12. 14
标的价格	1 210. 5
执行价格	1 170
期权类型	Call
客户买卖方向	买入
定价波动率	29. 00%
期权价格	43. 5
期权费率	3. 55%

口岸与盘面价格基差近期维持在 100～150 元，企业计划买入价格在 1 050 元/吨，因此买入 1 170 元/吨的看涨期权，期限为一个月，期权价格为 43. 5 元/吨。其中时间价值为 3. 5 元/吨，内涵价值为 40 元/吨。

买入期权后可能出现的情况：

（1）若到时期货价格上涨或下跌但下跌不超过 1 170 元/吨，期权相对于期货亏损时间价值 3. 5 元/吨。

（2）若期货跌倒 1 160 – 43. 5 = 1 116. 5（元/吨）以下，期权最多亏损 43. 5 元/吨。但如果选择做多盘面套保，期货盘面下跌多少，则亏损多少。

（3）到期之前，若期货出现下跌，由于平值附近的时间价值最多，期权虽然同步亏损，但时间价值的增加有一定的缓冲作用，亏损比期货少。

（4）保证金方面，买入期权只需要付出 3. 55%（43. 5/1 210）的期权费，且没有后期追加保证金的风险。若企业前期选择期货进行套保，保证金成本更高，且下跌时面临追保风险。

最终结果，12 月 14 日企业现货市场购入焦煤，价格在 1 090 元/吨，上涨了 40 元/吨。同时，因市场预期好转，期间期货价格同步出现上涨，15 日期货收盘在 1 236. 5 元/吨，上涨了 36 元/吨。期间期货盘面一度向不利方向波动，最低时触及 1 170 元/吨附近。

期权到期后，按照可能出现的情况（1），企业在期权上亏损了时间价值3.5元/吨，这是企业在盘面所需要承受的最大风险。但如果企业前期选择了在期货盘面上进行保值，那么企业中间将承受价格向下波动的风险，需要进一步追加保证金。这对于资金已经较为紧张的企业现状来说，雪上加霜。而期权则无此顾虑，一次买入后，企业将无须在盘面向不利方向波动时增加资金投入，减少资金占用，同时减少盘面波动风险。

第六节　焦煤产业链下游消费企业买入保值案例

一、业务描述

2019年10月，某企业从澳洲进口15万吨焦煤，标准为中低挥发分硬焦煤指数（CSR64%，V25.5%，A9.0%，S0.6%，P0.05%），到港时间为2019年11月15日，结算价为11月中低挥发分硬焦煤中国到岸均价结算，该企业以三种方式对外进行销售。

情形一：11月1日以11月均价加2美元销售10万吨。

情形二：11月15日以固定价230美元销售1万吨。

情形三：剩余4万吨准备落地销售。

二、风险分析

情形一：背靠背业务，无风险，不做任何保值动作。

情形二：采购价未定，销售价已定，面临采购成本上涨风险。

情形三：采购成本已定，销售价格未定，面临销售价格下跌风险。

三、市场分析

（一）宏观分析

宏观经济方面，目前国内经济需求稳定增长，需求主要依靠基建及地产投资的支撑，而经济主体投资意愿不强且预期增长缓慢，由此带来的经济改善持续性不强。但自2016年以来大宗商品的持续上涨更多的来自供给收缩的影响，而房地产行业现已大概率进入回调期，调控政策还在不断加强，楼市明显降温，基建托底作用在年底也难以产生亮点。因此，在需求趋稳甚至逐渐萎缩的情况下，目前供给收缩带来的价格上涨仍将是支撑焦煤价格持续走高的主因。但同时我们也应看到，2019 年来自供给侧改革所带来的焦煤价格趋势性走强，并未带动下游终端需求的增长，供给侧改革政策的调整将对未来焦煤价格产生不确定性。

产业政策方面，当前煤炭行业自 2019 年 4 月以来，开展供给侧改革，同期 276 天政策也已使煤炭产量开始出现明显大幅下滑。来自政策性带来的煤炭供给端收缩效果明显，受此利好政策刺激，煤炭价格也开始明显回升。若产业政策继续坚持执行下去，短期看供应端所带来的缺口仍将支撑整体煤炭价格持续上涨。

（二）产业分析

供需结构方面，2019 年四季度预估炼焦煤供需仍存缺口，但缺口将逐步收窄。来自供给端的增量以及消费端、出口端的减量将是 2019 年第四季度炼焦煤市场供应紧张得以缓解的主因。供需缺口收窄仍将支撑现货价格不断上行，但上行空间相对 2019 年第三季度将有所下降。

表 5－7　　2019 年度四季度炼焦煤平衡表预估

炼焦煤平衡表	产量	进口	消费量	出口数量	供需缺口
三季度末	3 523	620	4 617	5	479
四季度末	3 748	505	4 386	10	143
变动	225	－115	－231	5	－336

季节性因素方面，下游冬储补库是独立焦化厂一年中对于炼焦煤较为集中的补库阶段，第一阶段上半年 4—5 月，第二阶段下半年 9—12 月。其中，2018 年由于焦炭价格下行压力以及焦企生产持续亏损，现金流紧张。独立焦化厂未进行传统主动补库。2019 年焦化厂已于 8 月底开启下半年补库阶段。焦化厂对于炼焦煤冬储补库需求将带动炼焦煤价格阶段性保持坚挺。

2019 年 11 月山西省、内蒙古自治区、陕西省其最低气温呈现趋势性下滑走势，11 月下旬气温将跌至 0℃以下。汽运、铁路运力将受阻。汽运、铁路货运量将全面下滑，将支撑炼焦煤价格上行。

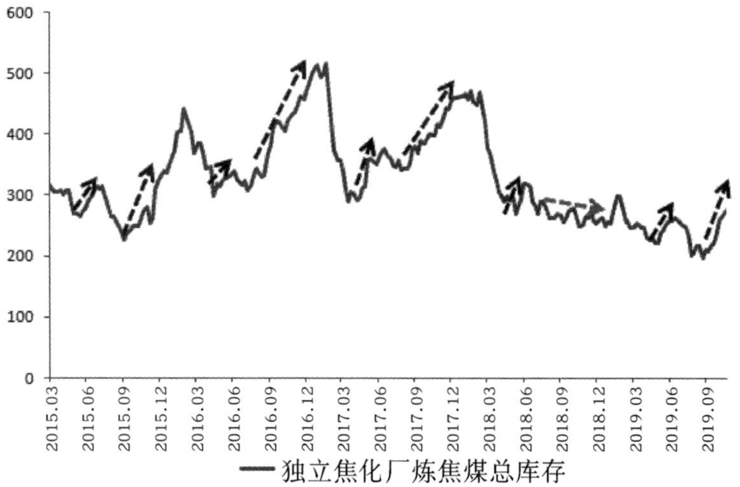

图 5-13　2015—2019 年独立焦化厂炼焦煤总库存

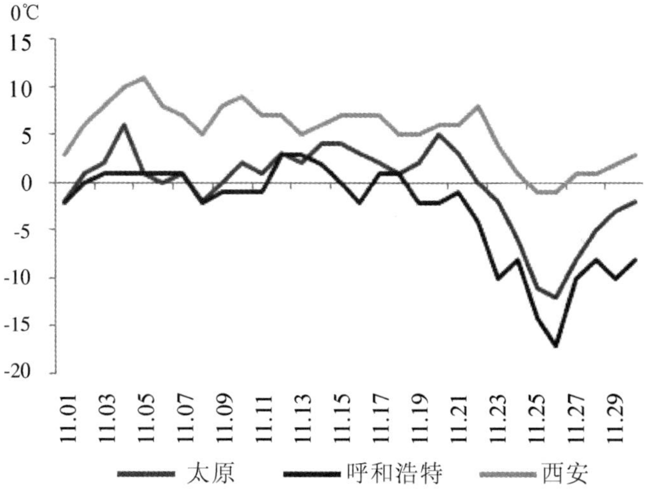

图 5-14　焦煤主产省 11 月份最低气温走势

（三）期现分析

基差方面，目前澳洲中低挥发分硬焦煤折算价与期货焦煤 1701 主力合约基差为 518 元/吨，期货盘面大幅贴水，有利于 J1701 合约进行买入。自 2019 年 9 月以来，澳煤现货指数受日韩钢需进口影响，指数快速上涨。期间基差也显示快速上行态势（见图 5-15）。

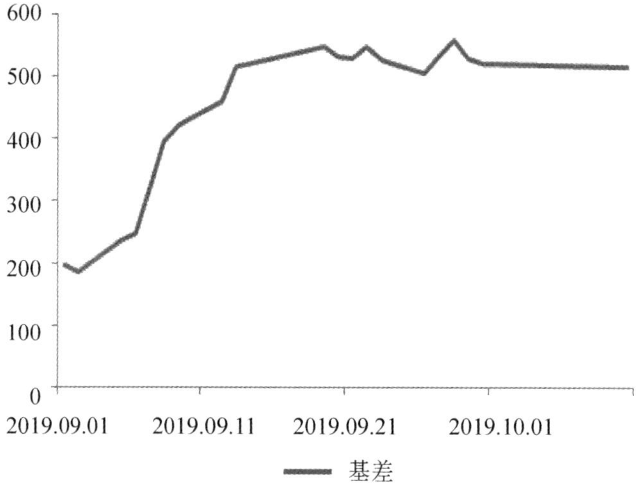

图 5－15　澳煤进口基差

（四）期货分析

从净持仓上看，自 2019 年 9 月以来，J1701 前 20 名主力净持仓表现为净多方向，且净多头仍在不断持续增长。当前 J1701 价格也突破了 1 290 元/吨一线压力位。多头正占据明显优势（见图 5－16）。

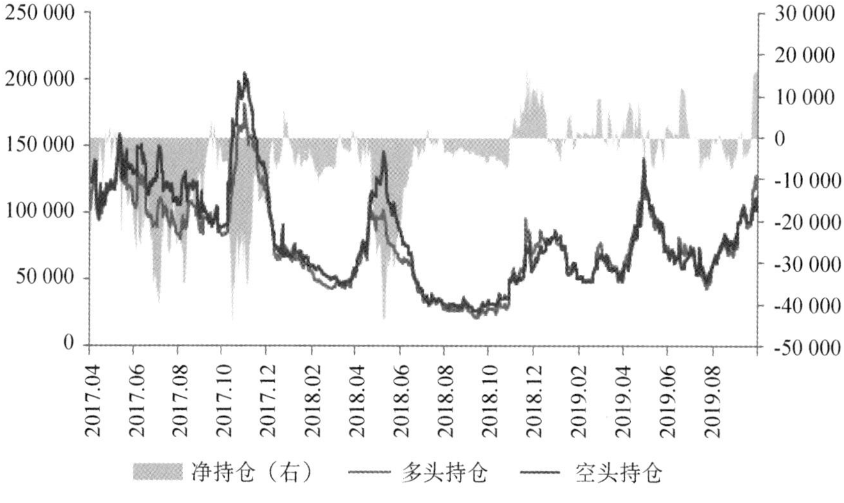

图 5－16　焦煤主力持仓

在技术分析方面，从 J1701 主力日 K 线上看，依旧维持上涨趋势，且当前价格已突破 1 290 元/吨上方压力线。RSI 指标也处于多头排列中，短期均线系统也呈现多头排列（见图5－17）。

图5－17　焦煤技术分析

（五）市场分析综合评估（见表5－8）

表5－8　买入保值综合评估

评估因子	JM1701 操作方向
产业政策	买入
供需结构	买入
基差结构	买入
持仓结构	买入
技术分析	买入

四、策略方案

截至2019年11月15日，由于销售价格已经明确为230美元，所以企业面临的是采购价格上涨风险，需要买入保值。而根据上文市场综合分析，当前应是比较适合进行择机买保的时候。

买入保值策略要素分析：

（1）风险标的：澳洲进口焦煤。

（2）风险标的数量：1万吨现货，对应166手焦煤期货。

（3）保值品种：焦煤。

（4）合约选择：JM1701。

（5）保值头寸：由于当前基差偏高，利于卖现买期操作，所以买入保值风险较低，建议初始建仓头寸设置在60%左右，后再依据市场变化及技术分析完成加仓。

（6）期货建仓方向：买入。

（7）建仓方式：根据初始建仓后的市场变化，择优选择平均布仓和金字塔式布仓的方式，以下按照压力位平均布仓为参考。

（8）入场点位（参考建仓区间）：

1 330元/吨附近建立60%的初始仓位，即100手。

若建立初始仓位后，价格继续上探，1 360元/吨一线有效突破，可加仓66手至100%，建仓均价1 342元/吨。

若建立初始仓位后，价格下跌，则在1 290元/吨一线支撑有效时，加仓至100%，建仓均价1 314元/吨。若该区间支撑无效，价格继续下探，则暂时观望为宜，或根据情况设置止损。

（9）止盈条件：由于目前趋势性较强，可参考10日均线系统支撑，逐步止盈，或基差走弱至460元/吨以下时止盈。

（10）止损条件：参考1 260元/吨有效下破，或供给侧改革政策面发生利空转变时进行止损。

（11）调仓条件：根据基差合理性、行情发展有利性、风险承受能力动态调仓。

如后期还有到货，为降低交易成本保有保值头寸，需要保留现有保值头寸，则需要对所持有的头寸成本进行内部结算与结转。

第七节　焦煤产业链下游消费企业场外期权风险管理案例

一、项目参与主体

项目服务企业为临沂恒昌焦化股份有限公司，属于焦化行业的生产企业，注册资本6亿元人民币，其中临沂恒昌煤业有限责任公司出资60%，江苏沙钢集团出资40%。企业已建成设计能力为130万吨焦炭、15万吨甲醇、5.5万吨焦油、1.8万吨粗苯的煤化工工程，年采购焦煤量约为190万吨。

企业从2014年开始期货套期保值业务，成立期货部，主要规避企业生产原料焦煤价格上涨以及产成品焦炭价格下跌的风险。山东地区焦煤期现货价格的相关性高达93%，这成为企业利用期货或挂钩期货的场外期权进行套期保值的基础。

项目申请主体为中信建投证券股份有限公司，作为首批获得柜台业务试点资格的7家证券公司之一，公司场外期权业务整体发展迅猛，2017年累计新增名义本金逾100亿元。公司先后参与大商所玉米"保险+期货"项目试点、大商所焦煤场外期权项目试点、南充市鸡蛋价格指数保险项目试点，积极探索利用场外期权工具，管理企业经营风险，推进精准扶贫、精准脱贫，进一步丰富了金融服务实体经济的内涵。

二、为规避焦煤采购价格上涨风险，买入牛市价差期权

（一）产品设计时的期现市场行情

我国气煤资源丰富，但优质焦煤短缺。2017年1月至11月，全国原煤产量31.36亿吨，同比下降2.7%；2017年1月至11月全国焦炭产量约3.98亿吨，同比下降10.9%，焦炭产量下降明显。2018年，安全问题、环保问题仍是焦煤行业关注的重点，产业链限产或呈现常态化，焦煤供应或将依然维持2017年水平。

从产业链的角度来讲，焦煤生产位于煤焦钢产业链的最上游，焦煤矿生产出炼焦原煤之后送入洗煤厂，经过洗选、干馏制成焦炭。焦炭有约80%用于冶炼生铁，生铁和废钢一起冶炼粗钢，再由粗钢进一步加工成钢材。焦煤、焦炭价格受房地产和基础设施建设影响较大。2018年的钢材需求情况总体趋稳是，焦煤整体市场仍高位震荡运行，局部上焦煤价格受到钢厂利润的影响波动较大。

2016年国内焦化行业价格剧烈波动，焦煤、焦炭价格走出一波触底大幅反弹行情。自2017年以来，随着供给侧改革的持续深化，以及环保限产

政策的执行，焦煤、焦炭价格宽幅震荡，波动率上升。

2017 年 10 月以来，供给方面，随着环保限产，煤炭供给减少，低硫低灰的高品质煤结构性短缺依然存在。需求方面，由于钢厂利润处于高位，从而对焦煤等炉料形成价格支撑的作用，焦企限产力度加大，焦炭供应呈现偏紧态势，焦炭价格由弱走强。在焦化厂利润恢复的情况下，企业对焦煤的补库需求逐渐增加，焦煤价格走强。因此，自 2016 年 10 月中旬以来，焦煤现货价格处于稳中有升的趋势，焦煤期货价格基本面良好，在下游钢材和焦炭价格的带动下也处于不断上涨的行情中。期现基差方面，根据与企业沟通，我们选择以钢之家提供的具有试点地区代表性的山东枣庄 1/3 焦煤现货价格进行测算。试点地区期现基差相对稳定。焦煤现货价格通常处于贴水状态，平均贴水 64.18 元/吨（见图 5－18）。项目调研阶段，由于试点地区现货一直较为坚挺，期货先涨后企稳，试点地区现货价格处于升水期货状态，基差前期走弱，后期走强。

图 5－18　2016—2018 年试点地区期现货行情走势图

2017 年 10 月底，焦煤现货经过一个多月的大幅下跌再次跌至全年低位，且期货已经深度贴水现货，考虑到冬季季节性因素及安全限产因素，预计四季度煤炭下跌空间有限并有望企稳回升，这样就暴露出了企业四季度采购成本增加吞噬经营利润的风险，企业有对原料煤价格进行买入套期保值的需求。

（二）企业贸易定价模式及风险容忍程度

试点阶段企业原料采购主要采用与煤矿直接签订年度协议，按需采购的形式进行。部分是根据市场情况与周边供应商签订月度合同。采购价格根据市场价格调整，其中长期协议定价权通常由大型煤矿主导，根据市场情况进行调价。企业生产工艺从推煤到出焦为 24 小时，目前由于环保限产，实际生产周期为 48 小时，耗煤量在 1.45 左右。企业日常经营拥有常备库存，以维持正常生产经营，原材料采购规模及频率通常会根据市场供需及价格情况灵活调整。

近年来，随着企业贸易定价模式的不断发展以及企业对风险管理的认识和需求不断提升，越来越多的企业发现仅通过期货市场进行套期保值已经无法完全满足企业套期保值的实际需求，商品场外期权业务获得迅速发展。根据期货业协会的报告，2017 年全年，期货风险管理公司场外期权名义本金累计新增 2 778.63 亿元，同比增长 2031%，展示出实体企业客户对场外期权旺盛的需求。

焦煤作为煤焦钢产业链上游的产品，焦煤价格以及企业利润受下游房地产、基建行业以及国家政策的影响较大。场外期权作为一种买卖方向、结构、期限均十分灵活的套期保值工具，十分适合焦煤企业进行套期保值。一方面，焦煤价格本身波动率较高，企业使用期货进行套期保值资金压力比较大，容易由于短期极端不利行情造成止损，进而造成套保策略失效；另一方面，现阶段焦煤产业链利润较高，适合企业通过买入场外期权的方式进行套期保值。在产业链利润不足的年景中，企业亦可以通过期货配合场外期权的形式，主要通过卖出场外期权进行套期保值，以增厚产业链利润，稳定企业日常经营。

（三）期权策略设计与企业风险管理的匹配情况

企业虽然已经建立了较为完善的期货套保机制，但是对于期权的了解较少。期权产品的设计需要兼顾企业认知程度以及实际经营需求。考虑到试点项目焦煤现货量占企业焦煤年采购量比例较小（约 0.5%），为便于企业理解并降低期权费。焦煤期权采用牛市价差结构，行权价格按照客户心理价位并综合期权费率制订。

同时，为避免项目存续期间可能产生的企业产成品跌价风险，公司设计熊市价差结构作为套保焦炭风险的期权结构。由于服务企业焦炭销售较分散且频率较高，为适应客户实际套保需求，便于项目结束后交易模式的大规模推广，设计采用亚式熊市价差的结构进行。

项目期间，公司同企业密切联系，了解客户对于产成品焦炭的套保需求。由于企业耗煤量为 1.45 左右，试点项目方案设计规模 7 000 吨的挂钩焦炭期货合约的亚式熊市价差结构。由于进入 2017 年 11 月后焦炭现货价格变动较小，且焦炭期货价格分别于 2017 年 12 月 7 日及 25 日发生快速剧烈调整，企业认为缺乏明显的焦炭套保时点，因此项目期间客户未进行挂钩焦炭期货合约的场外期权交易。

在交易落地前，中信建投证券联合中信建投期货配合服务企业对试点地区焦煤行业期现货价格进行充分研究。试点地区期现货行情及基差数据如图 5－19 所示。

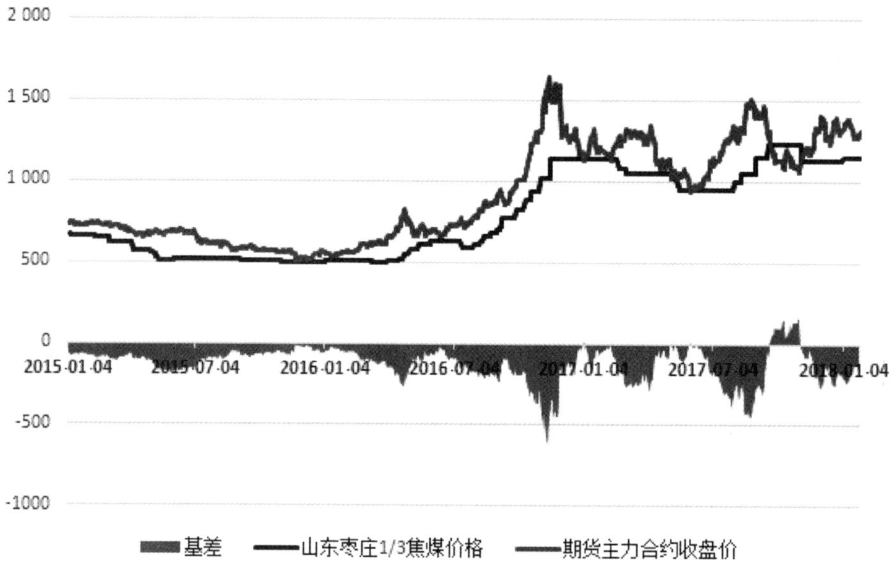

图 5－19　2015—2018 年试点地区期现货及基差走势图

期现基差方面，试点地区期现基差相对稳定。项目调研阶段，由于试点地区现货一直较为坚挺，期货先涨后企稳，试点地区现货价格处于升水期货状态，基差前期走弱，后期走强。考虑到试点项目主要套保焦煤价格上涨风险，在现货升水的情况下，期现价格的收敛将有助于企业的套保效果。与此同时，项目申请主体与服务企业积极设置风险预案：在期权存续期，现货升水继续扩大情况下，通过持有期货并交割的形式进行基差套利，降低通过场外期权进行套期保值造成的潜在损失。

表 5 -9　　试点地区焦煤基差统计情况

现货品种	山东枣庄 1/3 焦煤
统计时间	2013. 03. 22—2018. 01. 25
样本个数	1 210
期现货相关性	92. 69%
平均基差（现货 - 期货）	-64. 18
基差标准差	101. 36
项目起始日基差	+97. 5

2017 年 10 月底，焦煤现货经过一个多月的大幅下跌再次跌至全年低位，且期货已经深度贴水现货，考虑到冬季季节性因素及安全限产因素，预计四季度煤炭下跌空间有限并有望企稳回升，这样就暴露出了企业四季度采购成本增加吞噬经营利润的风险，企业有对原料煤价格进行买入套期保值的需求。基于此，试点主体和服务企业于 2017 年 10 月 25 日达成 1 笔挂钩焦煤期货合约的牛市价差期权，期限 3 个月，权利金总计 39. 62 万元，现货规模 1 万吨，保护价格区间 1 154. 6 ~ 1 245. 2 元/吨，期权费率 3. 50%。

（四）企业付出的权利金及保障的范围

根据期现市场行情及服务企业需求情况，试点主体和服务企业于 2017 年 10 月 25 日达成 1 笔挂钩焦煤期货合约的牛市价差期权，期限 3 个月，权利金总计 39. 62 万元，现货规模 1 万吨，保护价格区间 1 154. 6 ~ 1 245. 2 元/吨，期权费率 3. 50%。

在试点项目场外期权报价中，出于减小企业负担的考虑，公司尽力压缩买卖波动率的差距，以降低期权费。期权交易时点，短期历史波动率处于相对高点，一个月期历史波动率为 50. 38%，三个月期历史波动率为 41. 86%。公司根据对历史数据的统计分析以及基本面的研判，认为交易时点波动率已经处于历史高点，波动率上涨空间有限，因此对于牛市价差卖出期权一支，定价波动率为 43%，买入波动率一支定价波动率为 40%，期权定价中的资金成本为4.5%，牛市价差期权的期权费率为3.5%，折合39.62元/吨。

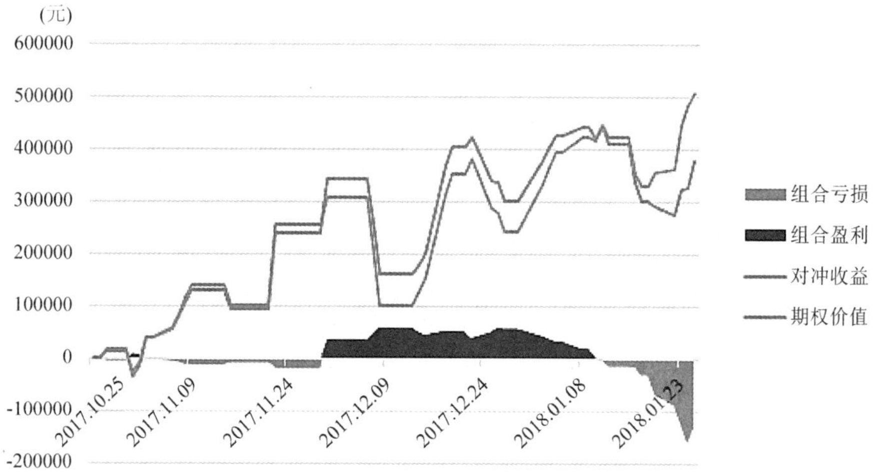

图5－20　期权存续期证券公司对冲组合损益情况

由于企业在进行试点项目之前，未进行过期权类产品的实际交易，为加深企业对期权理论的理解，中信建投证券联合中信建投期货对服务企业进行多轮培训，并且在期权存续期间，公司每日向客户发送期权估值，并应客户需求，定期向客户提供赎回报价列表。期权存续期间，公司以客户实际期权持仓为例，形象地展示了期权价值、内在价值以及时间价值的概念，帮助客户深入了解期权估值及赎回的含义。以点带面，加深了客户对于不同期权结构的理解。

场外期权于2018年1月25日到期自动行权，获得牛市价差期权的最高收益，共计90.56万元。上述期权结算金额已于1月29日（T＋2）划付至客户结算账户。

三、套保效果及分析

（一）套保的直接效果

第一，从场外期权交易时点选择上，公司根据客户需求，对焦煤期现货价格进行详细研究。选择期货价格回踩的时点进行场外期权交易。期权存续期焦煤期货实际上涨16%，符合结构设计阶段对行情的预测，交易结构有效，资金使用效率较高。

第二，从期现货相对走势来看，以山东枣庄1/3焦煤现货价格计算，期权存续期焦煤期货实际上涨16%，现货价格下跌6.5%，基差由正的97.5元变为负的169元。山东地区焦煤基差的平均值为负的64.18元，选择在基差较大的时点进行交易，在基差收敛阶段，能够增加客户盈利。期权存续期焦煤基差的波动，符合项目调研阶段对基差走势的研判。客户在获得期权赔付90.56元/吨的情况下，现货采购价格同时下降80元/吨。科学的研究判断提高了套期保值的成功率，增加了企业的收益。按照项目结束后企业自身对于焦煤现货价格的统计，项目存续期焦煤现货价格微涨约20元/吨，企业综合收益约为70万元。

（二）套保过程中出现的问题及解决方式

第一，期权本身作为专业的金融概念，实体企业员工对期权的认知较少，业务推介过程中需要注重方式方法。针对这一问题，业务推广初期，公司将场外期权与保险进行类比介绍，将保险产品起赔点、赔付上限等不同的要素与场外期权实虚值、普通期权及价差期权等要素进行类比。提高了企业客户对于场外期权产品的认知和接受度。

第二，企业买入场外期权产品的期权费率相对于产业链利润率较高，企业通常难以理解并承受场外期权的成本，买入场外期权的决策难度较大。现阶段，采用场外期权项目试点的形式，降低企业交易场外期权的成本，能够引导企业对比场外期权套保的期权费成本以及期货套保的隐性成本，了解不同金融工具的适用行情，使企业更容易理解并接受场外期权产品，具有明显的示范效应。与此同时，金融机构应当加强自身研究及交易能力，多途径降低期权费，更好地服务实体企业客户。

第三，企业对于场外期权行权、赎回、时间价值等概念的理解难度较大。培训阶段需要更多的以案例而非概念的形式进行，模拟客户应用场外期权所遇到的各种情景，以实现企业从期权概念认知到实际交易的平稳过渡。在期权交易前对企业进行多轮培训，循序渐进介绍场外期权业务；交易达成后，我司同客户密切交流并定期向客户发送估值及赎回报价，以便企业实时掌握期权价值，进行下一步决策，客户反馈良好。

（三）试点项目的意义

试点项目获得成功的意义不仅在于企业在试点期权上获得收益。企业从

2014 年开始期货套期保值业务，并成立期货部，从投资决策到具体管理与执行，企业建立了一套相对完整的套期保值运作体系与流程。企业期货套保的主要品种为焦化产业链的焦煤、焦炭、甲醇，套保频率不固定，主要根据企业经营需求及期现货行情进行。场外期权试点项目使企业认识到科学套期保值的意义，理顺了科学套期保值的流程，同时促进了实体企业同金融机构的联系。试点项目期间，企业认识到期现货相关性及基差研究的重要性，愿意在数据采集、处理、分析角度加强投入和研究。相应地，企业愿意在套期保值收益考核角度建立更加完善的期现货综合考核机制。企业愿意同金融机构交流，学习新的套期保值工具及套期保值的思路。

对于证券公司而言，项目本身为证券公司开拓了金融服务实体经济的新思路，拓宽了证券公司的业务模式。截至试点项目结束，公司已经在螺纹钢、铁矿石、焦煤、焦炭、铜、铝、锌、橡胶、玉米、鸡蛋、豆粕、棕榈油等多个商品期货品种进行了交易。与此同时，试点项目本身也对证券公司提出了更高的要求：对比行业领先的期货风险管理子公司，我们还面临着对期货市场研究能力不足、运营系统效率较低的问题。针对上述业务发展中出现的问题，公司已经做好详细规划，增加人员及系统配置，积累大宗商品场外期权交易的相关经验，以便更好地服务实体经济。

总体上，试点项目从理论到实践上，论证了场外期权服务实体经济的可行性，证实了科学套期保值的必要性。企业以较低成本体验并学习了场外期权业务，并获得实际的行权收益。从业务模式到金融工具本身均获得了客户的充分认可。

四、项目经验总结

（一）项目的创新点

首先，中信建投证券和中信建投期货强强合作，充分发挥证券公司期权结构设计及对冲交易方面的优势以及期货公司基本面研究的优势。对于期现货基本面行情、基差进行充分翔实的研究判断。期权交易选择在期货价格回踩，且试点地区现货价格升水较高，超过一倍的标准差的时点进行，基差的收敛将提高客户套保的成功率。与此同时，项目主体与服务主体积极设置风险预案，在期权存续期，现货升水继续扩大情况下，通过持有期货并交割的形式进行基差套利，降低通过场外期权进行套期保值造成的潜在损失。

其次，充分发挥场外期权“锁风险不锁利润”、期限及结构灵活的优势。项目试点阶段，焦煤期货波动剧烈，采用期货套保容易因为行情误判或行情短时间不利变动造成止损。在这样的行情下使用场外期权进行试点项目，能够让客户以较低成本比较期货和场外期权的适用情景，更好地实现场外期权服务实体企业，探索证券公司服务实体经济的新模式。

最后，项目立足企业全产业链套保，根据企业焦煤采购以及焦炭销售的特点，针对性的设计出一套从成本端到销售端的产业链风险管理模式。期权结构复杂度循序渐进，具有示范性和可推广性。

（二）项目的普适性

项目调研阶段对标的资产期现货走势的研究以及场外期权交易实例论证了企业通过场外期权进行套期保值的科学性及有效性。

项目结束后，中信建投证券定期向客户推送焦煤产业的研究资料以及场外期权业务的介绍资料，积极听取客户反馈，将宏观产业政策与企业的实际经营情况相结合，企业总体感受良好。我们注意到，现阶段企业询价及套保方案均集中于买入期权套保。由于企业买入场外期权的期权费率相对于产业链利润率较高，企业通常难以承受场外期权的成本，买入场外期权的决策难度较大，交易落地次数较少。为此，中信建投证券深入挖掘企业使用场外期权进行套保的痛点，着力丰富企业套保方案，开发出一套企业卖出场外期权＋期货的套保方案。在一般行情下采用卖出场外期权＋期货的方式套期保值，以期提高产业链利润；在标的资产剧烈波动等特殊行情下，建议客户买入期权进行套保，以降低行情误判及止损等损失。

综合国外实体企业客户套期保值的先进经验，以及近年来我国场外期权业务规模的发展趋势，我们认为，在现阶段采用场外期权试点的形式使得龙头企业能够以较低成本学习场外期权业务具有深刻的示范效应。

第六章

焦炭风险管理案例

第一节 焦炭期货市场概述

大连商品交易所在2011年4月15日推出冶金焦炭期货，这是全球首个焦炭期货，具有鲜明的中国特色；这也是国内首个以炼钢原料为标的物的期货品种。虽然缺乏海外市场的对标，但是得益于中国炼焦钢产业链的快速发展以及良好的焦炭现货电子交易基础，我国的焦炭期货市场发展较快。

大商所焦炭期货合约的交易单位设计为一手焦炭期货对应100吨现货，该品种上市次年（2012年）焦炭期货的双边合计成交量约等于65亿吨的现货规模。2013年，焦煤期货的上市提供了焦煤—焦炭跨品种套利的机会，激发焦炭期货市场规模空前增长，当年焦炭期货接近100万手的日均成交量纪录至今仍未打破。2015年，受煤焦钢产业链整体不景气的影响，焦炭期现市场规模双双大幅萎缩。2016年供给侧改革以来，焦炭价格大幅上涨，焦炭期货市场规模也稳步回升。目前大商所的焦炭期货市场交易规模大致稳定在日均44万手成交量和日均32万手持仓量的水平。

一、期货市场总体运行情况

目前，大商所的焦炭期货市场近3年日均交易量大约为448 862手，最高交易量为2 472 904手，最低交易量为74 886手；近3年日均持仓量大约为306 778手，最高持仓量为575 148手，最低持仓量为109 602手。焦炭期货的成交量、持仓量及价格走势如图6－1至图6－3所示。

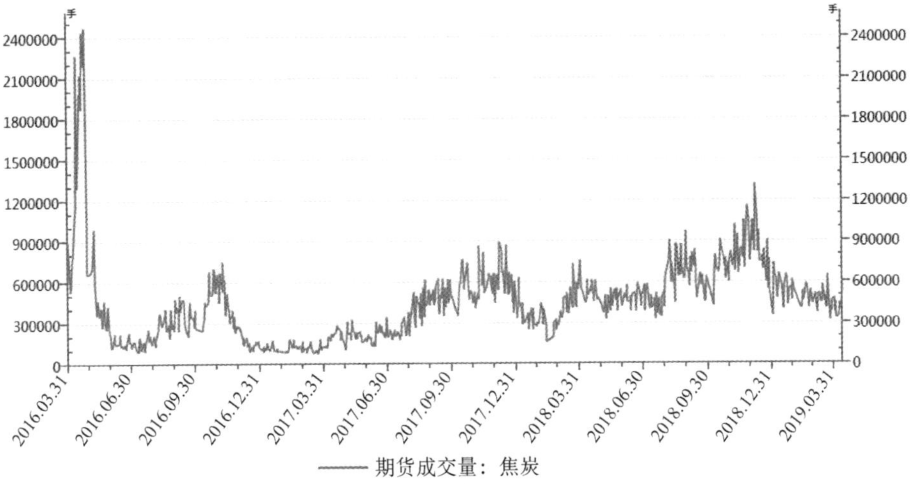

图6－1　大连商品交易所焦炭期货市场成交量走势

资料来源：Wind。

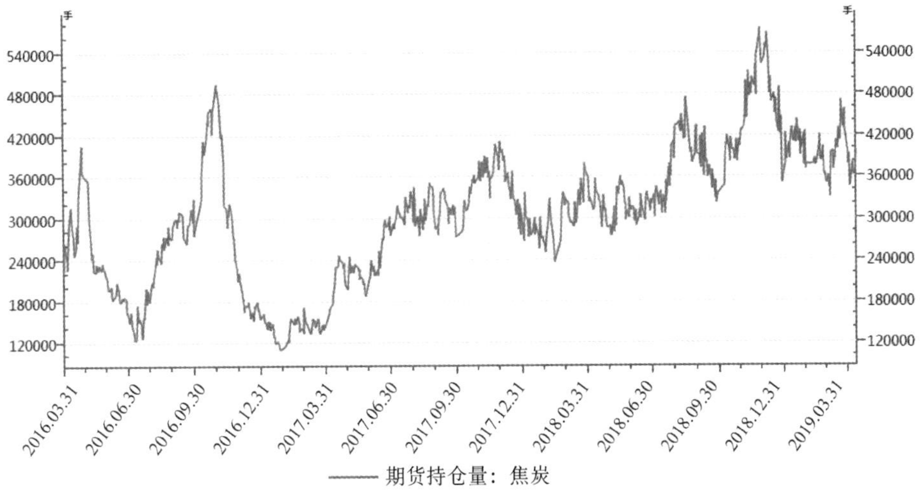

图6－2　大连商品交易所焦炭期货市场持仓量走势

资料来源：Wind。

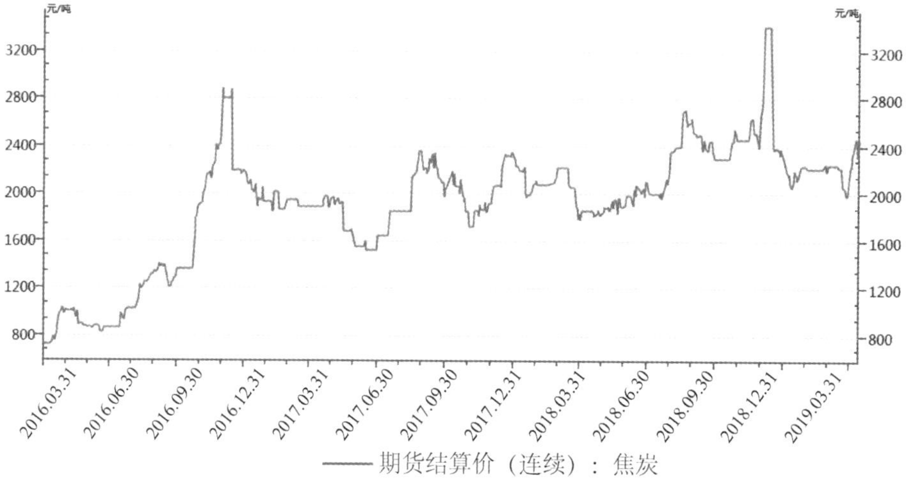

图6－3 大连商品交易所焦炭期货市场价格走势

资料来源：Wind。

二、2018年价格走势变化分析

2018年焦炭期货价格宽幅震荡，价格中枢较2017年上移，年内先下降后上升再下降。焦炭期货主力合约结算价由2017年年末的1 988元/吨跌至2018年12月28日的1 884.5元/吨，跌幅5.21%。焦炭期货主力合约最高价2 665.5元/吨，最低价1 732元/吨，波动幅度为53.95%，波幅较2017年下降21.06%。邢台准一级冶金焦现货价格收于2 060元/吨，较2017年年末下跌10.43%。焦炭现货最高价2 610元/吨，最低价1 650元/吨，波动幅度为58.18%，波幅较2017年上升16.20%。

从全年来看，2018年焦炭期货价格中枢较2017年上移，主要原因在于：供给微增，下游需求增速加快，供需紧平衡。

2018年我国焦炭产能继续减少，但产能利用率增加，焦炭供给增速整体较低。2018年我国焦炭总产量4.38亿吨，较2017年微增0.80%。同时，焦炭消费增速明显加快。2018年我国粗钢产量9.28亿吨，同比增加6.60%，增速较2017年提高0.9个百分点，粗钢产量的增加推动焦炭需求增加。另外，近两年环保常态化，由“2＋26”城市延伸至汾渭平原地区，高炉开工受限，供不应求导致钢材价格大幅上涨，钢厂盈利不断扩大，行业景气度进一步提升，刺激钢厂加大燃料的采购，拉动焦炭等需求；再者，取缔“地条钢”之后，大量调坯轧材厂不得不从统计产能口径当中的炼钢厂采购钢坯，拉动生铁和粗钢的需求。

不同月份焦炭价格走势有所不同。具体来看：

1—2 月，焦炭现货价格下跌 15.2%，期货价格上涨 13.18%，基差缩小。主要原因：延续 2017 年年底焦炭价格下跌趋势，叠加下游钢材价格大幅下跌影响，钢厂利润缩减打压原料价格意愿较强，焦炭价格进入下行通道。但基于对春季旺季需求的预期，期货价格提前上涨。

3—4 月，焦炭期现货价格同步下跌。主要原因：华北地区受焦企环保政策影响明显，河北邯郸地区钢厂被要求停产，唐山等地区复产日期被延期，部分企业限产 10%～15% 左右，需求骤降，而前期囤货惜售的贸易商方面由于库存成本等因素开始加速出货，焦化厂维持正常开工，焦企出货状况较弱，销售压力大，焦炭供应宽松，价格持续下跌。

5—6 月，焦炭期现货价格同步上涨。原因：4 月底，央视曝光了山西省、陕西省地区个别企业违法排污事件，环保政策频出，焦企环保限产常态化，年初是邯郸、唐山地区取暖季限产延长，随后徐州市、江苏省、广东省、广西壮族自治区等非“2＋26”城市的地区，也因为环保督察的因素，出现了严厉的限产措施。徐州地区钢铁焦化停产后，至今仍未恢复正常生产。6 月 13 日，陕西省也发布了《陕西省 2018 年错峰生产实施方案》。至今“环保回头看”以及“蓝天保卫战”三年计划工作仍在进行，一轮接一轮的环保风暴在很大程度上影响焦炭市场行情，焦炭产量整体呈下降趋势，焦企开工率持续下调，支撑焦炭价格 4 月中旬到 6 月下旬不断攀升，6 月中旬焦炭价格实现第八轮上涨，累涨 650 元/吨。

7 月，焦炭期现货价格均回调。原因：一方面，钢厂一直持买涨不买跌心态持续补库，导致库存持续上升。另一方面，由于环保督查力度放松，焦化厂开工稳步上升，焦炭供应也逐步增多，钢厂库存累积到一定程度后开始打压焦炭价格，该月焦炭价格累计下滑 350 元/吨左右。

8—9 月初，焦炭期现货价格均快速上涨。原因：8 月，“蓝天保卫战”逐步展开，环保限产力度再度升级，焦企开工率下滑。焦炭供应下滑，焦企开始提涨，贸易商活跃度上升，焦炭展开年内第二波大涨，这一阶段累计涨幅达 550～600 元/吨。

9—10 月，随着焦炭价格的不断冲高，焦企利润亦到达高点，汾渭平原地区的环保检查力度亦有放松迹象，焦企开足马力生产，钢厂原料库存亦回升至一定程度后，再度开始打压焦炭价格，加之环保政策以及去产能对钢厂的钢材有一定的影响，钢厂的钢材库存降低，对原料焦炭的采购量降低，焦炭价格出现一定程度的下跌。自 9 月 14 日起首轮降价开始，焦炭市场累计下滑 200 元/吨左右。

10—11 月，焦炭期现货价格走势再次发生背离，现货价格上涨，期货价格小幅走低。原因：国庆期间，随着贸易商询价，采购、囤货积极性上升，山西地区部分超跌企业价格开始反弹，其余地区焦企纷纷效仿，而下游钢厂采购积极，经历一段平稳期后，山东省、河北省、内蒙古自治区等地焦企纷纷提涨跟进，焦炭走势翻转，涨势持续至 11 月上旬，价格再次冲击年内高点。

11 月中旬至 12 月，焦炭期现货价格快速回落。原因：钢材价格快速大幅下滑，钢厂利润水平被不断压缩，逼近盈亏线附近，故钢厂转而打压焦炭价格向原料端转嫁压力。11 月 21 日第一轮降价开启，至年底降低幅度累计超过 450 元/吨。

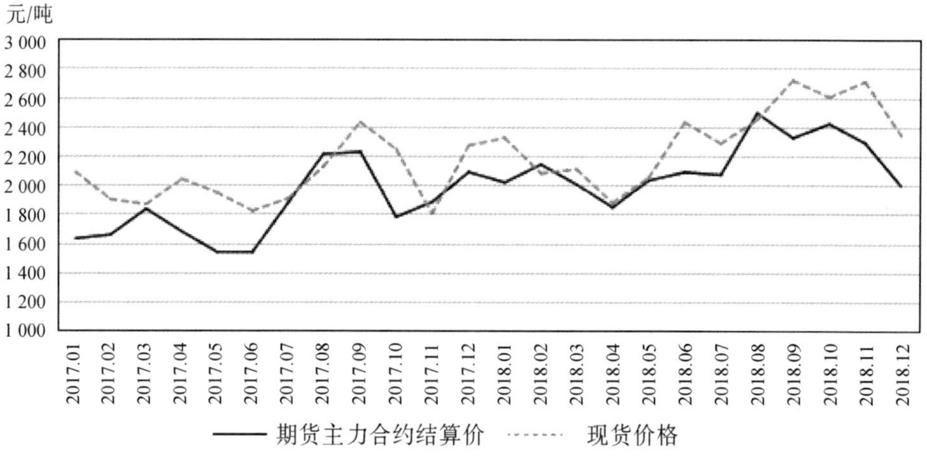

图 6－4　2017—2018 年焦炭期货主力合约和现货价格走势

数据来源：Wind。

三、2018 年交易主体结构分析

（一）交易客户数明显增加，个人客户仍占主流

2018 年焦炭期货月均交易客户数为 84 793 户，较 2017 年增加 23 879 户，增幅 39.20%。从单月来看，交易客户数与成交量波动较为一致，全年平稳增长，下半年客户数明显高于上半年。其中，8 月、11 月和 12 月交易客户数均超过 10 万户。

从市场参与者结构看，2018 年焦炭期货月均交易法人客户 3 749 户，同比增加 241 户，增幅 6.88%；月均交易个人客户 81 045 户，同比增加 23 637 户，增幅 41.17%。从占比看，2018 年焦炭期货月均交易法人客户占总交易客户数的 4.42%，较 2017 年下降 1.34 个百分点；个人客户占总交易客户数的 95.58%，较 2017 年上升 1.34 个百分点。综合来看，个人客户在焦炭期货市场仍占主流，但法人客户数增加，表明越来越多的产业客户愿意用期货工具规避风险，实现自身保值增值。

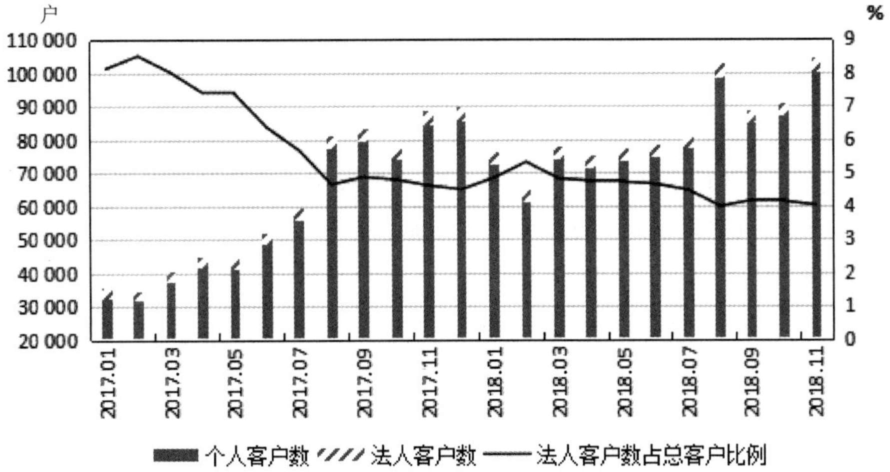

图 6－5　2017—2018 年焦炭期货市场客户结构

数据来源：大连商品交易所。

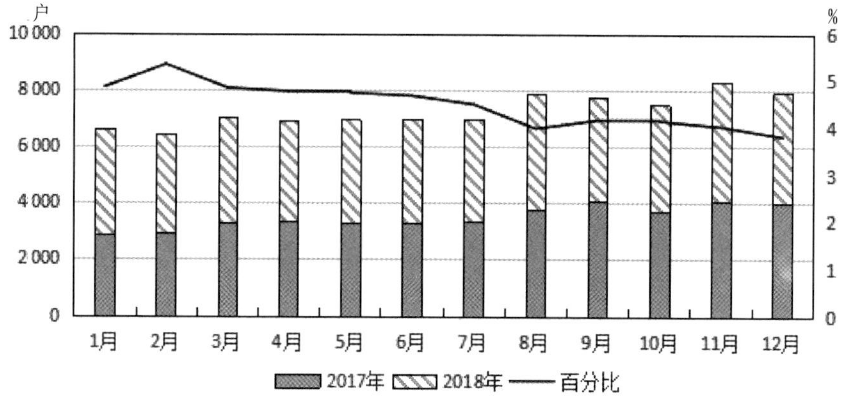

图 6-6　2017—2018 年焦炭期货市场客户结构

（注：法人客户占总客户数比重）

数据来源：大连商品交易所。

（二）短线客户数和持仓客户数均大幅增加

2018 年，焦炭期货参与交易总客户数增加，短线客户数和持仓客户数均有所增加。具体来看，月均短线客户 66 567 户，较 2017 年增加 20 920 户，增幅 45.83%；月均持仓客户 61 598 户，较 2017 年增加 17 979 户，增幅 41.22%。从占比来看，2018 年月均短线客户占总参与交易客户数的 78.51%，较 2017 年上升 3.31 百分点；持仓客户占总交易客户数的 72.64%，较 2017 年上升 1.65 个百分点。焦炭期货价格波动幅度加大，使投机者的投机意愿和企业的套保需求不断增强，交易客户数不断增长，且增长率相对稳定。

从结构来看，法人短线客户数占总短线客户数的比例明显低于 2017 年，总体呈平稳下降趋势，法人持仓客户数占总持仓客户数的比例表现出相同的特点。个人短线客户数占总短线客户数的比例明显高于 2017 年，且呈稳步上升态势，个人持仓客户数占总持仓客户数的比例同样表现出相同的特点。表明相较于法人，个人交易更为活跃，保证了市场充足的流动性。

（三）期货成交和持仓集中度均有上升

2018 年，焦炭期货成交集中度为 24.41%，较 2017 年提升 1.50 个百分点；持仓集中度为 33.93%，较 2017 年提升 0.84 个百分点，成交、持仓集中度均出现一定幅度的上升。从月度走势来看，焦炭期货成交集中度呈先升

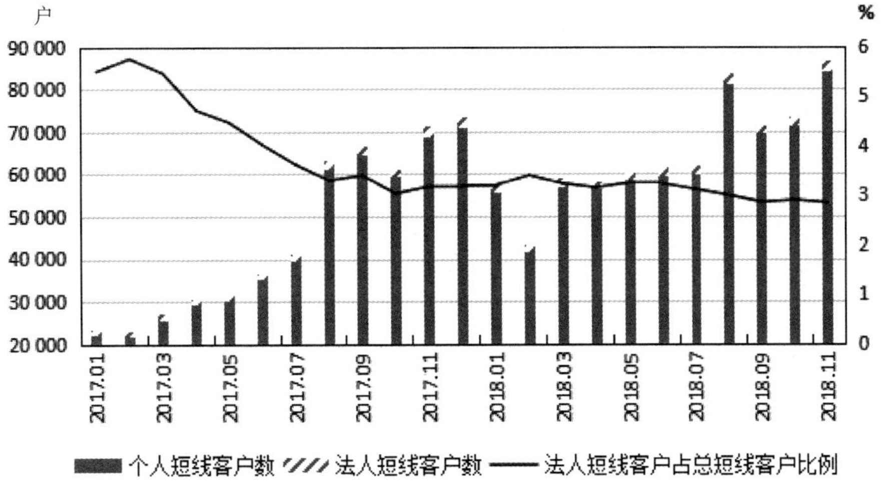

图 6－7　2017—2018 年焦炭期货法人参与客户数

数据来源：大连商品交易所。

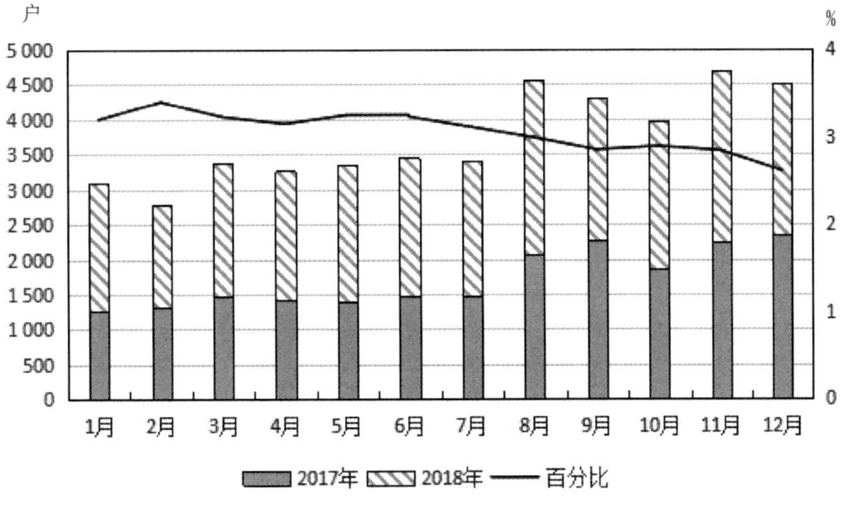

图 6－8　2017—2018 年焦炭期货法人参与客户数

（注：法人和个人短线客户数，法人短线客户数占总客户数比重）

数据来源：大连商品交易所。

后降再升的趋势，下半年低于上半年；持仓集中度呈现震荡波动趋势，表明市场参与者分散性降低。总体看来，焦炭期货在经济中的渗透性逐步增强，对焦炭期货价格的合理形成，更好发挥期货市场的价格发现功能具有促进作用。

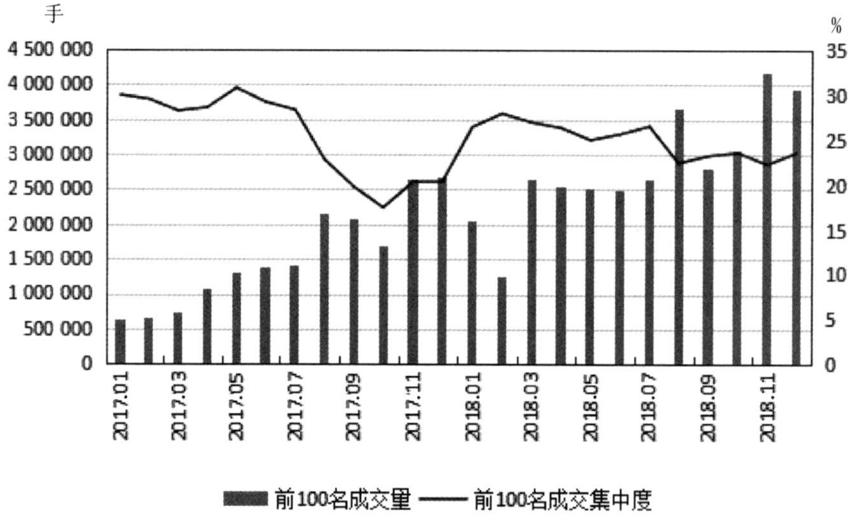

图6－9　2017—2018年度焦炭期货成交集中度

数据来源：大连商品交易所。

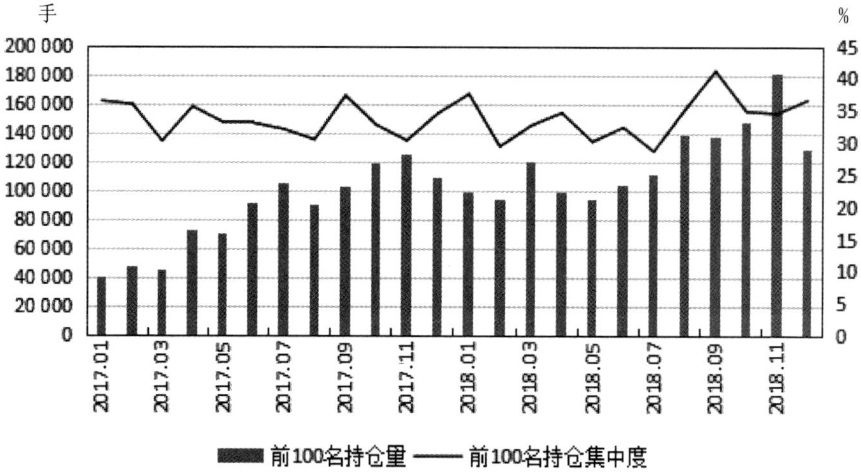

图6－10　2017—2018年度焦炭期货持仓集中度

数据来源：大连商品交易所。

四、2018 年期货市场功能发挥情况

（一）价格发现功能发挥情况

2018 年，焦炭现货价格波动幅度为 58.18%，期货价格波动幅度为 53.95%，期现货价格波动幅度大致相当，价格相关性升为 0.69，同比上升 32.69%。尽管期现价格相关性有所提高，但仍处于较低水平。主要原因是：焦化行业正处于结构调整期，环保、安全检查、物流等政策调控频繁，期现货市场变化节奏不同使得相关性较低。从引导关系看，焦炭期货价格继续引导现货价格走势，期货依然保持较好的价格发现功能（见表 1）。

表 6－1　2017—2018 年焦炭期现价格相关性

检验项＼年份		2017	2018
期现价格的相关性	系数	0.52	0.69
	显著性检验	通过检验	通过检验
期现价格引导关系		期货引导现货	期货引导现货

数据来源：大连商品交易所。

（二）套期保值功能发挥情况

基差均值略降，标准差缩小。2018 年焦炭基差均值、标准差等指标均好于 2017 年。2018 年焦炭基差均值 190.83 元/吨，比 2017 年略有下降；2018 年基差标准差为 198.26，较 2017 年明显下降，表明基差稳定性好于 2017 年。从年内来看，2018 年焦炭基差经历了先缩小后扩大的趋势。2018 年 2—5 月焦炭基差绝对值在 105 元/吨以下，6—12 月随着焦化企业多轮联合涨价和降价，现货价格波动更快、幅度更大，基差绝对值扩大至 182 ~ 418 元/吨，明显高于上半年（见图 6－11）。

（三）期货套期保值效果相对较好

从套期保值各项指标来看，2018 年焦炭期货套期保值效果相对较好。2018 年焦炭期货套期保值效率为 47.03%，同比上升 32.89%，表明套保效率大幅提升。但到期价格收敛性指标变差，表明焦炭期货合约到期时期现价格回归不理想。例如，2018 年期现价差率为 10.59%，同比提升 66.25%；

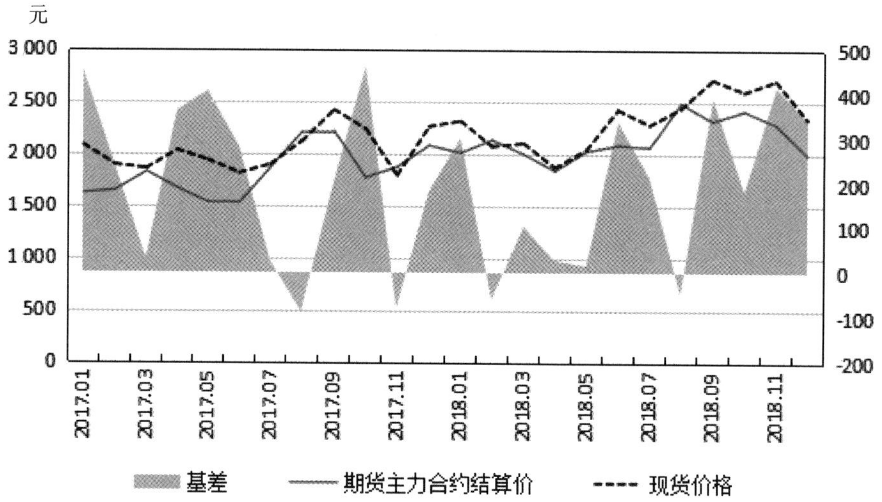

图 6－11　2017—2018 年焦炭期现价格及基差变化

数据来源：大连商品交易所。

到期日基差由 2017 年的 －27 元/吨扩大至 67. 04 元/吨。造成这一结果的原因是：现货市场贸易流向发生变化使得期货盘面价格代表性出现漂移，考虑到焦炭现货市场仍然处于变动时期，因此计算焦炭期现价差使用的现货价格仍然延续之前，采用唐山地区准一级焦价格，使得结果未能反映漂移。

表 6－2　　　2017—2018 年焦炭期货套保有效性

			2017	2018
基差	均值	元	193. 41	190. 83
	标准差	元	231. 68	198. 26
	最大	元	667. 09	561. 06
	最小	元	－321. 09	－232. 20
到期价格收敛性	到期日基差	元	－27	67. 04
	期现价差率	%	6. 37	10. 59
套期保值效率	周（当年）	%	35. 39	47. 03

数据来源：大连商品交易所。

下面分别就如何利用期货、期权等工具，在焦炭产业链上下游企业中实施套期保值、库存管理、套利交易、点价交易以及相关的企业全面风险管理等进行案例分析。

第二节 焦炭产业链上游生产企业卖出保值案例

2016年12月12日，旭阳集团接到钢厂的降价通知，焦炭价格降价50元。此时，旭阳准一级焦炭平均出厂价为2 050元/吨，实际的仓单价格为2 130元/吨，盘面略有升水，旭阳吨焦炭平均利润超过300元/吨，焦炭处于高利润以及盘面升水的状态，且煤炭供给侧改革带来的红利也随着煤矿先进产能的释放逐步减少。此时，旭阳敏锐的观察到，有钢厂提出降价说明焦炭市场价格趋势已经发生了变化，基于以下理由，旭阳选择卖出焦炭期货进行套期保值。

（1）钢厂提出降价50元，12月初山西省和内蒙古自治区的企业已经下调了50元，趋势向下。

（2）钢厂库存达到了12天以上，采购积极性下降。

（3）钢厂预付款降低，对后期市场悲观。

（4）焦炭企业利润高，开工率上升快。

于是，考虑到焦炭期货合约间的升贴水问题，旭阳焦化于12月12日，在J1701上开始分批卖出保值，挂单价分别为2 150元/吨、2 190元/吨、2 220元/吨和2 240元/吨，不同的点位设置不同的卖出保值数量，卖出套期保值的均价大约为2 200元/吨。由于河北旭阳正常供应钢厂，虽然钢厂采购积极性下降，但订单情况依然良好，库存较低，因此实际需要套期保值的焦炭现货的量很小。

2016年12月18日，旭阳焦炭价格下调50元/吨。进入1月，随着交割的临近，旭阳陆续平仓焦炭期货合约，平仓价格在2 020～2 060元/吨，平均平仓成本为2040元/吨，但没有完全平仓，虽然河北旭阳自有交割厂库，但因为需要交纳130%的保证金，而当时焦化企业资金相对紧缺，故最后在日照港交割5 000吨焦炭。综合来看，对于期货平仓部分对应的现货库存，现货价格下跌了50元/吨，相当于亏损50元/吨，而期货每吨的盈利为2 200－2 040＝160（元/吨），不但对冲了现货价格下跌的风险，同时额外带来了110元/吨的额外收益；而对于交割的那5 000吨，相当于成本只有2 130元/吨的焦炭最终按照2 200元/吨的价格销售，每吨盈利70元。

第三节　焦炭产业链上游生产企业场外期权风险管理案例

一、案例一

2018年2月，经过5轮合计450元/吨的降价，炼焦利润基本压缩殆尽，在炼焦煤价格难以下跌的基础上，焦炭下方空间基本夯实，因此短期内下方空间极为有限，此时焦炭主力合约升水170元/吨左右。虽然基于成本支撑、利润分析以及年前补库的实际情况来看，焦炭下方空间有限，但是应当理性看到，焦炭整体库存偏高，上下游库存均偏高，且高于钢厂满负荷生产时的库存。对于焦炭来讲，节后的风险主要有：

（1）成本端支撑乏力，虽然年后有两会的干扰，煤矿复产可能延后，但是在目前焦煤利润如此之高的情况下，煤矿复产力度可以预期，金三银四之后，煤炭由于复产带来的供给压力将较大，甚至在时间上可能提前。

（2）去库存的压力，目前焦炭上下游库存均较高，节前钢厂补库力度仍较强，节后可能面临去库存的压力，同时一旦炼焦利润修复，在利润的刺激下，焦炭供给将可以预期。

（3）钢厂复产不及预期，虽然“2+26”导致钢厂开工大幅下降，但是粗钢产量降幅相对较小，复产之后，实际的增产或者说焦炭的需求增量可能相对有限。基于上述的分析，焦炭期货盘面的整体反弹在目前的基础上可能有限，对于J1805合约来看，2 270元/吨将会是一个强阻力位。鉴于此，永安期货研究院推出了叠加焦炭场外期权的套利策略。

第一阶段：基于短期震荡偏强格局构建的交易策略——备兑看涨期权策略，即买入焦炭期货的同时，卖出等量的焦炭看涨期权。可以这样理解该策略：预期行情震荡上行，于是买入焦炭期货博取价格上涨收益，但担心当前价格已属高位，价格上涨缓慢甚至不涨反跌，于是卖出看涨期权，以权利金收入部分抵补价格下行风险。收益曲线如图 6－12 所示。

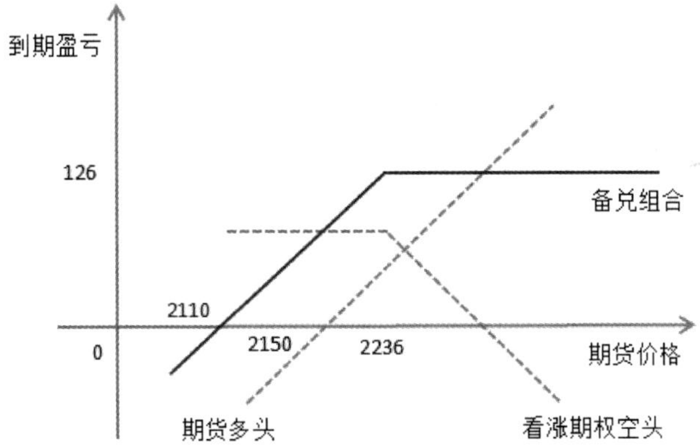

图 6－12　备兑看涨期权策略收益曲线

由图 6－12 可知，随着期货价格的下跌，备兑组合亏损不断增大，但与直接买入期货相比，盈亏平衡点由 2 150 元/吨下移至 2 110 元/吨，相当于提高了胜率，这是该策略优势所在；但随着期货价格的上涨，备兑组合收益不会随之持续增加，其最大收益为 126 元/吨（执行价格－标的价格＋权利金），相当于单独持有期货多头时，期货价格上涨到 2 276 元/吨价位就获利平仓，这与 2 270 元/吨阻力位的判断是相符的。值得一提的是，节前应用该策略有其特殊优势，在春节放假期间，期货停盘时间较长，看涨期权空头可以安心赚取时间价值，享受时间带来的收益。该策略风险点在于持仓过程中，期货价格在上涨到预期高点前大幅下跌，一旦风险来临，需重新评估行情，进行止损或策略转换操作。该策略于 2018 年 2 月 26 日结束，实际收益如图 6－13 所示。

实际中，由于场外期权的流通性差，买入价、卖出价和平仓价之间存在巨大的价差，因此该策略中承担了部分不必要的损失。

第二阶段：基于焦炭期货涨势末期构建的交易策略——单边卖空或者买入看跌期权。2018 年 2 月 26 日，我们观察到，春节假期期间，炼焦煤库存消耗较快，且两会召开将影响煤矿复产，3 月焦炭成本端可能有较强的支撑。当然，炼焦利润的修复（焦炭现货价格短期内的上涨）以及成本端的支撑不会影响上述进程，但会影响焦炭价格下跌的空间。基于上述的分析，

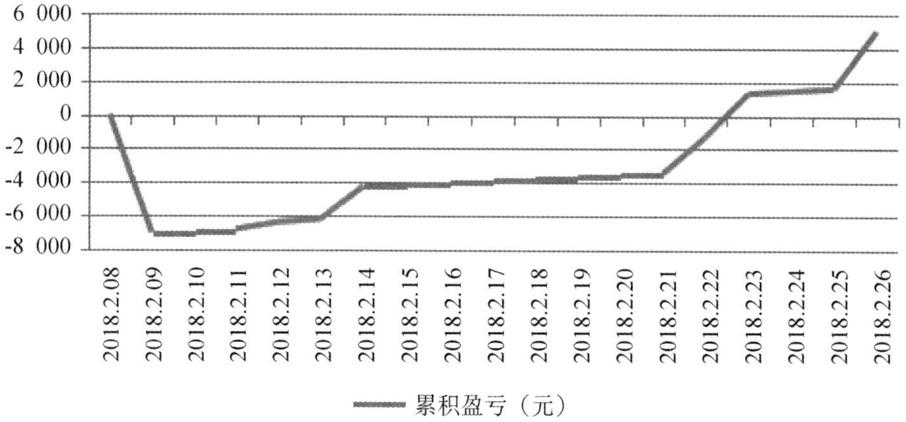

图 6－13　备兑看涨期权策略损益情况

我们认为焦炭期货 J1805 合约短期内或维持高位震荡的格局，震荡的上边沿低于 2 342 元/吨，高位震荡之后可能面临大幅回落，但具体时间仍待观察。因此，对于期货端来讲，可以单边抛空，也可以买入看跌期权。

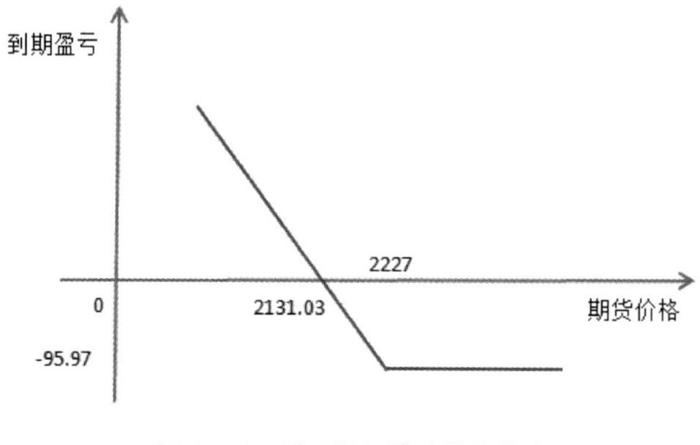

图 6－14　看跌期权策略收益曲线

由图 6－14 可知，随着期货价格的下跌，看跌期权多头盈利不断增大，但与直接卖出期货相比，盈亏平衡点由 2 273 元/吨下移至 2 131.03 元/吨，相当于降低了胜率，这是该策略劣势所在；随着期货价格的上涨，看跌期权多头亏损不会随之持续增加，最大亏损为 95.67 元/吨（权利金成本），相当于单独持有期货空头时，期货价格上涨到 2 368.67（2 273＋95.67）元/吨价位就止损平仓，这与 2 342 元/吨上方阻力区域的判断是相符的。需要说明的是，当时市场状况下最大问题在于下跌的时机并不明确，很可能高位震荡一段时间后下跌，而买期权的最大优势在于亏损有限，不担心震荡，符合目前市场和心理状况。该策略风险点在于持仓过程中，期货价格上涨或下跌力度不足以跌破盈亏平衡点，一旦风险来临，基于风险有限性，投资者可以不进行任何风险控制，或重新评估行情，进行止损或策略转换操作。该策略于 2018 年 4 月 13 日结束，实际收益如图 6－15 所示。

图 6－15 买入看跌期权损益情况

二、案例二

（一）项目参与主体介绍

1. 服务主体——旭阳集团

旭阳集团成立于 1995 年，拥有焦炭、化工、贸易、科技、地产、金融六大业务板块，是全球领先的焦炭和煤化工产品的生产商和供应商。目前年产焦炭 1 000 万吨、化工品 267 万吨，焦炭年贸易量 500 万吨，年外供燃气 6 亿立方米，营销和贸易网络遍及世界各地，已成为国内最大的独立焦化企业。

自 2013 年起，旭阳集团开始参与期货市场，利用期货工具管理企业生产经营过程中的价格风险，经过几年的摸索，旭阳集团积累并总结出利用期货市场实现企业稳定经营的经验，探索出企业经营的新模式，确定了“产业＋金融”的发展方向。

2. 申请主体——银河期货有限公司

银河期货有限公司（以下简称“银河期货”）是经中国证券监督管理委员会批准，在国家工商行政管理总局注册，隶属中国银河金融控股有限责任公司旗下，由中国银河证券股份有限公司控股的专业型金融企业，现注册资本金为12亿元人民币。2014年筹建风险管理子公司——银河德睿资本管理有限公司。自2015年起，银河期货多次参与大商所、郑商所“期货服务实体经济”“期货服务三农”的试点项目，并取得较好的实践效果。

（二）企业风险管理需求及方案设计

2016年，银河期货与旭阳集团开展大商所场外期权试点项目，银河期货结合企业生产经营情况，利用期权工具帮助企业实现管理价格风险，达到稳定经营的目的。试点期间共设计4种交易策略，完成6笔期权交易，产品周期近5个月，累计交易量为2万吨。下面以最具有代表性的策略进行说明。

（三）规避焦炭采购价格上涨风险，买入牛市价差期权

1. 期现市场背景

自2013年年初以来，焦煤、焦炭现货市场伴随着黑色产业链步入长达三年的趋势下跌行情，产业链各环节严重亏损，市场情绪非常悲观，焦煤焦炭库存一路走低。2016年2月华东地区焦炭市场均价达到2012年以来的历史最低值690元/吨。2016年4月，受“276工作日”政策的影响，焦煤市场出现供需紧平衡现象，4月末焦煤价格触底反弹，一路飙升。受焦煤价格大幅上调带动，2016年9月开始焦炭价格进入快速上升通道。截至2016年12月初，我国华东地区、华中地区、华北地区焦炭价格达到2012年以来的最高值，其中华东地区高达2 150元/吨，较2016年2月的690元/吨上涨1 460元/吨，涨幅高达211.59%。

2016年，焦煤焦炭行情可分为三个阶段。第一阶段：2016年年初至4月底，需求回暖、库存偏低，市场需要给予煤焦钢产业链各环节足够利润，促使其复产才能达到新的供需平衡，焦煤焦炭价格在犹豫中上涨。第二阶段：2016年4月底至6月初，市场预期改变，钢材库存开始见底回升，市场认为煤焦钢产业链可能重新演绎去产能逻辑，钢材及煤焦价格快速下跌。第三阶段：2016年6月底至12月底，钢材库存继续下降，高炉复产之后，

煤焦需求紧张问题逐步显现，煤焦现货价格走强。焦炭期货1701合约价格自2016年6月1日的827.5元/吨上涨至2016年11月14日的2 183元/吨，天津港焦炭现货价格自2016年6月1日的1 065元/吨上涨至2016年11月14日的2 115元/吨。这一行情究其本质是成本推动型的价格上涨，即国内焦煤供应偏紧，进口焦煤成本提高，从而导致焦炭期现价格持续走高。

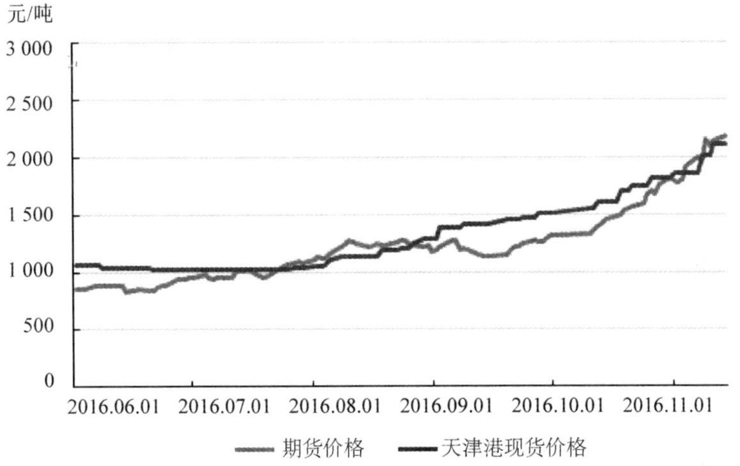

图6-16 2016年6月—11月焦炭期现走势图

2. 企业贸易定价模式及避险需求

2016年在焦炭供应紧缺的背景下，焦炭采购定价几乎是一单一议。为了实现焦炭供货持续稳定，旭阳集团在现有生产满足不了需求的情况下，积极开展焦炭贸易采购业务。从市场采购质量稳定可靠的焦炭，以满足后续钢厂源源不断的需求。而在焦炭市场价格持续上涨的背景下，企业面临未来采购价格上涨的风险，如何通过金融工具规避上述风险是企业亟待解决的问题。

2016年众多焦化生产、贸易企业凭借经验参与期货市场套期保值业务，但在煤焦价格走势超预期的市场背景下，各企业套保效果均不理想，旭阳集团也面临同样的问题。2016年年末，虽然担心未来焦炭采购成本提高，但因期货盘面已是近几年的高点，考虑到期货做多有可能套保在高位，导致套保效果不理想，企业开展套期保值的难度增大。相比之下，期权工具具有占用资金少，风险可控等优势。银河期货与旭阳集团经过多次交流，决定尝试利用期权工具为企业避险保值。

3. 期权策略设计

为满足旭阳集团的需求，银河期货制定了多种策略规避焦炭价格上涨风险，降低采购成本的方案，如买入看涨期权、买入牛市价差期权等策略。当预期焦炭价格大幅上涨时，可以采取买进看涨期权的操作来获利。当预期焦炭价格涨幅有限，则可以另行卖出一个履约价格较高的看涨期权来赚取权利金，从而降低整体操作成本。因此，构建牛市价差策略是比单独的买入看涨期权更为灵活且适应特定行情的一种做法。

牛市价差期权本质是投资者在买进一个执行价格较低的看涨期权的同时，又卖出一个标的物相同、到期日也相同，但执行价格较高的看涨期权。对看涨期权而言，若执行价格较低，则期权费较高；反之，若执行价格较高，则期权费较低。所以，在牛市看涨期权价差交易中，投资者所付出的期权费必然多于他所收取的期权费，从而发生期权费的净支出。同时，对看涨期权而言，若市场价格高于执行价格，则期权将被执行；而若市场价格等于或低于执行价格，则期权将被放弃。因此，在牛市价差期权策略中，若市场价格等于或低于较低的执行价格，则买进的期权和卖出的期权均被放弃。故投资者在建立这一头寸时所发生的期权费净支出，将成为他从事这一价差交易的最大损失。相反，若市场价格等于或高于较高的执行价格，则投资者将可获得最大利润。这是因为当市场价格等于较高的执行价格时，投资者买进的期权被执行，并通过执行而获得利润，而他所卖出的期权将被放弃。但当市场价格高于较高执行价格时，投资者虽可在执行其买进的期权中获取更多的利润，但他同时又因执行其卖出的期权而发生相应的亏损。所以，若市场价格在涨至较高的执行价格之后继续上涨，投资者从这种上涨中增加的利润将正好被这种上涨所造成的亏损所抵消。由此可见，在牛市价差期权交易中，投资者的最大利润与最大损失都是有限的，且是已知的。与单独买进看涨期权和单独卖出看涨期权相比，牛市价差期权可使投资者承担较小的风险，但与此同时，它也只能给投资者带来较小的利润。所以，在一般情况下，投资者之所以从事这种交易，主要是因为他们对市场行情的预测只是温和的看涨，而不是强劲的看涨。因而，他们只是企图从这一交易中获取少量的利润。但与此同时，他们也只愿承担较小的风险。

鉴于旭阳集团参与场外期权交易时，焦炭期货价格自年初以来的涨幅已达近210%。因此，虽然现货供应仍偏紧，但预期未来价格上涨幅度有限，同时由于盘面涨幅增大，波动率增高，买入看涨期权的权利金也随之提高。经过综合比较，银河期货为旭阳集团推荐了牛市价差策略，并设计了较为合理的价格区间。期权具体参数如下：

期货合约：J1701

入场时间：2016 年 11 月 16 日

入场点位：1 974 元/吨

执行价格：1 910 ~2 030 元/吨

权利金：60.59 元/吨

到期日：2016 年 12 月 9 日

数量：5 000 吨

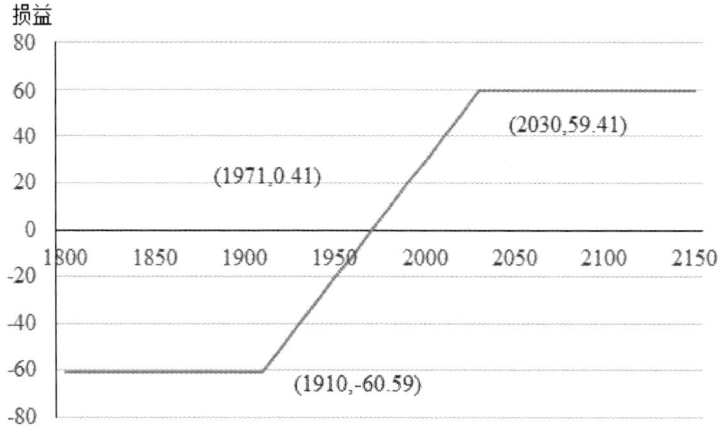

图 6 –17　牛市价差期权损益图

按照期权盈亏图 6 –17 所示：旭阳集团付出 60.59 元/吨的权利金，盈亏在 1 910 ~2 030 元/吨的价格区间内变化。期权到期，如果期货价格上涨超过 2 030 元/吨，企业获得 120 元/吨盈利；如果期货价格在 1 910 ~2 030 元/吨之间时，期货每上涨 1 元/吨，期权产生 1 元/吨收益，当期货价格收于 1971 元/吨时，期权策略盈亏平衡；如果期货价格低于 1 910 元/吨，期权失效，企业亏损全部权利金。

4. 套保效果及分析

2016 年年底，钢厂原料冬储陆续开始，需求有所放量。焦化企业从生产投入、季节性角度考虑，认为煤焦 2017 年第一、二季度产量增幅有限，煤焦现货供应预期偏紧，现货价格将持续走高。在策略周期内，焦炭现货价格由 2 190 元/吨上涨至 2 325 元/吨。但期货市场预期却已改变，市场情绪担忧 11 月底的煤焦价格是诸多利好集聚共振而产生的超高价格，焦炭期货价格率先反映市场的涨价预期，在期权策略周期内，期货价格由 1 970 元/吨上涨至 2 132 元/吨。

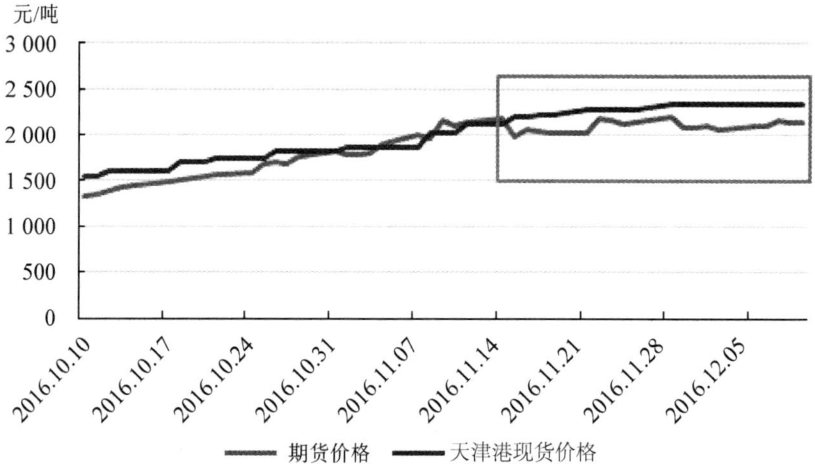

图 6－18 期权策略周期内期现走势

2016 年 12 月 9 日，期权到期时期货价格收于 2 132 元/吨，企业获得最大赔付 120 元/吨，扣除权利金 60.59 元/吨后，净盈利 59.41 元/吨。结合现货来看，虽然在策略周期内，现货价格上涨了 135 元/吨，但由于期权产生 59.41 元/吨净盈利，相当于为现货采购降低 59.41 元/吨的成本。

下面，我们针对未套保、期货套保和期权套保三个方案进行分析对比。

未套保：2016 年 11 月 16 日—12 月 9 日，焦炭现货价格上涨 135 元/吨，采购 5 000 吨焦炭需要额外付出 67.5 万元成本。

期货套保：因为期货价格在同周期内价格由 1 970 元/吨上涨至 2 132 元/吨，所以采用期货对冲价格上涨风险会获得 81 万元的对冲盈利，相当于为现货采购价格降低 162 元/吨的成本。

牛市价差期权策略套保：在焦炭现货价格上涨的背景下，由期权策略产生 59.41 元/吨净盈利，弥补了部分现货上涨的风险，相当于为现货采购价格降低 59.41 元/吨的成本。

上述三种方案分别与现货采购成本叠加后，总体效果如表 6－3 所示。

表 6－3　　三种方案总体效果　　单位：万元

方案	保证金/权利金	套保盈亏	现货采购成本	总体效果
未套保	无	无	－67.5	－67.5
期货套保	187.15	81	－67.5	13.5
期权套保	30.295	29.705	－67.5	－37.795

＊采购成本增加均用负数表示

从表 6－3 数据来看，虽然期货套保对冲了现货价格上涨的全部风险，并且产生额外的盈利，而期权套保只降低了一部分采购成本。从直观效果来看，期货套保的效果优于期权策略的套保效果，但是在实际操作过程中，运用期货套保并不总是最佳方案。其原因如下：

首先，期货套保可行性不强。在期权策略进场的时点，期货盘面已经累积较大涨幅，即便市场预期未来相对偏强，但是能够采用期货进行套期保值的企业不会很多，价格高位需要谨防回落风险。此时做期权策略的买方相对容易，可以以有限的权利金支出，达到对冲未来价格上涨的风险。

其次，期货套保资金占用较大。按照期货交易保证金计算，5 000 吨焦炭保证金占用最少为 187.15 万元，如果期货价格下跌，会面临浮亏或追加保证金的风险。而买入牛市价差期权策略，付出权利金仅为 30.295 万元，同时也是参与期权交易时，企业的最大亏损。从平衡企业资金使用效率的角度考虑，企业更适合使用期权策略实现保值。

（四）项目试点成功因素

上述案例是项目试点中的策略之一，本次试点共设计 4 种交易策略，完成 6 笔期权交易，共支付 79.224 万元权利金，获得 97.566 万元的赔付，净盈利 18.342 万元。此次项目顺利完成主要基于以下几点：

1. 交易所引领市场创新，提供政策支持

大连商品交易所积极提供政策支持，引领创新业务发展方向。近年来，交易所多方搭建服务实体经济的平台，提供有利的政策支持，引导期货公司、现货企业产融结合，推动场外期权等创新业务发展，有效提高现货企业盈利水平和经营稳定性。

2. 期货公司服务实体经济，助力企业发展

期货公司探索服务实体企业新工具，科学设计套保策略。银河期货深入研究创新业务，在企业的生产、贸易环节引入期权工具。针对企业个性化的风险需求，设计科学合理的套保策略，探索出一套较为实用的期权策略操作模式，用于实体企业规避风险，作为传统期货套期保值方式的有效补充。

3. 参与企业期现经验丰富，探索创新模式

企业期现经验丰富，主动尝试新工具，积极探索新模式。自 2013 年以来，旭阳集团持续探索期现结合的业务模式，在基差交易、套利交易、期货交割等方面积累了较为丰富的经验，能够有效利用现货和期货、期权等金融工具，对生产订单和销售订单进行主动管理，优化整合渠道资源，提高了企业的综合盈利能力。

（五）项目总结及思考

1. 企业：金融创新企业受益，以点带面潜力巨大

（1）熟练掌握风险管理新工具，成功实现避险需求。本次场外期权试点项目的开展，使参与企业受益颇丰。企业不仅熟悉掌握了期权这一金融新工具，对期权的运作模式和认知程度也明显提高，同时将期权策略与期货、现货进一步相结合，成功实现了企业利用创新工具管理价格风险的目的，为企业的发展壮大保驾护航。

（2）发挥行业龙头作用，实现以点带面效果。旭阳集团借助行业内龙头企业的影响力，发挥领航者的示范效应，通过其对新兴市场和新兴避险工具的高度敏感性，将引领行业内其他企业积极参与并运用新兴金融工具，更好地实现利用期货期权工具管理价格风险的功能，最终达到以“点”带“面”的效果。

2. 期货公司：运用金融创新工具，探索服务实体经济新模式

（1）运用金融创新工具，提供多样化期权策略。期货公司积极探索场外期权试点模式，为企业提供了多样化的期权策略，通过个性化、可行性的

期权策略为企业提供了新型风险管理工具，成功协助企业实现了风险规避的目的。

（2）探索实体服务新模式，提高服务产业能力。公司充分意识到传统套保方式的局限性和潜在的风险，通过掌握场外期权新工具的独特优势以及交易所提供的试点项目，公司成功探索了服务实体企业的新模式。通过定制化的期权策略能够满足企业的多样化需求、丰富企业风险管理模式，进一步提高了服务产业客户的能力。而创新业务的展开也有利于改善期货公司的业务结构，改变传统经纪业务为主的经营模式。

（3）培养期权专业人才，加深产业培育。公司在推行场外期权项目过程中加强专业投研团队建设，同时积极协助企业进行期权专业人才的培训，为试点项目的顺利推进奠定了良好基础。在目前期权专业人才匮乏的背景下，通过交易所试点项目可以带动人才聚集，为企业储备更多的专业人才。

3. 项目思考

（1）企业急需专业人才的培养。企业运用金融创新工具急需专业化人才，未来需要加强相应的人才储备，可以通过自身培养及交易所和期货公司共同培育的方式进行。

（2）期货公司寻求突破，优化策略。期货公司将继续寻求降低场外期权权利金的有效方法以保证期权执行效果的更好发挥。同时，努力开发更优的期权策略组合以满足不同市场背景下的企业个性化需求，以吸引更多产业客户参与场外期权交易，实现风险有效转移。

（3）期货行业利用试点项目，提高产业服务能力。期货整个行业应该充分利用交易所提供的试点项目优势，加大场外期权业务的宣传和推广。吸引更多的参与主体、提高市场流动性的同时，有效地降低权利金水平，从而更好地实现金融创新工具服务实体的目标。

第四节 焦炭产业链中游贸易企业基差套利案例

基差是期货中的一个十分重要的概念，从套保的角度来讲，有利的基差能够增加套保收益，而从套利的角度来讲，基差的扩大和缩小过程就是获取利润的过程，而基差的强制回归性也使得该类套利成功率极高，且兼具较高的风险收益比。

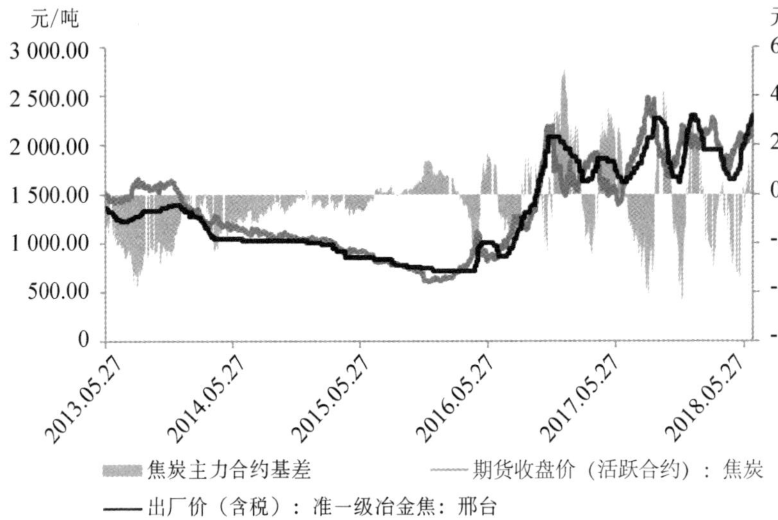

图 6－19　2013—2018 年焦炭主力合约基差走势

一、案例一

自 2016 年第 4 季度开始，焦炭价格的双向波动明显增大，基差波动范围明显放大，一方面说明价格风险较大，另一方面也为焦炭的期现套利提供了广阔的空间。从直观上看，以图 6－19 为例，当前焦炭基差大体的运行区间为（－400 元，400 元），当基差过小时，买入基差即买现货抛期货可以获取较高的甚至是无风险收益，当基差过大时，卖出基差即买入期货抛现货也可以获取较高的收益，但此类套利对企业要求较高，大部分企业并不具备抛空现货的能力。通常来讲，买入基差套利比卖出基差套利更容易操作，风险也更小，而当基差小到一定程度时，买入具备交割品质的焦炭同时卖出焦炭期货套利，几乎就是无风险套利，当基差回归时，平仓了结头寸，获取利润，即使到了交割日，基差没有回归，那么也可以通过交割来锁定交割利润，获取收益。

自 2017 年 10 月 19 日之后，由于焦炭现货价格继续大幅下跌，而期货价格基本上维持低位震荡，价格跌幅极为有限，因此焦炭基差迅速缩小。至

2017 年 11 月 6 日，焦炭 J1801 合约基差达到 –120.5 元/吨，已经存在无风险套利空间，此时上海慧鸿国际贸易有限公司决定做买入焦炭基差的期现套利策略，即购买焦炭现货然后在盘面上抛空 J1801 合约。2017 年 11 月 9 日，上海慧鸿国际贸易有限公司以 1 810 元/吨（此时现货市场同品质焦炭价格为 1 760 元/吨，由于其没有固定货源，以及采购规模较小且不连续，故采购价格高出 50 元/吨）的价格采购 1 万吨准一级焦炭，采购地点为沙河驿，同时以 1 930 元/吨的均价在期货盘面上卖出 100 手 J1801 合约，入场时的基差为 1 810 – 1930 = –120（元/吨）。此时做多焦炭基差，一是基于焦炭基差的回归，而更确定的理由在于当前具备较大的无风险套利利润，即使临近交割时焦炭基差没有回归，那么把买入的现货注册成仓单进行交割仍有较大的利润可图。如果要进行交割，则中间的费用大致分为以下部分：现货成本、入库费、质检费、仓储费、交割费以及资金成本等。

对于上海慧鸿国际贸易有限公司来说，焦炭的成本为 1 810 元/吨，而距离沙河驿最近的交割仓库为京唐港，运费大约 20 元/吨。按照大连商品交易所给出的交割费用标准，京唐港汽运入库费用为 13 元/吨，通过咨询相关质检机构，焦炭质检费用大约 2 元/吨，交易所收取的交割费用为 1 元/吨，期货公司收取的交割费用大约为 2 元/吨，资金成本按照 10% 的利润计算的话大约为（1 810 + 500）×69/365 × 10% = 42.7（元/吨），其中，1 810 元为每吨焦炭现货占用的资金，500 元大约为每吨 J1801 合约大约占用的保证金，如果按照 10% 的保证金比例计算，每吨 J1801 合约期货需要 193 元的保证金，但实际的资金应大于 193 元，这里面大约给了 500 元/吨的规模，69 天是距离 J1801 交割的天数，期货开平仓手续费忽略；对于仓储费来讲，注册成仓单之后，仓储费为 1 元/吨每天，注册成仓单之前大约为 0.1 元/吨每天，假设交割月第一天将焦炭现货运送至京唐港，注册成仓单后的时间为 10 天，实际运行中可能大大低于 10 天，则最终的仓储费大约为 59 × 0.1 + 10 × 1 = 15.9（元/吨）。最后，焦炭交割的总成本大约为 1 905.6 元/吨，而期货开仓的均价为 1 930 元/吨，也就是说，上海慧鸿国际贸易有限公司做买入焦炭基差的套利策略大约有 24.4 元/吨的无风险套利利润。

表 6-4 基差套利成本情况 单位：元

现货成本	至京唐港运费	入库费用	质检费用	仓储费	交割费	资金成本	仓单总成本	卖交割利润
1 810	20	13	2	15.9	2	42.7	1905.6	24.4

2017 年 11 月 30 日，J1801 合约基差扩大至 -336 元/吨，J1801 收盘价涨至 2 056 元/吨，但现货涨幅有限，上海慧鸿国际贸易有限公司处于浮亏的状态。此时，上海慧鸿国际贸易有限公司可以选择交割并赚取交割利润，也可以继续持有该头寸，等待基差回归，上海慧鸿国际贸易有限公司选取后者，并将其期货持仓由 J1801 转移至 J1805，其平仓 J1801 合约同时卖空 J1805 合约，移仓的价差为 J1805 - J1801 = 100（元/吨）。到了 2017 年 12 月 14 日，焦炭基差开始回归，J1801 基差回归至 -134 元/吨，而 J1805 基差回归至 52 元/吨，此时上海慧鸿国际贸易有限公司决定平仓其焦炭套利头寸，J1805 平仓均价为 2 000 元/吨，现货卖出价格为 2 050 元/吨（同样的，因为缺乏现货渠道，销售价格要低于同类焦炭 50 元/吨）。在该笔交易中，上海慧鸿国际贸易有限公司现货端盈利为 2 050 - 1 810 = 240（元/吨），期货端的亏损为 2 000 - 100 - 1 930 = -30（元/吨），即盈利 30 元/吨，合计盈亏为 240 + 30 = 270 元/吨，总盈利 270 × 10 000 = 270 万元。

二、案例二

焦煤、焦炭期货上市后长期处于贴水状态，且临近交割月基差逐步收敛规律较为明显。以近 3 年唐山地区焦炭现货与期货基差为例，价差分布情况如图 6-20 所示。价差运行区间 8% 至 90% 概率在 -105 ~ 154 元/吨。从统计学角度分析，价差突破此区间，回归概率较大。同时，在实际操作中，还应结合现货基本面供需结构以及期货盘面流动性等因素，选择较佳入场操作时机。

基差在 154 元/吨水平以上区域为期货市场建立虚拟库存的低风险区，此时比较适宜进行抛现货，买入期货操作。

基差在 -105 元/吨水平以下区域为期货市场建立卖期保值低风险区，此时比较适宜进行买现货，抛期货操作。

表 6-5　　焦煤、焦炭价差统计（2013—2016 年）

焦煤基差：临汾	频率	累积%
-339	1	0.13
-315	0	0.13
-291	0	0.13
-267	0	0.13
-243	4	0.66
-219	0	0.66
-195	3	1.06
-171	3	1.46
-147	3	1.86
-123	14	3.72
-99	21	6.51
-75	17	8.76
-51	27	12.35
-27	79	22.84
-2	71	32.27
22	108	46.61
46	124	63.08
70	114	78.22
94	74	88.05
118	23	91.10
142	15	93.09
166	14	94.95
190	12	96.55
214	8	97.61
238	3	98.01
262	3	98.41
286	8	99.47
其他	4	100.00

期焦价差：唐山	频率	累积%
-220	1	0.13
-191	3	0.53
-162	14	2.39
-133	10	3.72
-105	32	7.97
-76	35	12.62
-47	104	26.43
-19	101	39.84
10	139	58.30
39	106	72.38
68	74	82.20
96	26	85.66
125	15	87.65
154	19	90.17
182	16	92.30
211	14	94.16
240	9	95.35
268	5	96.02
297	3	96.41
326	1	96.55
355	2	96.81
383	2	97.08
412	2	97.34
441	1	97.48
469	10	98.80
498	4	99.34
527	1	99.47
其他	4	100.00

2016 年 4 月 25 日期货主力合约 J1609 收盘价为 1 110 元/吨，天津港准一级焦炭折合盘面价格 888 元/吨，期货升水现货 222 元/吨。期货升水幅度持续扩大，主要是期货市场盘面流动性引起的，同时，从基差历史统计角度分析，也已突破基差 -105 元/吨水平以下卖保低风险区域。

2016 年 4 月 28 日 J1609 收盘价 1 056 元/吨，天津港准一级焦炭折合盘面价格 1 012 元/吨，期货升水仅为 45 元/吨，此期间进行卖出保值基差套利操作的话，利润空间为 177 元/吨（如图 6-20 所示）。

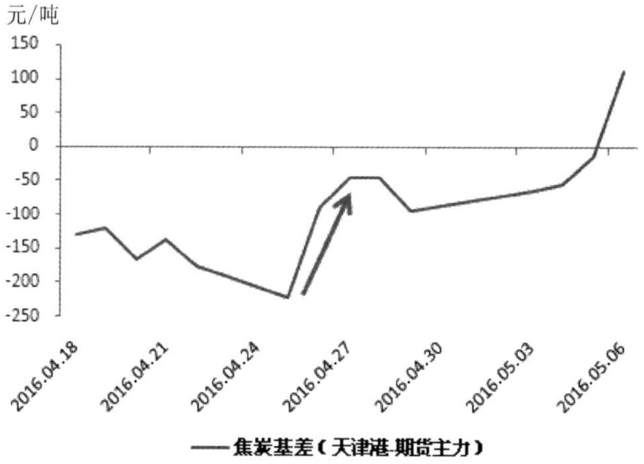

图6－20　2016年4月25日至4月28日焦炭基差走势

以交割套利（卖期买现）为例：

2016年4月26日某企业按市价在期货市场上以1 055元/吨的价格卖出焦炭J1605合约100手，总计1万吨；同时，在天津港以现货市场平仓价格1 010元/吨的价格（折合交割标准品1 012元/吨）买入1万吨的焦炭现货，持有至2016年5月进行交割。

1. 交割成本

（1）仓储费：根据大连交易所规定，焦炭的仓储费每天为0.1元/吨，假设提前10天入库，则仓储费用为10×0.1＝1（元/吨）。

（2）质检费：根据大连交易所规定，入库取样和质检费约1.5元/吨。

（3）手续费：交割手续费为1元/吨，交易手续费以万分之一记，约10元一手，每手100吨，则0.1元/吨，两者合计，手续费成本1.1元/吨。

（4）增值税费：卖方交割缴纳增值税，每吨铁矿石需缴纳增值税＝（交割结算价－买入价）/（1＋17%）×17%＝（1 006－888）/（1＋17%）×17%＝17.15（元/吨）。

综上所述，交割成本为20.75元/吨。

2. 资金成本

假设该公司所在的期货公司收取保证金的比率为10%，人民币利率按5%计算，持仓按20天计算，则资金成本：

（1）期货保证金成本为1 046×10%×5%×20/365＝0.29（元/吨）。

（2）现货保证金成本为 890 ×5% ×20/365 =2.44（元/吨）。

综上所述，资金总成本为 2.73 元/吨。

将到期交割成本和资金成本相加，可以得出期现套利理论成本为 23.48 元/吨，一旦基差绝对值大于该数值，就会超出无套利区间的边界，形成期现套利机会。该公司建立期现套保头寸时的基差为 -43 元/吨，成本为 23.48 元/吨，每吨收益 19.52 元，则 1 万吨的套利总收益为 195 200 元。

三、案例三

2017 年 8 月 21 日，大商所 J1709 合约价格在 2 200 元/吨附近运行，此时焦炭现货价格在 2 100 元/吨左右，永安资本通过计算发现存在无风险套利机会（见表 6 -6）。

表 6 -6　点价 + 基差套利成本情况　单位：元/吨

运输至港口的现货成本	入库费用	质检费用	仓储费	交割费	资金成本	仓单总成本
2 100	13	2	11.5	2	17.8	2 146.3

永安资本及时联系旭阳焦化并约定采购 1 万吨焦炭标准仓单，由于当时期货价格在实时变动，双方约定了基差点价方案，基差为 -30 元/吨，即按照 J1709 合约点价成交价格减去 30 元/吨来确定仓单采购价格。

旭阳焦化要求永安资本在 2 200 元/吨的点位上进行点价挂单 100 手，并于当日成交，双方确认仓单采购价格为 2 170 元/吨。旭阳焦化获取现货利润 50 元/吨。永安资本获取交割利润 30 元/吨。

进入 2017 年 9 月交割月后，旭阳焦化向永安资本顺利交付了货权且商检合格，永安资本亦支付了全额货款。但永安资本发现当时 J1801 合约已经对 J1709 合约升水 150 元/吨，处于无风险套利区间。永安资本将 J1709 合约上的 100 手空单移仓至 J1801 合约。

2017 年 9 月中下旬，J1801 合约开始大幅下跌并开始贴水现货，焦炭现货亦有下跌预期。永安资本联系出口商贯成商贸有限公司询问其是否可以采购该批货物并出口。当时出口价格 318 美金/吨，折人民币 2 100 元/吨，扣除运费及平仓费等，贯成商贸有限公司的意向价在 1 950 元/吨左右。双方约定通过基差点价的方式确定购销价格，基差 200 元/吨，J1801 点价价格不高于 1 750 元/吨。

2017 年 10 月 19 日，永安资本收到贯成商贸有限公司全额货款后，在 1 700 元/吨完成点价平仓，双方购销价格确定在 1 900 元/吨。2017 年 10 月底，货物正常装船完毕并离港，永安资本与贯成商贸有限公司结算尾款金额及增值税发票事宜。

第五节 焦炭产业链下游消费企业买入保值案例

2017 年 10 月底，某钢厂原料采购中心计划采购 3 万吨焦炭，因担心未来焦炭价格上涨，导致采购成本增加，希望在期货盘面上进行套期保值，锁定远期焦炭采购价格，防范价格风险。主要是采取买入焦炭期货进行套期保值，考虑到合约活跃度和套保需求情况，选择次主力合约 J1805 合约建立买入套期保值头寸，结合实际需求情况，选定的套期保值比率为 1，即 3 万吨焦炭的套保规模需要 300 手 J1805 合约。初步的建仓计划如表 6 – 7 所示。

表 6 – 7 J1805 买入保值建仓计划

建仓合约	建仓点位	建仓手数
J1805	1 500 ~ 1 800 元/吨	300
合计		300

出场操作时机

（1）在期盘上平仓：需求部门提出结束套保，期货交易部根据盘面情况，平掉期货套保头寸。

（2）进行实物交割：根据实际情况，选择是否交割。若交割，原燃料采购中心、期货交易部等部门组织协调交割工作。

风险情况提示

（1）基差风险：基差不利变化，造成两个市场的盈亏没有实现完全对冲。

（2）通过买入套期保值，虽然规避了焦炭价格大幅上涨的风险，但也放弃了焦炭价格下跌、成本下行，带来的超额利润。

风险控制

预警设置：经过统计，当焦炭期货合约在上涨趋势中出现超过10%的下跌回调幅度时，需要警惕该品种合约的价格形势是否改变与误判，根据目前黑色系波动较大的情况，以下跌15%为该方案预警线，风险控制岗位须向期货领导小组副组长汇报，期货领导小组副组长向组长汇报，启动预警机制。

资金风险监控

（1）资金风险：期货交易所遇临时突发事件、节假日等情况下会提高保证金比率。

（2）应对策略：关注大连期货交易所公告，出现保证金比例变动，及时做出调整，确保资金使用率保证在40%以下。

由于该企业保密措施较为严格，具体的入场出场时点、价位涉及机密，故采用天津港焦炭价格数据作为结果模拟，本次套保于2017年10月24日入场，持续时间为3周，入场时的均价大约为1 780元/吨，此时天津港准一级焦炭价格为2 140元/吨，该方案于2017年11月15日结束，平仓价格大约为1 900元/吨，此时天津港焦炭价格为1 790元/吨。综合来看，该企业期货端盈利为1 900 − 1 780 = 120（元/吨），同时由于此时焦炭现货价格由2 140元/吨，下降至1 790元/吨，每吨现货焦炭采购节省了2 140 − 1 790 = 350（元/吨），共盈利350 + 120 = 470（元/吨）。

第七章

铁矿石风险管理案例

第一节 铁矿石期货市场概述

2008年4月，来自荷兰的普氏能源资讯推出了普氏铁矿石指数，并开始在全球范围内推广，此时铁矿石的远期交易才进入人们的视线。同年5月，德意志银行基于普氏铁矿石指数推出了世界上第一个以现金结算的铁矿石掉期合约。该产品一经推出便得到了市场强烈的追捧。到2008年11月，已经形成了四大主要场外交易公司，分别是瑞士信贷、德意志银行、必和必拓以及嘉吉。

2009年4月，世界老牌的航运期货交易所新交所率先推出了基于钢铁指数（TSI）铁矿石指数的掉期合约OTC结算服务。2009年5月，伦敦结算所开始铁矿石掉期结算服务。2010年6月，芝商所也加入到铁矿石掉期的交易和清算服务中。经过最近几年的蓬勃发展，铁矿石掉期合约已经被越来越多的投资者熟悉并积极应用于铁矿石的套期保值以及投机活动中。

2011年1月29日印度商品交易所（ICEX）和印度多种商品交易所（MCX）联合推出首个铁矿石期货，交割结算价以合同到期一个月的TSI国际现货价格平均价折合成卢比的价格。2011年8月12日，新加坡商业交易所（SMX）推出了铁矿石期货，即全球第二个推出铁矿石期货的交易所，以最后交易日《金属导报》公布的MBIO铁矿石指数来确定。2013年4月

12 日，新加坡交易所（SGX）推出首个以中国天津港口 62% 品位的铁矿石价格为参照指数的期货合约，同时规定合约以现金形式支付。铁矿石期货以及掉期交易的推出与发展，为全球铁矿石供应商、贸易商以及终端用户规避市场风险提供了途径。目前，全球主要铁矿石价格指数分别是普氏铁矿石指数、TSI 铁矿石指数和 MBIO 铁矿石指数，这些指数是通过不同的机构收集并计算出每日的铁矿石价格信息，因此铁矿石期货采用这些铁矿石指数在一定程度上加快了指数化定价的进度，同时也为期现收敛提供了依据。

2013 年 9 月 12 日，中国证监会批复通过大连商品交易所开展铁矿石合约上市交易；同年 10 月 18 日，中国第一个铁矿石期货合约正式上市运行。铁矿石期货合约是我国期货市场又一重量级交易品种，必然对我国钢铁上游市场产生深远影响，对我国铁矿石市场化定价产生了强大的推动作用，同时能大大提升我国在国际铁矿石市场中的话语权及铁矿石定价过程的参与程度。

粉矿当时作为铁矿石期货合约交易标的，主要考虑以下几个方面：第一，粉矿是我国消费、进口的主要铁矿石品种。第二，粉矿是我国企业敞口风险中最大的品种。进口铁矿石价格，库存风险体现在两个方面：一是长途海运，我国主流铁矿石进口来源国到我国的海运时间短则半个月，长则 40 天；二是庞大库存，我国港口铁矿石库存量持续累积。第三，粉矿在进口铁矿石中占主流，价格代表性好。目前，在全球铁矿石指数定价体系下，指数机构采集并公布的都是我国北方港口到岸进口粉矿的价格；国际市场铁矿石相关衍生品也都是采用粉矿作为基准价进行产品设计。第四，指标体系简单。

据大商所统计，自铁矿期货推出后，成交量和持仓量一直呈上升态势。2017 年，钢厂高利润下铁矿石品种间分化严重，期货合约对应标的也发生改变，铁矿石成交量和持仓量开始萎缩。进入 2018 年铁矿石期货合约波动率也大幅下滑。目前大商所的铁矿期货市场交易规模大致稳定在日均 234 万手成交量和日均 200 万手持仓量的水平。据统计，自上市以来，连铁共交割过 21 次，共计 514 万吨，主力合约中最大交割量为 I1601 的 161 万吨，其次为 I1805 的 106 万吨，最低为 I1509 的 8 万吨。

一、期货市场总体运行情况

目前，大商所的焦炭期货市场近 3 年日均交易量大约为 2 286 808 手，最高交易量为 7 409 944 手，最低交易量为 480 404 手；近 3 年日均持仓量大约为 1 760 916 手，最高持仓量为 2 780 534 手，最低持仓量为 685 986 手。焦炭期货的成交量、持仓量及价格走势如图 7 - 1 至 7 - 3 所示。

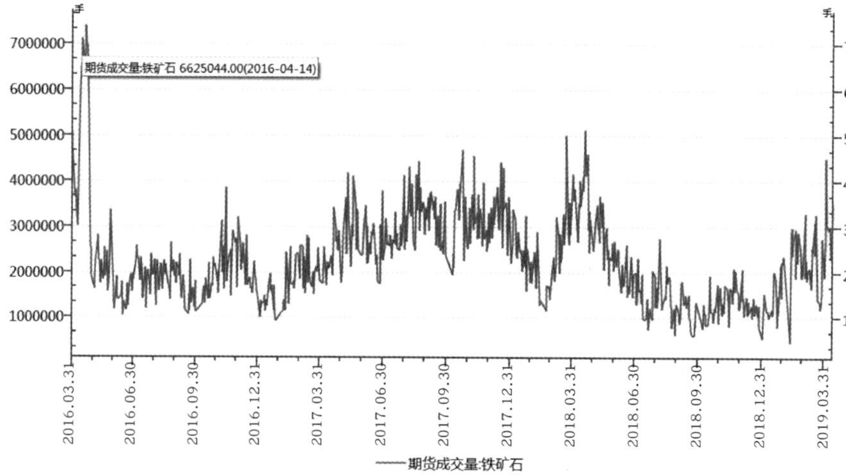

图 7 - 1　大连商品交易所铁矿石期货市场成交量走势

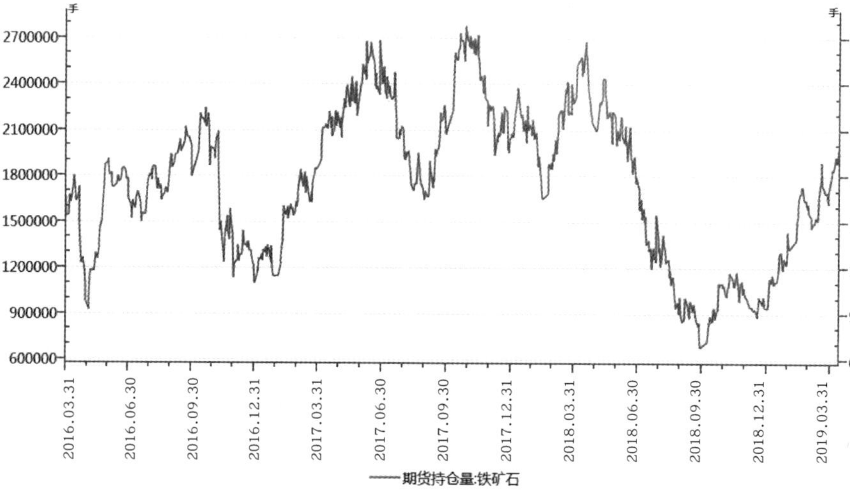

图 7 - 2　大连商品交易所铁矿石期货市场持仓量走势

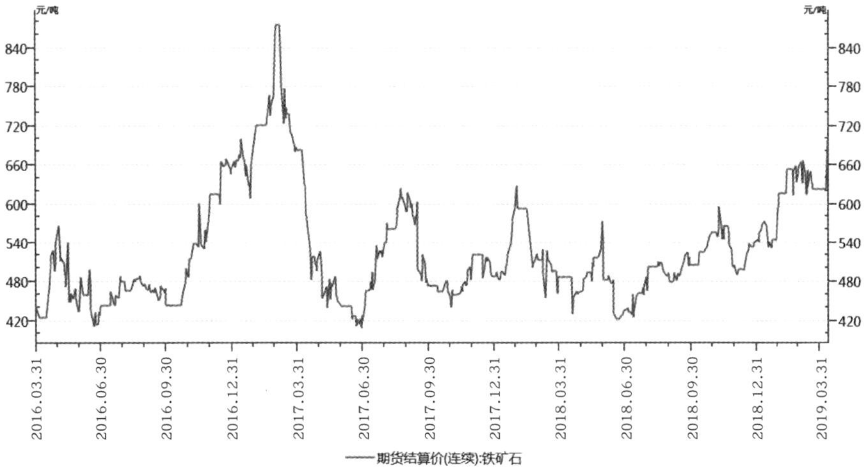

图7-3 大连商品交易所铁矿石期货市场价格走势

资料来源：wind。

二、2018年价格走势变化分析

（一）铁矿石期现货价格区间震荡

2018年，铁矿石期货价格区间震荡。期货主力合约结算价为492.5元/吨，较上年末下跌37.5元/吨，跌幅7.08%，全年价格波动幅度为27.84%，较上年降低45.16%；现货基准地价格为563元/湿吨，较上年末上涨14元/湿吨，涨幅2.54%，价格波动幅度为30.39%，较上年降低31.83%。铁矿石价格变化的主要原因有：供给方面，进口铁矿石供应较为平稳，2018年1—11月，铁矿石累计进口量9.78亿吨，同比减少1 284万吨，降幅1.30%，国内铁矿石供应下滑，同时据中国冶金矿山企业协会和我的钢铁网调研统计，2018年国内铁精粉产量2.50亿吨，同比下降1 278万吨，降幅5.12%，但受制于较小的占比，国内铁精粉产量的下降对总供给的影响有限；需求方面，在“打赢蓝天保卫战”行动计划下，钢铁行业环保限产呈现常态化特征，高炉开工率同比下滑，2018年全国高炉产能利用率平均值为63.15%，较2017年下降6.67%。另外，虽然今年北方地区采暖季限产取消“一刀切”的做法，由各省市根据空气状况自行安排，但唐山市等钢铁主产区的环保限产措施仍然频繁发布，对铁矿石的需求持续形成压制。

分阶段看，2018 年第一季度，铁矿石价格下跌。在供给方面，铁矿石到港量在传统发货淡季并未出现明显下降，整体供应充裕。在需求方面，钢材终端需求复苏缓慢，以螺纹钢为代表的钢材社会库存攀升至近几年高位，钢材价格走低降低钢厂对原材料的采购意愿，压制铁矿石需求。2018 年第二季度，铁矿石价格上涨。在宏观方面，中美贸易局势有所缓和，市场对于爆发全球性贸易战的担忧情绪减弱。此外，央行意外定向降准，增加市场信心。在供给方面，整体较为平稳。在需求方面，钢铁终端需求逐步复苏，钢材库存加速去除，钢材价格回升，钢厂生产利润增加、补库热情提升带动铁矿石需求好转。2018 年第三季度，铁矿石价格下跌。在供给方面，国外港口检修较多，铁矿石发货量短期出现明显回落，同时，国内环保政策趋严，露天采矿被明令禁止，部分矿山的开工率受到影响，加上来自成本的压力，国内铁矿石供给持续下滑至 2009 年以来的低位。在需求方面，钢厂生产利润维持较好，对高品位、高质量的铁矿石持续保持青睐，生铁产量同比增加，说明铁矿石的需求尚可。另外，铁矿石港口库存也自 2018 年 3 月初的历史高点继续回落，反映出供需格局的好转。2018 年第四季度，铁矿石价格先扬后抑，具体而言：在迎来采暖季的 10 月，铁矿石价格上涨。在供给方面，澳洲和巴西主流铁矿石的发货量有所减少，国内铁精粉产量继续下滑。在需求方面，高利润驱动下，钢厂为了降低环保限产对产量和利润的影响，加紧烧结生产，提振铁矿石的需求，港口库存降至年内低点，且库存结构持续改善，铁矿石价格上涨，随后，钢铁市场进入传统需求淡季，钢材价格在需求转淡但供给偏高的格局下连续下挫，钢厂利润大幅收缩，高炉主动检修量增多，铁矿石需求受到压制，呈现下跌走势，进入同年 12 月，铁矿石供需总体表现平稳，钢厂铁矿石库存处于低位，在补库预期的支撑下，铁矿石价格有所回升（见图 7－4）。

（二）铁矿石与产业链其他期货品种价格相关性上升

2018 年，铁矿石市场供大于求的格局仍然延续，价格走势与产业链中其他受中美贸易战和环保限产等影响的品种出现偏离，价格相关性维持在 0.5 左右的水平，但各品种间供需基本面分化的情况较 2017 年有所改善，价格相关性同比上升。具体而言，铁矿石期货与螺纹钢、焦煤和焦炭期货的

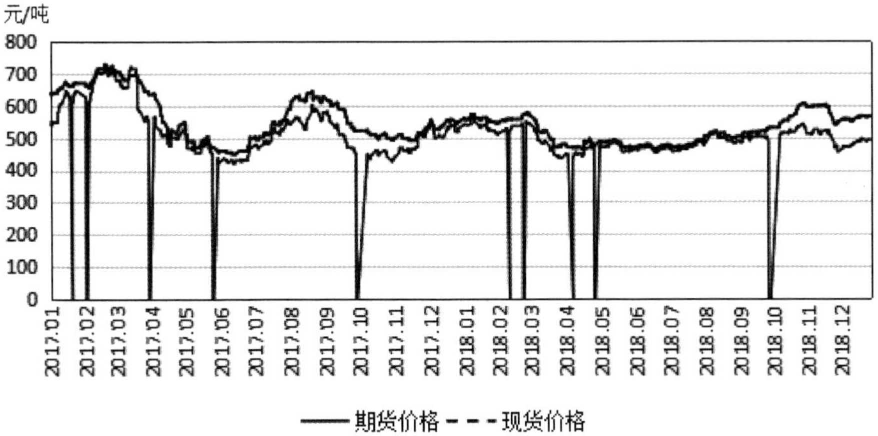

图7-4　2017—2018年铁矿石期货主力合约和现货基准地价格走势

数据来源：Wind数据库。

相关性分别同比上升0.44、0.14和0.30，至0.55、0.69和0.46（见表7-1）。

表7-1　2017—2018年铁矿石期货与国内黑色金属产业链其他期货品种相关性

	螺纹钢期货	焦煤期货	焦炭期货
2017年	0.11	0.55	0.16
2018年	0.55	0.69	0.46
变动幅度	0.44	0.14	0.30

数据来源：Wind数据库。

注：期货价格为活跃合约结算价，数据为日度数据。

（三）境内外铁矿石衍生品价格相关性继续保持高位

2018年，大商所铁矿石期货与新交所铁矿石衍生品价格相关性同比小幅下降，但继续保持在高位。具体而言，大商所铁矿石期货主力合约结算价与新交所铁矿石掉期（期货）近一月合约结算价的相关性较2017年下降0.04~0.92。境内外铁矿石相关衍生品价格走势高度相关，为投资者进行跨市场套利提供了良好的工具。

三、2018年交易主体结构分析

（一）铁矿石交易客户数同比下降，但法人客户占比提升

2018年，参与铁矿石期货交易的客户数量同比减少，月均客户数量为

12.80 万户，较 2017 年减少 29 709 户，降幅 18.84%。

从参与交易的客户结构看，虽然受铁矿石价格波动率下降等因素影响，参与铁矿石交易的客户数量较 2017 年减少，但法人客户占比提升。2018 年，铁矿石期货月均法人客户数量为 3 574 户，同比减少 857 户，降幅 19.34%；铁矿石期货月均个人客户数量为 12.44 万户，同比减少 2.89 万户，降幅 18.82%。法人客户月均占比为 2.91%，同比增幅 1.75%，尤其是 2018 年 12 月法人客户占比提升至 3.48%，为近两年最高，同比增幅 16.39%（见图 7－5）。

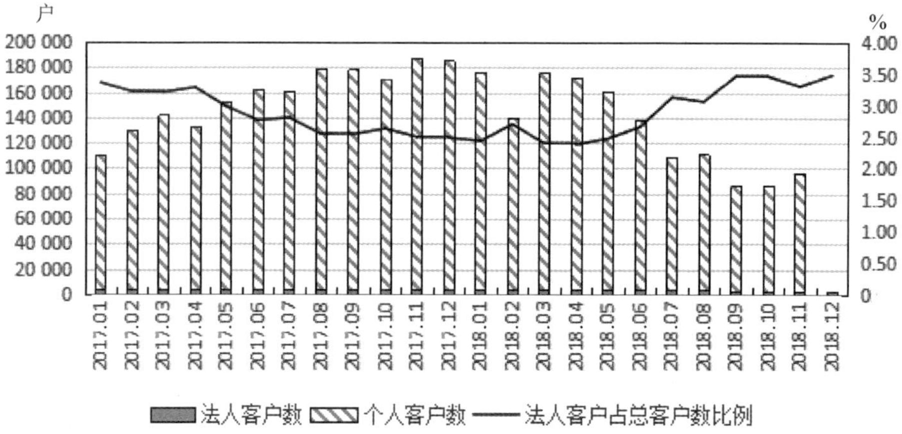

图 7－5　2017—2018 年铁矿石期货市场客户结构

数据来源：大连商品交易所。

（二）铁矿石短线交易客户数量减少，但法人短线客户数占比提升

2018 年，在铁矿石价格波动率下降等因素的影响下，参与铁矿石期货短线交易的客户数量明显减少，月均短线客户数量为 9.09 万户，同比减少 3.33 万户，降幅 26.82%。从短线客户的结构看，2018 年月均法人短线客户和个人短线客户数的占比分别为 2.05% 和 97.95%，其中，法人短线客户数在总短线客户数中的占比呈现增加态势，自 2018 年 1 月的 1.69% 升至 2018 年 12 月的 2.64%（见图 7－6）。

（三）铁矿石成交和持仓集中度均提升

2018 年，铁矿石期货的成交和持仓集中度（即前 100 名客户的成交量

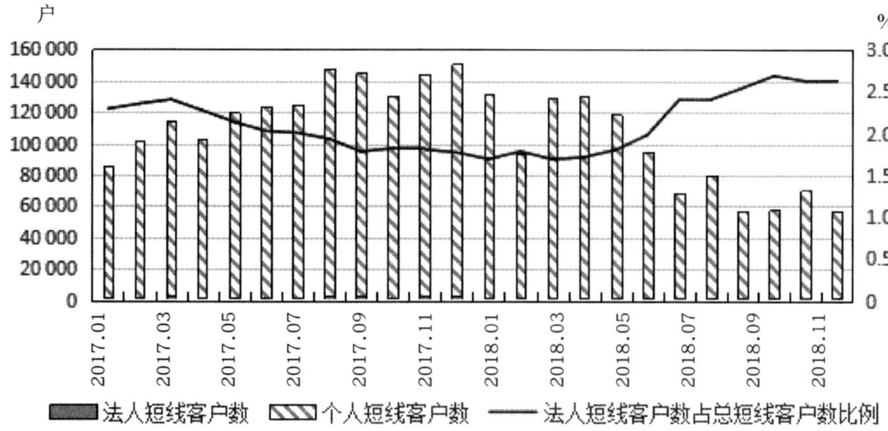

图 7－6　2017—2018 年铁矿石期货法人参与客户数

数据来源：大连商品交易所。

和持仓量占比）均较 2017 年有所提升，其中成交集中度自 2018 年 1 月的最低点上升至 2018 年 9 月的最高点，随后小幅下降，2018 年全年运行区间为 30.36% 至 55.85%，月均成交集中度为 43.45%，同比增幅 40.43%；持仓集中度同样从 2018 年 1 月的最低点 36.38% 增至 2018 年 9 月的 49.46%，随后又小幅下降至 2018 年 12 月的 48.62%，月均持仓集中度为 42.71%，同比增幅 8.19%（见图 7－8、7－9）。

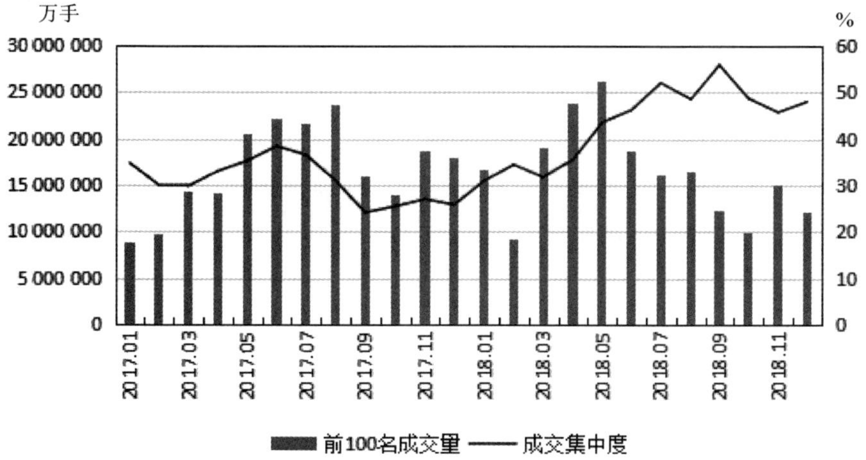

图 7－7　2017—2018 年度铁矿石期货成交集中度

数据来源：大连商品交易所。

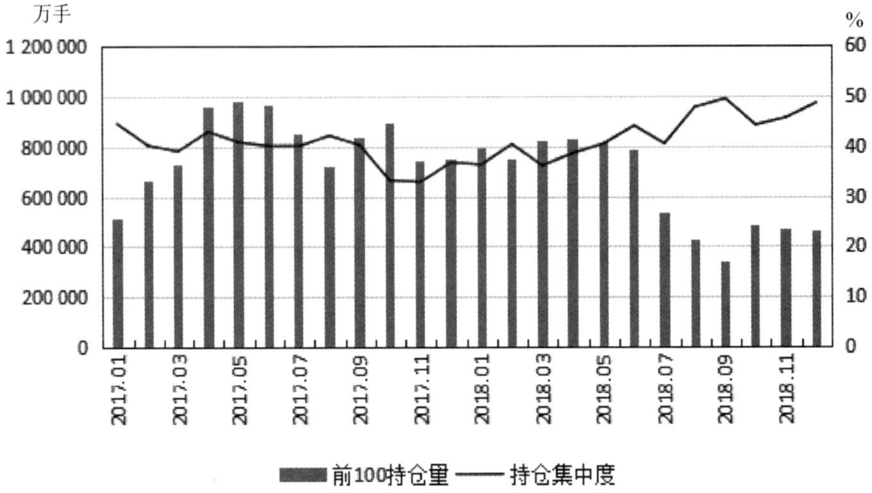

图7-8 2017—2018年度铁矿石期货持仓集中度

数据来源：大连商品交易所。

四、2018年期货市场功能发挥情况

（一）价格发现功能发挥情况

2018年，铁矿石期现价格相关性为0.81，较2017年降低0.14，降幅14.74%，但仍保持在较高水平。从期现货价格引导关系看，2017年为现货引导期货，2018年为期货和现货双向引导（见表7-2）。

表7-2 2017—2018年铁矿石期现价格相关性

检验项 \ 年份		2017	2018
期现价格的相关性	系数	0.95	0.81
	显著性检验	通过检验	通过检验
期现价格引导关系		现货引导	双向引导

数据来源：大连商品交易所。

（二）套期保值功能发挥情况

1. 基差长期为正，均值同比下降

2018年，铁矿石期现货基差的均值为30.06，运行区间为［-4，

92.5]，最大和最小基差分别出现在11月和8月，基差的标准差为25.39，同比变化不大，全年基差继续保持正数，即现货价格高于期货价格，但现货升水幅度同比有所降低（见图7－9）。

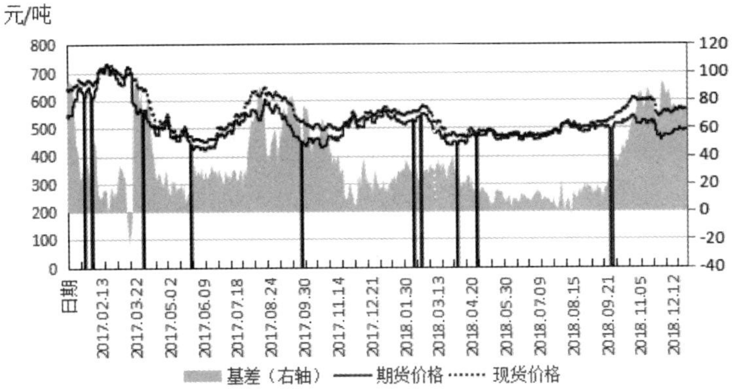

图7－9　2017—2018年铁矿石期现价格及基差变化

数据来源：大连商品交易所。

2. 套期保值效率小幅降低

2018年，铁矿石期货的套期保值效率为88.87%，较2017年降低15.02%，降幅16.9%。从基差的收敛情况看，到期日基差为18.42，较2017年降低30.58，期现价差率5.33%，同比小幅下降（见表7－3）。较高的到期价格收敛性和套期保值效率说明铁矿石期货的套期保值功能发挥良好。

表7－3　2017—2018年铁矿石期货套保有效性

指标			2017	2018
基差	均值	元	76.99	30.06
	标准差	元	26.69	25.39
	最大	元	142.56	92.5
	最小	元	22	－4
到期价格收敛性	到期日基差	元	49	18.42
	期现价差率	%	5.80	5.33
套期保值效率	周（当年）	%	88.87	73.85

数据来源：大连商品交易所。

2017 年 9 月 13 日，大连商品交易所发布关于修改铁矿石合约质量标准的通知，对铁矿石期货交割标准品以及替代品的相关指标和升贴水进行调整，新规则自铁矿石 1 809 合约起施行。此次铁矿石期货合约质量标准的调整经过了充分的市场研究和多轮论证，新标准更加贴近现货使用习惯，有助于改善期货价格代表性，提升企业利用期货工具的避险效率。

2018 年 5 月 4 日，铁矿石期货引入境外交易者正式启动。这是我国继推出原油期货后，第二个迈出国际化步伐的期货品种。此次铁矿石期货引入境外交易者，是在铁矿石期货多年成熟运行的基础上，保持原有合约、基础制度、核心技术系统、核心清算和风控模式不变，采用人民币计价和结算，接受美元等作为保证金使用。境外交易者通过境内期货公司会员和境外经纪机构转委托方式参与，境外资金使用参照特定品种方式管理，提供保税交割。国际化之后，铁矿石期货市场的客户结构更加完善，将逐步在国际市场上发挥与我国大国地位相匹配的影响力，也为全球钢铁企业规避铁矿石价格波动风险提供了一个更加高效、便利的金融工具。

下面分别就如何利用期货、期权等工具，在铁矿石产业链上下游企业中实施套期保值、库存管理、套利交易、点价交易以及相关的企业全面风险管理等进行案例分析。

第二节　铁矿石产业链上游企业套期保值案例

铁矿石生产企业作为铁矿石产业链的上游，其特征是原料开采成本相对固定，企业利润多少主要取决于铁矿石销售价格的高低。对于国内的铁矿石生产企业，相当一部分是被钢铁企业所控制拥有，并以协议价直售给所属钢企。因此，对于这部分的铁矿石生产企业，可以认为其未有敞口风险，可不进行套期保值。而对于以市场价格为基准进行销售的国内铁矿石生产企业，铁矿石销售价格为企业的敞口风险，因此可以采用卖出套期保值的方式尽可能地将铁矿石销售价格锁定于相对高位，以保证企业获得预期的销售利润或尽量避免跌破亏损容忍区间，这是此类型企业参与套期保值的目的。

对于国外铁矿石生产企业，在铁矿石原料销售至中国时，目前其定价结算主要是参考现货指数，而普氏指数和TSI指数与国内铁矿石现货价格的相关性非常高，因此也可以利用国内铁矿石期货进行保值。不过这类型的企业在保值中，敞口风险因素除了铁矿石销售价格外，汇率及海运费的因素也需关注。

案例：

某大型采矿企业的情况大致如下：该企业拥有矿山且铁矿石年产量为1 000万吨，每月生产100万吨左右。2019年春节后，铁矿石价格从155美元/吨左右持续下跌，到6月初下跌到110美元/吨左右。假设企业在3月中，认为铁矿石价格还将继续下跌，决定对4月生产出的铁矿石进行卖出套期保值。因此：

（1）保值比例首次预取30%，保值量＝1 000 000×30%＝300 000（吨），即首次保值头寸3 000手。

（2）保值方向＝卖出保值。

（3）建仓合约＝I1309合约（2019年9月到期的合约）。

根据铁矿石行情，该采矿企业3月份在I1309合约建仓的平均价位为1 000元/吨，到6月份铁矿石I1309合约价格下跌至700元/吨附近，采矿企业认为未来继续下跌的空间有限，选择在期货市场上进行平仓。

最后，该企业通过卖出套期保值，共挽回铁矿石价格下跌造成损失中的（1 000－700）×300 000＝9 000（万元）。

第三节　铁矿石产业链中游企业套期保值案例

一、背景回顾

2017年年初，为确保完成《大气污染防治行动计划》所确定的2017年各项目标，环保部制定了《京津冀及周边地区2017年大气污染防治工作方案》，决定在采暖季对《方案》中划出的“2＋26”城市进行采暖季限产的措施，其中包括唐山市、邯郸市、邢台市、安阳市等钢铁重镇。此限产措施，对钢铁生产企业生产环节有较大抑制，图7－10为高炉开工率情况，从图中可以看到一方面全国高炉开工率自2017年10月起出现明显下降，另一方面中钢协统计的粗钢产量自2017年11月开始也出现加大下降。环保限产对于铁矿石的需求端有明显的抑制作用。

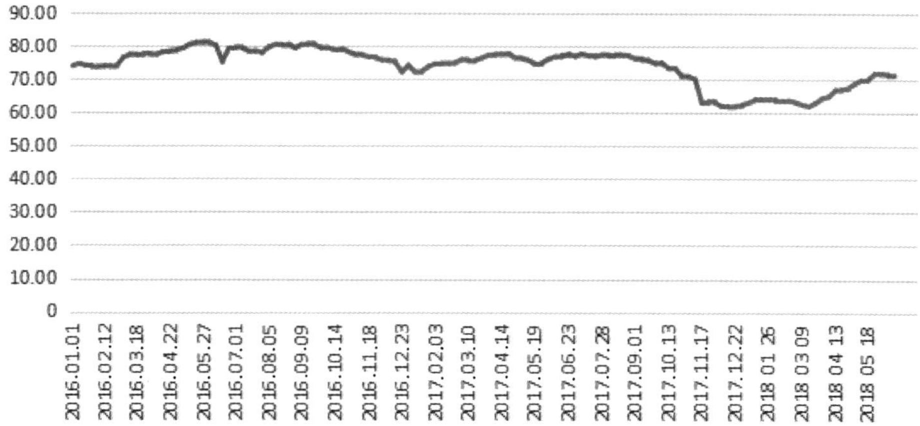

图7-10　2016—2018年全国高炉开工率走势

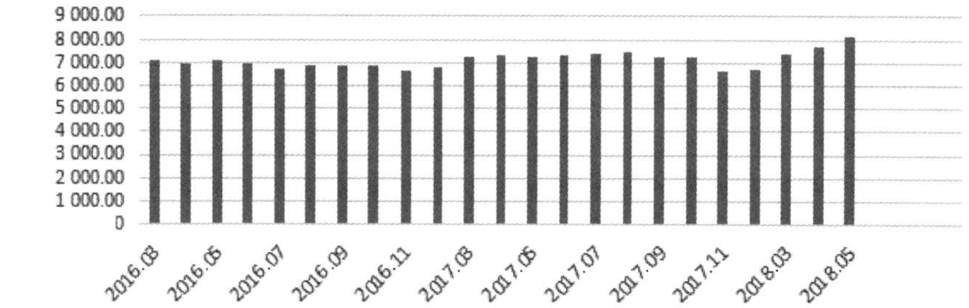

图7-11　2016—2018年粗钢月度产量

资料来源：Wind。

二、套期保值方案制定与实施

从库存端可以看到自2017年10月中旬起，受制于钢厂高炉开工率的下降，铁矿石的库存出现了快速的累积，在2018年1月初达到了历史峰值的1.5亿吨，并有继续累积的趋势。虽然后期有限产结束后钢厂的复产预期在，但在铁矿石高供给、高库存的情况下，铁矿仍具有较大下行风险，所以某企业针对公司港口的5万吨PB粉库存进行套保。具体建仓步骤如表7-4所示。

表 7－4　　卖出套保建仓方案

时间	规模	均价
2018 年 1 月 16 日	100 手	530 元/吨
2018 年 1 月 18 日	150 手	537 元/吨
2018 年 1 月 22 日	250 手	545 元/吨
合计	500 手	539.6 元/吨

在盘面针对 5 万吨现货库存建好相应的套保头寸后，铁矿石在春节后受钢材价格上涨影响，价格有所冲高。但铁矿石基本面风险仍在，铁矿石港口库存依然处于快速累积的状态。随着港口库存累积，唐山限产延长，以及螺纹钢贸易环节风险释放等因素共同影响，铁矿石自 2018 年 2 月底开始，出现了一个月左右的连续性下跌。在 2018 年 3 月底左右，随着价格跌破 440 元/吨左右的国外部分矿山成本和国内矿山成本，加上限产期结束，高炉开工率开始回升，铁矿石套保空单逐渐平仓，平仓均价在 435 元/吨左右，至此 2018 年春节后的铁矿石套保暂时告一段落。

三、套期保值效果

此次套保效果的评估如表 7－5 所示。

表 7－5　　卖出套保盈亏情况

	期货	现货
期初价格	539.6 元/吨	579 元/吨
期末价格	435 元/吨	489 元/吨
盈亏情况	（539.6－435）×50 000＝523（万元）	（489－579）×50 000＝－450（万元）

经过评估，此次港口 PB 现货库存的套保，不但完全规避的现货下跌的风险，而且因为基差扩大，获得了 73 万元的基差收益，此次套保效果完全达成了预定的目标。

第四节 铁矿石产业链中游贸易企业套利策略案例

一、案例一：跨期套利

（一）铁矿石套利逻辑简介

近远月价差交际即正套与反套。正套即买近月抛远月，近远月价差扩大即获利，反套即卖近月买远月，价差缩小即获利。

跨期价差结构事实上也是用于调节市场供需结构的一种机制，和区域价差类似。当供应紧张时，即库存持续下降，近远月价差扩大直至近月挤不出那么迫切的需求，这是正套的基本面供需逻辑。而反套的基本面逻辑是，当供应过剩有压力的情况下，即库存累积，这部分供应从时间角度上向后转移，来解决近月的过剩。从现货市场的表现来看，即供货方甩货，直到近远月价差拉到能覆盖持仓成本的价差，在这个基础上买方愿意持有库存。

但是反套的逻辑在遇到对于远月基本面及其悲观的前提下便不成立了。这也是铁矿自上市以来由于供应过剩的预期导致铁矿石的价格曲线一直呈现远月贴水状态的主要原因。每到交割月，近月期货价格与现价格收敛的过程中都会导致近远月价差大幅扩大。这是期货交易中由于过度的远月悲观情绪所造成的交易机会。2017 年之前，铁矿正套一直是各类投资者乐此不疲的交易策略，但是在 2017 年，这个交易策略被各种原因颠覆。

（二）背景回顾

2017 年 5 月合约之前，铁矿合约交割品为纽曼粉、PB 粉等主流货物。但是 2017 年随着中国供给侧改革，地条钢产量被全面取缔，粗钢产量大幅缩减，供应缺口明显。而供应缺口需要长流程企业来弥补，在高利润的刺激下，长流程企业通过增加高品矿的用量，提高烧结矿品位，从而增加铁水产量。在这个过程中，中高品铁矿的价格大幅上涨，中高品矿的价格与低品矿的价格也大幅扩大。同时，在 2016 年以来的上涨行情后，部分中低品矿也出现了利润，而这部分中低品矿由于品种较新，市场认知度不强，国内钢厂使用量较少，主要以巴西的托克粉以及淡水河谷的 SFNG 为代表。托克粉和

SFNG 的指标接近交易所的交割指标红线，符合交割标准，但由于现货价格大幅低于纽曼和 PB 等主流矿粉，其替代了主流矿粉变成了最划算交割品。

（三）套利方案制定与实施

某企业对于铁矿交割品的情况进行了调研，并且对可交割品和市场价格进行测算，2017 年 4 月中旬左右，发现最划算交割品和以往出现了极大的不同。而最划算交割品发生变化的主要原因是整个钢铁行业供给侧改革后，钢厂用料结构升级所导致的，那么远月的交割品是否也会随着基本面而发生改变。某企业就交割品变化的主要原因进行了分析。从 2016 年一波单边上涨的行情到现在，可以看到螺纹和焦炭的价格涨幅非常之大，与此同时该企业看到的另一个现象就是铁矿高低品价差不断扩大，以 PB 粉和超特粉作为高低品矿的代表。青岛港 PB 粉（铁含量 61.5%）和超特粉（铁含量 56.5%）的价差从 2016 年 9 月的 85 元/吨上涨至 2017 年 3 月的 215 元/吨。从需求角度来说，高低品矿价差扩大的主要原因还是在于螺纹和焦炭的绝对价格高位，钢厂愿意花更多的钱去买高品矿，提高烧结矿品位，从而增加铁水产量，而从成材端获得更多的利润。从这个角度看，其实决定高低品矿价差的并非钢厂的利润，而是边际利润。当螺纹价格回落后，高低品矿的价差若维持原来的大小，高品矿的性价比明显下降，钢厂采购高品矿的意愿下降，低品矿的需求逐渐好转，高低品矿价差回归。所以，理论上，高低品矿的价格与成材价格成正比，另外其也受焦炭绝对价格的影响，但焦炭的影响相对较小，只有在焦炭价格大幅上行时，对应的高低品矿价差出现一定比例的放大，但是从敏感性角度来看，成材的价格对高低品的价差影响更大。

理解了钢厂边际利润对于高低品价差的影响之后，该企业回溯到 I1601 合约的交割情况。2015 年螺矿价格的暴跌，螺纹价格低位，高品矿自然没有其性价比优势，港口的卡粉几乎无人问津，当时卡粉和 PB 粉的价差仅仅只有 20 元/吨左右，而根据交易所的规定，交割品高一个品位可以有 10 元/吨的升水，卡粉较盘面高了 3 个铁品位，交割卡粉可以有 30 元/吨的升水，而现货却没有这样的升水，所以当时盘面的交割标的变成了卡粉。该企业发现，交割品会随着基本面情况改变而发生改变，并且螺纹的价格对交割品的变化影响较大。当时的 10 月螺纹大幅贴水现货，大家对于远月螺纹悲观的心态也导致了低品矿现货贴水收窄的情况。远月的盘面交割标的又重新回到了主流矿粉。

当时铁矿 5－9 正套的价差持续扩大，市场对于交割品认知依旧停留在以往主流交割品的认知上。而当时的 5－9 价差已经超过历史同期价差走扩到 80 元/吨左右。该企业发现 2017 年 4 月 17 日时的 SFNG 日照港价格为 400 元/吨或更低，以 400 元/吨的价格计算折仓库仓单价格为 493 元，而 PB 粉日照港价格为 480 元，折仓单价格为 545 元/吨。离交割月还有一周，当时 5－9 价差扩至 70 元/吨，4 月 17 日的盘中 I1705 接近 550 元/吨，该企业认为近月会向 SFNG 以及托克粉的价格回归，市场给出了 5－9 价差收缩，即 5－9 反套的交易机会。

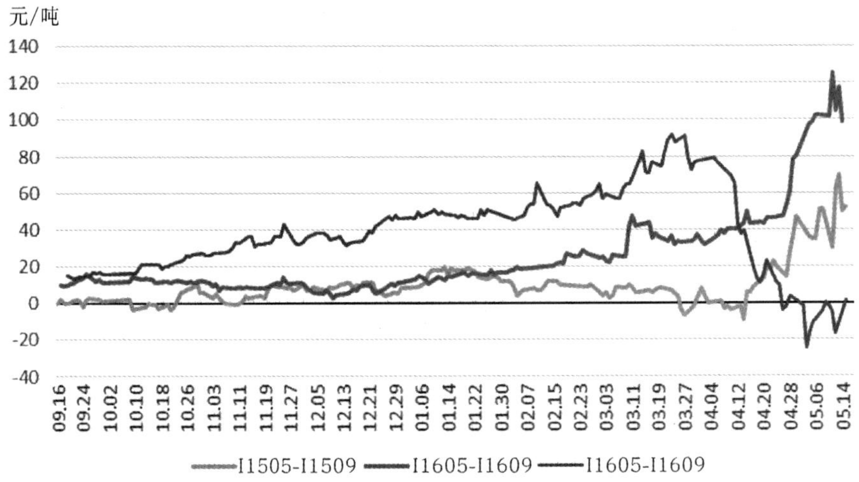

图 7－12 铁矿石 05—09 跨期套利价差走势

该企业 2017 年 4 月 17 日在 5－9 价差为 60 元/吨的时候同时两边开仓各 500 手，空开 I1705，多开 I1709。在 2017 年 5 月 5 日，当 5－9 价差缩至 7 元/吨时，两边同时平仓，即多平 I1705，空平 I1709。本次套利多头头寸获利 400 万元，空头头寸亏损 135 万元，总盈利 265 万元。从价差角度来看，反套即是做空价差的策略，当价差从 60 元/吨收缩到 7 元/吨，单手获利 53 元/吨，500 手套利头寸即获利 265 万元。

表 7－6　　铁矿 I1705—I1709 反套策略利润测算

建仓方向	合约	建仓价格	建仓手数	平仓方向	平仓合约	平仓价格	盈利
卖开	I1705	530	500	买平	I1705	450	4 000 000
买开	I1709	470	500	卖平	I1709	443	－1 350 000
建仓价差		60		平仓价差		7	
反套总盈利							2 650 000

二、案例二：基差套利

（一）基差套利背景回顾

2016 年年底，中国工信部、发改委共同出台取缔“地条钢”的相关文件，要求在 2017 年彻底出清“地条钢”等落后产能，并要求在 2017 年 6 月 30 日前全部取缔。相关部门派出 12 个督导组赴河北省、河南省、广西壮族自治区、黑龙江省等地，就钢铁煤炭行业淘汰落后产能再次进行排查整治，“地条钢”为其中重点。我国钢铁行业的供给侧改革的任务进入了一个新的阶段，淘汰“地条钢”将去除较大的钢材表外产量，钢材的供需结构发生根本性转变，之前钢材供应的宽松格局，将转变成紧平衡状态。

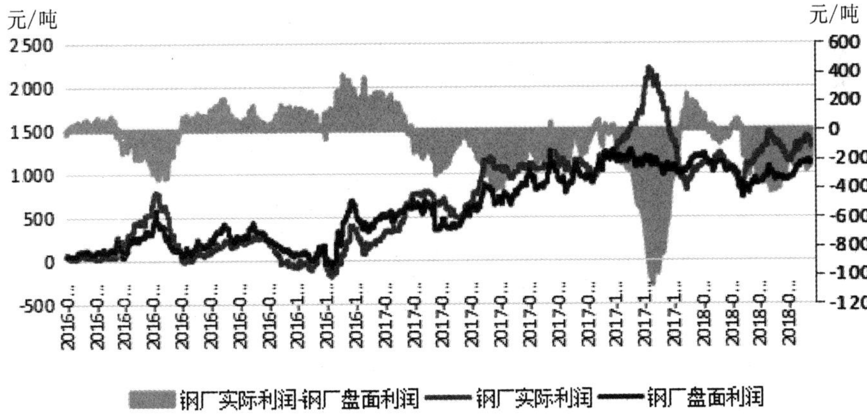

图 7－13　2016—2018 年钢厂利润情况

受此影响，钢厂利润自 2016 年 12 月左右出现了快速拉升，钢厂利润从微亏的状态迅速好转，到 2017 年 8 月初，钢厂利润达到 1 000 元/吨的水平。钢厂利润的持续增加，钢厂提高高炉利用系数的愿望增强。在原料采购中，钢厂更青睐性价比更高的高品位块矿。但从图7－14的五个港口库存结构中可以看到，PB块库存自2017年6月开始持续下降，且PB块库存在港口库存占比也持续降低，到2017年7月底，只有3%左右。高品位块矿相对于矿粉等资源相对稀缺。且在钢厂利润较高的情况下，钢厂仍有较强意愿保持较高的高品位块矿入炉比例。所以，块矿相对于粉矿的溢价仍有走高的可能。

（二）基差套利方案的制定与实施

针对以上情况，某企业准备在港口买入块矿现货，建立块矿库存，并在大连商品交易所铁矿石期货上做空，建立买块矿，抛粉矿的套利头寸，以赚取块矿溢价的价差。总体规模以10万吨计算。考虑到买入块矿需求全额资金，PB块港口现货价格630元/吨，现货头寸需要资金6 800万元；在铁矿石期货上建立空单并不以交割为目的，所以空单建立在1801合约上，需要资金605万元，考虑到防范风险以及强行平仓的问题，期货上准备资金870万元，期现货合计准备资金7 670万元。在准备好资金后，逐渐在港口买入港口现货，并在铁矿石期货上建立对应的空单，表7－7为前期建仓过程。

表7－7 铁矿石基差套利建仓方案

	买入港口PB块矿现货		卖出1801铁矿石期货	
时间	价格	数量	价格	数量
2017年7月27日	645元/吨	20 000吨	500元/吨	20 000吨
2017年7月28日	645元/吨	20 000吨	510元/吨	20 000吨
2017年7月31日	645元/吨	20 000吨	530元/吨	20 000吨
2017年8月1日	680元/吨	20 000吨	545元/吨	20 000吨
2017年8月2日	680元/吨	20 000吨	540元/吨	20 000吨
均价	659元/吨		525元/吨	

后期随着2017年8月高温天气的来临，叠加高利润背景下钢厂的高产量，螺纹钢库存出现快速累积，螺纹钢价格在冲高后出现回落，但因为铁矿石库存处于1.3亿吨的高位，大连商品交易所铁矿石期货下跌幅度相对较大。但块矿受制于港口库存偏低，加上钢厂利润仍然处于高位等因素价格依然处于上涨状态。块矿与粉矿价差出现快速拉大（见图7－14）。

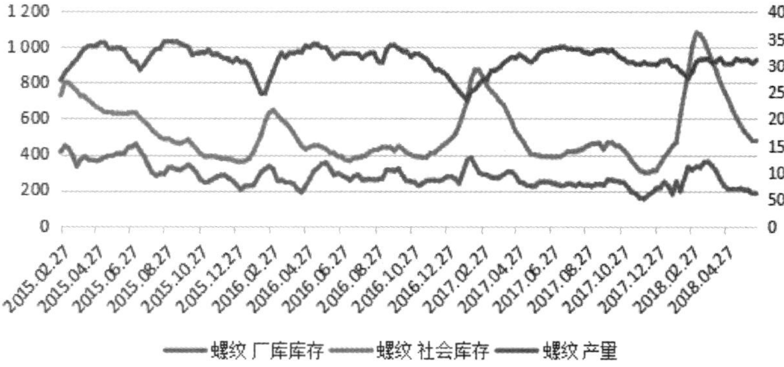

图 7-14　2015—2018 年螺纹钢产量库存周走势

2017 年 9 月 15 日，因前期块矿发货将集中到港，且港口 PB 块矿现货和港口 PB 粉现货价差达到 240 元/吨，在已经有较好收益的情况下决定对手中的 PB 块现货和铁矿石期货空单同时进行了结。虽然块矿现货较为火爆，但现货市场成交量相对期货而言有限，所以在处理手中现货的时候不得已分批进行，同时按比例对手中的铁矿石期货头寸按比例进行平仓。为平仓过程。

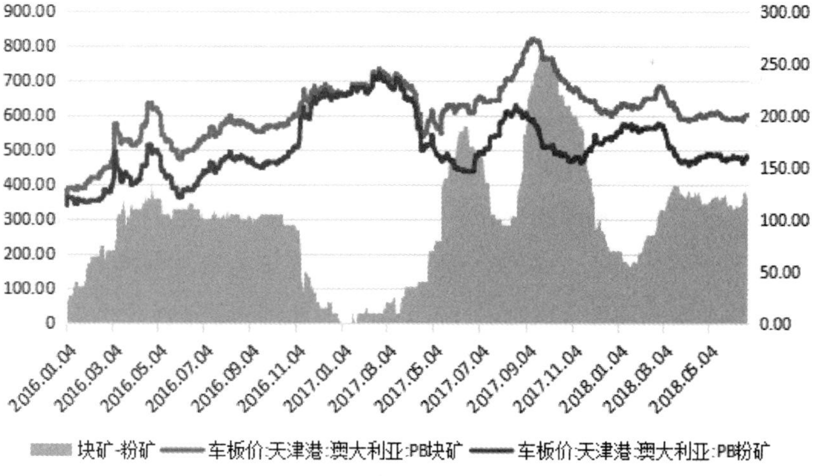

图 7-15　2016—2018 年块矿粉矿价差走势

表 7-8 铁矿石基差套利平仓方案

	卖出港口 PB 块矿现货		买入 1801 铁矿石期货	
时间	价格	数量	价格	数量
2017 年 9 月 15 日	820 元/吨	40 000 吨	509 元/吨	40 000 吨
2017 年 9 月 18 日	815 元/吨	40 000 吨	505 元/吨	40 000 吨
2017 年 9 月 19 日	815 元/吨	10 000 吨	500 元/吨	10 000 吨
2017 年 9 月 20 日	815 元/吨	10 000 吨	495 元/吨	10 000 吨
均价	817 元/吨		505 元/吨	

（三）基差套利效果

平仓后，对此次基差套利情况进行总结，首先看一下期现货合并计算后的盈亏情况如表 7-9 所示。

表 7-9 铁矿石基差套利盈亏情况

	入场均价	出场均价	数量	盈亏情况
现货头寸	659 元/吨	817 元/吨	100 000 吨	1 580 万元
期货头寸	525 元/吨	505 元/吨	100 000 吨	200 万元
合计				1 780 万元

（四）总结

通过最后期现货的盈亏合并计算，此次套利累计盈利 1 780 万元，起初本金 7 670 万元，时间周期为 40 天左右，折合年化收益率接近 209%，从年化收益率上来看整体操作非常成功。主要原因有两点，一是因为准确判断了铁矿石库存结构性问题，块矿阶段性的稀缺性是此次套利成功的主要原因；二是因为铁矿石盘面定价以粉矿计价，黑色产业链的季节性淡季是铁矿石期货端的空头头寸盈利的主要原因。针对此次套利，企业主要总结了以下几点：

（1）在做期现套利的时候，往往过度关注于交割标准品与期货的基差机会，而忽略了非标准交割品与期货的套利机会也很多，而且潜在盈利空间巨大。

（2）在分析单一品种的时候，也应该建立动态立体的价格体系和库存体系，否则很难发现结构性的问题，如此次针对块矿溢价的套利机会和比较经典的自2016年开始的高低品矿粉价差扩大的机会。

（3）此次期现套利的成功离不开现货业务部门的配合，否则很难在短时间内完成现货库存的采购与销售。如果想做好期现套利，期现货部门配合需要合作无间，才能够完成预期的设想。

第五节 铁矿石产业链下游消费企业场外期权风险管理案例

一、案例一

（一）钢铁企业对原材料价格风险较为敏感

本溪北营钢铁（集团）股份有限公司（以下简称本钢集团北营钢铁公司）是辽宁省最大省属国有企业——本钢集团有限公司的全资子公司。成立于2002年4月5日，注册资本60亿元。具备年产生铁800万吨，粗钢850万吨，螺纹、线材、卷板等900万吨的生产能力；年均采购铁矿石1 300万吨（其中进口矿约1 000万吨），炼焦煤400万吨（其中进口焦煤约60万吨），焦炭20万吨。本钢集团北营公司自2009年开始参与期货市场，保证金在2亿~3亿元，曾多次利用期货市场规避现货风险。

中信期货有限公司，经过近20年的发展，目前是国内规模最大的期货公司之一。注册资本逾16亿元，净资产逾32亿元，客户保证金规模和净利润指标多年来稳居行业第一。国企背景的期货公司，全牌照期货商，公司经营范围包括：商品期货经纪业务、金融期货经纪业务、期货投资咨询业务、基金销售业务、资产管理业务。其中，中信中证资本管理有限公司是中信期货有限公司风险管理子公司，于2013年6月26日成立于深圳前海开发区，注册资本5亿元人民币。公司的做市团队拥有深厚的金融数学背景和强大的量化研究技术，期权定价精确性和效率在行业内具备明显优势。

（二）领口期权帮助企业更好的管理原材料价格风险

从进口铁矿石的港口价格走势图7-16可以看出，进入2017年2季度后，主流矿种价格不断下行并在2017年6月维持低位运行了一段时间。但受钢厂原料补库存，高品矿特别是纽曼粉、PB 粉等主流矿种短期供应偏紧等微观结构性因素影响，2017 年 6 月后，铁矿价格跟随整体黑色品种上涨。

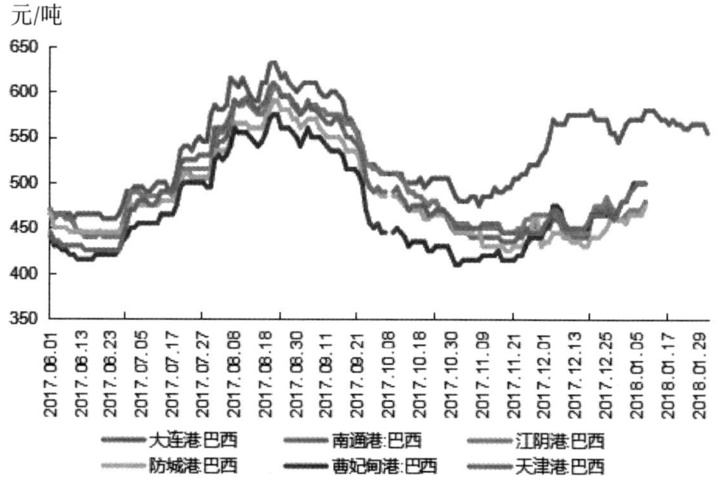

图 7－16　2017 年 6 月至 2018 年 1 月进口铁矿石价格

但从铁矿石供给量来看，国外矿山发货量维持在高位，同时由于国内钢铁企业采暖期限产的影响，铁矿石需求量持续降低，内矿产量同比往年处于偏高位置，铁矿石港口库存进入 2017 年以来一直处于高位，同时再次刷新前期高点。因此，从长期来看，铁矿石供需面呈宽松态势。

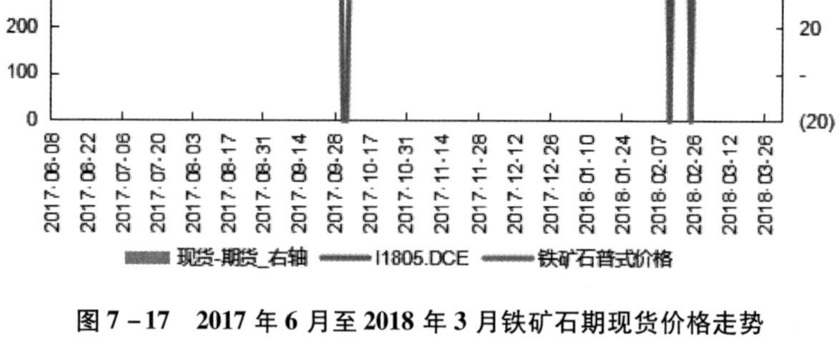

图 7－17　2017 年 6 月至 2018 年 3 月铁矿石期现货价格走势

虽然铁矿行业长期不乐观，但是在某些时段，仍会表现出相对强势，如进入2017年12月后，由于冬季运输不便，以及春节期间矿产停产，港口装卸能力减弱，运输向客运倾斜等情况，钢厂年底有补库的需求，因此贸易商对年底补库的行情强烈看好，铁矿石现货价格在这一时间段内表现较为坚挺，短期内偏强。

综合以上要素，可以看到铁矿石的价格走势并不明朗，价格出现波动的可能性较大。简单地使用期货进行套期保值的操作已经很难满足需求。而场外期权其灵活的收益结构可以为企业提供更好的套期保值工具。

本钢集团北营钢铁公司的生产量较大，铁矿价格波动将为公司生产经营带来巨大的风险敞口。公司铁矿石进口采购比例较高，且定价模式均为普氏指数定价（到港前5日和后5日平均价），从签订采购合同到确定结算价格，时间在1个月以上。近1年的时间，铁矿石普氏指数波动大且较为频繁，不利于公司的成本控制，造成利润大幅波动。企业的大宗原材料采购（铁矿石）进口部分定价均采用指数定价，成品材销售采用按挂牌价收款，1~2个月后按均价找补的结算方式。因此，无论是采购还是销售，均存在1~2个月的风险敞口期，会存在由于原材料上涨或成品材下跌造成利润大幅缩减的风险。因此，从风险管理角度，企业希望铁矿石成本处于较小的波动区间，实现成本可控，降低利润波动，利于公司长期发展规划的实施。

本钢集团北营钢铁公司一直通过期货市场套期保值来规避价格波动风险，稳定企业贸易收益。企业以进口矿采购为主（80%），风险敞口约45天，到港时现货价结算。签订订单的同时，买入期货套保，锁定期间价格波动风险。若到港时价格上涨，期货平仓，盈利弥补到港价格较签单时上涨的损失。若到港时价格下跌，期货可能持有交割，以低价补充现货采购。

由于企业存在自有矿山，因此不希望矿石价格过低，造成矿山亏损，无法发挥出自有矿山的优势，但也不希望矿石价格过高，会侵蚀企业利润。因此，结合近2年经营情况看，企业认可的进口矿价格在500~600元/吨以内。超出这个价格区间，无论是高还是低，都不可容忍，需对此风险进行规避。

但是传统的期货套期保值业务自身存在的一些局限性使其已难以满足企业个性化的风险管理需求。因此，公司希望参与场外衍生品试点项目，积极探索新的风险管理模式，更好地运用期货及衍生品工具进行企业风险管理，实现企业稳定、可持续发展。

本钢集团北营钢铁公司以风险管理为龙头，以宏观及基本面分析为核心，着力提高利用期货工具管理企业经营风险的能力。公司内部借助专业部门，审计部门、财务部门及法务部门，对期货业务会有定期的考核及监督检查，提出建议及合理化要求。公司外部借助学习行业先进企业期货部门、龙头期货公司等人员定期对员工进行风险培训，强调工作中容易疏忽的问题。员工每年要求参加相关课程学习，提高业务能力。

在风险管理方面，公司制定完善的风险管理制度和措施。针对各部门的工作特点，将风险应对措施和内部控制的要求融入各部门的管理规范中，确保最大限度规避或减轻风险发生的可能性和影响。制定岗位职责，强调工作权限。职工严格按照制定的岗位职责权限开展工作，风控部门及领导层可以负责监督检查。同时要求员工签署保密协议，保障信息安全。在期货交易操作中，采用期货风险评估模式，包括但不限于市场风险、流动性风险、信用风险、操作风险、法律风险等。将风险进行排序，强调重点要防范的风险问题。

由于本钢集团北营钢铁公司面临原材料上涨或成品材下跌造成利润大幅缩减的风险，因此从风险管理角度企业希望铁矿石成本处于较小的波动区间，实现成本可控，降低利润波动，利于公司长期发展规划的实施。

为满足客户的风险管理需求，中信期货风险管理子公司提供了期货套保与期权工具相结合的策略进行过渡。从技术层面来说，客户的策略可以单纯用牛市价差期权组合以及熊市价差期权组合来完成。考虑实际情况，客户具有丰富的期货交易经验，且可能有交割需求，从便利性和客户接受度考虑，中信期货选择使用期货和期权两相结合的方式，作为客户尝试期权新工具的突破口。企业可以灵活将期货套保头寸转化为虚拟库存，提高资金使用效率，通过期权保值企业可以降低虚拟库存的持有风险，领口期权结构可以保护下跌风险的同时进一步降低期权成本，取得了较好的沟通效果与进展效率。

本次项目共分为两笔交易开仓，第一笔期权期限是 2017 年 11 月 28 日至 2018 年 1 月 12 日，本钢集团北营公司采购一批巴西粉，为防止船运期间价格上涨，并在期货 I1805 上进行买入套保。期权端使用领口结构，在 I1805 合约上买入平值看跌期权，卖出虚值 8% 看涨期权，对应现货量 2 万吨。第二笔期权期限 2017 年 12 月 18 日至 2018 年 1 月 31 日，本钢集团北营公司铁矿石冬储全部结束，实际库存超出合理库存，为防止跌价风险，在期货 I1805 上进行卖出套保。期权端使用领口结构，在 I1805 合约上买入平值看涨期权，卖出虚值 6% 看跌期权，对应现货量 2 万吨。

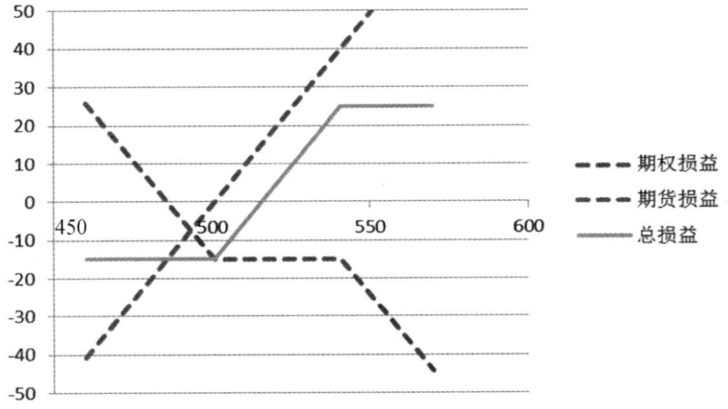

图 7－18　第一笔开仓损益图

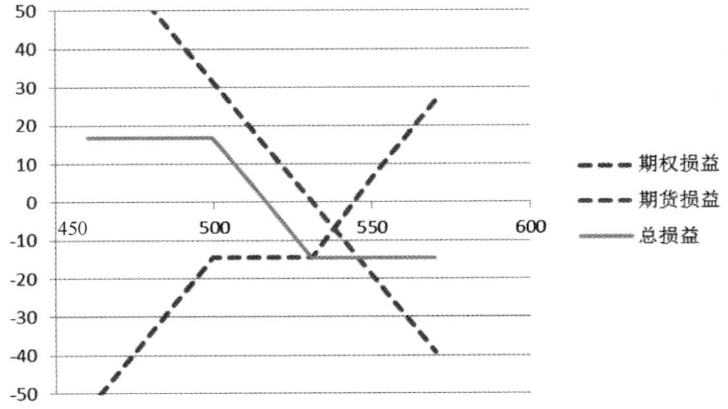

图 7－19　第二笔开仓损益图

2017 年 11 月底，公司采购一批巴西粉，为防止船运期间价格上涨，并在期货 I1805 上进行买入套保。第一期客户需要进行跌值保护，综合考虑成本等因素，在期权上设计领子结构，买入平值看跌期权，同时卖出虚值 8%

看涨期权，轧差后权利金为 15.02 元/吨，保证金 33.45 元/吨。结合企业在期货上的头寸，形成牛市价差组合的结构。该组合最高可获取 8% 的收益，与客户判断 10% 的预期涨幅基本匹配。此外，卖出期权端较大程度上降低了总体期权费，实现了预期收益和期初成本之间的平衡。

2017 年 12 月下旬，公司铁矿石冬储全部结束，实际库存超出合理库存，为防止跌价风险，在期货 I1805 上进行卖出套保。第二期客户买入平值看涨期权，同时卖出虚值 6% 看跌期权，轧差后权利金为 14.655 6 元/吨，保证金 35.470 8 元/吨。结合期货上头寸，构成熊市价差组合结构，该组合最高可获取 6% 的收益。

两笔合计权利金为 593 512 元，两笔合计保证金为 1 378 416 元，保证金到期释放。

项目中采用欧式看涨和欧式看跌期权构成领口期权。定价时采用 BS 公式进行费率测算。在对期权进行定价时，中信期货考虑到发挥期货公司和风险管理子公司服务实体经济的功能，积极引导大型龙头企业利用期货、期权管理市场风险，并在客户的预算内最大限度地满足客户需求，采用同样的波动率对领口结构的卖权端与买权端进行定价。

由于铁矿波动率相对较高，因此在选取预期波动率时，参考了品种的长期历史波动率均值。结合开仓前一段时间的标的期货波动情况，预期波动率定为 45%。

（三）项目运行稳定，成功帮助客户管理原材料价格风险

本钢集团北营钢铁公司的第一批期权入场时间为 2017 年 12 月中旬，当时的钢材（螺纹钢）市场出现缺规格现象，社会库存连续较大幅度下降，基于对钢材市场的现状，叠加北方钢铁企业在冬季往往对原料进行冬储的预期，客户预计铁矿石会迎来一波较大幅度的涨幅，预计涨幅约 10% 左右。

在第一批期权 2017 年 12 月 28 日到 2018 年 1 月 12 日的存续周期中，I1805 合约的价格上行了近 40 元/吨。行情走势基本与客户判断相一致。

本钢集团北营钢铁公司第二批期权入场时间为 2017 年 12 月底，当期钢材社会库存开始企稳回升。客户认为，铁矿石价格还将回归到由供需基本面决定的模式，即存在价格逐步走弱的预期。

在第二批期权2017年12月18日到2018年1月31日的存续周期中，I1805合约的价格下降了超过20元/吨。

客户期权组合获得赔付，实现风险管理目标。

表7-10　期权项目基本要素表

挂钩合约	铁矿石I1805
参保现货量	20 000吨
期限及结构	（1）2017年11月28日至2018年1月12日 买入平值看跌期权，执行价格500.72元/吨 卖出虚值看涨期权，执行价格540.78元/吨 （2）2017年12月18日至2018年1月31日 买入平值看涨期权，执行价格531元/吨 卖出虚值看跌期权，执行价格499.5元/吨
到期日货价	（1）到期标的收盘价544元/吨 （2）到期标的收盘价510元/吨

本钢集团北营公司期权成本赔付情况和期货损益等财务指标，如表7-11所示。

表7-11　项目执行情况　单位：元

已实现权利金收支（企业角度）	已实现赔付（企业角度，不含权利金）	场外期权损益	期货损益	期货+期权		现货损益	企业综合损益衡量
-300 432	-64 448	-364 880	880 000	牛市价差	515 120	-720 000	-204 880
-293 112	0	-293 112	420 000	熊市价差	126 888	-300 000	-173 112

第一笔交易中，到期时标的收盘价为544元/吨，看涨期权对应行权价为540.78元/吨。由于收盘价高于看涨行权价，客户卖出的看涨期权对中信中证资本负有64 448元的赔付义务，场外期权损益负364 880元，期货端损益88万元，该笔交易企业最终盈利515 120元。第二笔交易到期自动过期，未发生赔付。场外期权损益负293 112元，期货损益42万元，该笔交易企业最终盈利126 888元。现货方面，第一笔现货交易由于现货价格上涨，产生72万元的亏损；第二笔现货交易由于现货价格下跌，企业产生30万元的

损失。

综上所述，本项目本钢集团北营公司两笔交易合计减少单现货交易亏损642 008 元。

通过使用期权和期货进行风险管理，有效地降低了企业现货的亏损，使得本次套保效益为正。这是由企业风险管理理念决定，是针对企业实实在在存在的风险敞口，采用与之相对的金融产品组合，实现套期保值正收益。同时，体现了本钢集团北营公司团队对行情的准确判断，企业的操作和期权也实现了良好的配合方案，达到了预期良好的效果。

（四）场外期权的精确制导效果将帮助企业开启全新的风险管理模式

试点项目的参与方是本钢集团全资子公司，属于行业龙头型企业。本次企业参与试点项目起到了良好的行业示范作用，项目的顺利运行和风险管理上的成功尝试将在行业内树立典范，为未来在产业链客户中进行宣传推广奠定良好基础。

本钢集团北营公司参与本次试点项目在营收上获得了巨大成功，以期权与期货工具相结合，配合客户精准的行情判断，真正发挥了期权精确制导的功效。这极大地激发了其未来继续使用衍生品新工具的积极性。契合了交易所设立试点项目鼓励服务实体企业，多工具多角度满足企业风险管理要求的初衷。

由于场外期权具有投资标的丰富，权利义务不对等，非标准定制化，杠杆性等特性，吸引着越来越多的参与主体。近年来，在供给侧改革、环保治理、钢铁行业去产能及市场因素的作用下，煤焦矿的价格波动加大，企业的盈利水平也随着价格的波动而出现较大起伏。实体企业对于能够满足各类个性化需求、操作相对简便的场外期权业务的需求明显增加。2017 年以来全市场场外期权名义本金和交易笔数呈爆发式增长，预计这一趋势在未来仍将延续。

项目运行过程中主要的难点在于行情对于期权卖方不利，在现有对冲策略下，很难进行盘中的对冲决策，难以有效控制对冲成本。项目主要的亏损来自于期货端复制期权的操作，行情波动不利于中信中证资本持有的头寸。对冲上一直在进行低卖高买的操作，最终对冲成本超出期权费，产生亏损。细分到希腊字母上来说，当 Short Gamma 时，行情产生较大波动，而 Long

Gamma 时，行情处于震荡区间。并且在临近到期时，两笔交易均遇到了大头针风险。标的价格在行权价格附近运动，给对冲交易决策带来了很大考验。从风险管理的角度，应组织产业链上下游同时参与场外期权交易，通过相反交易方向的客户可以有效降低风险管理子公司面临的单向头寸累积风险。

与企业沟通期权产品的主要难点有以下几个方面。第一，客户是第一次接触期权，对于很多基本概念以及期权权利义务不对等的情况不甚了解，前期开发需要做大量的工作。第二，由于国企决策流程长，随着行情变动和相应时间区段企业需求的变动，需要进行反复的结构设计与更新。期权费与标的期货的波动率息息相关，为确保项目顺利运行，我们在预期波动率上给客户做出了较大幅度的优惠。第三，客户对于期货交易较为熟悉，对于期权新工具持谨慎态度。

相应的，期货服务端中信期货及中证资本与客户建立了常规沟通渠道，通过上门拜访、微信群答疑、电话会议等形式，向客户介绍期权的基本知识，并及时针对客户提出的问题给予解答。在期权结构上，深入挖掘企业的实际需求，细致的分析企业在期货和现货上面的头寸及匹配周期。在客户的成本承受范围内，给出期限结合的期权方案，并列式出未来不同行情下可能的损益情况，打消了客户对于使用新工具的顾虑，取得了客户的信任。

本钢集团北营公司是行业龙头型企业，所涉及的期现货业务较为深广。本次项目为企业提供了风险控制的新思路。本次试点项目的成功运行，提高了企业未来使用衍生品新工具的积极性。同时，企业表示中信中证资本及中信期货的服务客户的意识很强，从初期的探索合作，到提供专业的期权策略建议及操作意见，到最后平仓结算，都处处以企业为中心，面面俱到，思虑周全，积极配合大连商品交易所完成此次试点服务。企业希望在未来能够加强培训，期权对实体企业来说属新生事物，了解及接受程度有限，需要专业机构及人员进行专业的培训，为企业培育相关人才。并且希望增加此类试点项目的频次，一年一次的频次太少，不够连续，建议每个主力合约一次。

金融工具服务实体企业需要立足行业本身，深入产业调研，结合专业研究团队的信息及行情观点支持，提供各环节关于贸易及经营模式的调整和建议。场外衍生品不应该只局限于解决客户发现并寻求帮助的方面，应结合企业的现货运营模式，协助完善产业贸易条款，嵌入合适的衍生品保值条款，设计整体性的风险管理方案。

利用场外期权工具，通过期货公司及其风险管理子公司的专业力量，可以有效解决企业套保人才不足问题，并能够节约企业保证金、降低企业资金压力。这些优势对于上升发展阶段的小微企业尤为受用。对于大的综合型企业来说，一方面灵活的工具可以满足个性化的避险需求，另一方面期货公司专业团队与企业现货团队的密切合作还能为推动行业发展，探索产业链风险管理新模式做出有力尝试。期货市场积极培育并引入相关人才，提升自身风险对冲的能力，不断在实践中总结经验教训，聆听市场的声音，开发出贴合市场需求的，可复制推广的衍生品新结构将会成为未来的重要工作目标。

二、案例二

（一）项目参与主体

项目服务主体西王国际贸易（青岛）有限公司，是西王特钢有限公司全资子公司，成立于2013年6月24日，专业从事母公司在生产加工和销售各种型钢过程中的套期保值和原材料的基差采购等工作，公司设有专门的衍生品交易部。母公司西王特钢有限公司2012年2月在中国香港主板上市，是近十年来首家登陆香港股市的内地钢铁企业。2013年顺利通过了国家工信部钢铁行业规范企业验收。主要生产特钢铸锭、锻坯/锻件、高品质轴承钢、齿轮钢、工程机械用钢等特种钢和高强度耐蚀建材，其中优特钢产量占钢材总产量的70%以上，形成了年产230万吨铁、300万吨精品钢、300万吨精品材、30万吨特钢铸锭、10万吨锻材/锻件、1.3万吨电渣钢锭的规模。

项目申请主体交通银行是中国主要金融服务供应商之一，业务范围涵盖商业银行、证券、信托、金融租赁、基金管理、保险、离岸金融服务等。截至2017年年末，交通银行境内分行机构235家，其中省分行30家，直属分行7家，省辖行198家，在全国239个地级和地级以上城市、158个县或县级市共设有3 270个营业网点；旗下全资子公司包括交银租赁和交银保险，控股子公司包括交银国信、交银国际、交银基金、交银人寿及大邑交银兴民村镇银行、浙江安吉交银村镇银行、新疆石河子交银村镇银行、青岛崂山交银村镇银行。

（二）企业风险管理需求及方案设计

为规避铁矿石采购价格上涨风险，企业买入亚式看涨期权。

1. 产品设计时的期现市场行情

中国是全球铁矿石消耗量最大的国家，2016 年我国粗钢产量 8.08 亿吨，消耗铁矿石约 12 亿吨，其中进口约 10 亿吨，占消耗总量的 85% 左右，进口来源主要是澳大利亚和巴西。从供给侧看，2016 年全球四大矿山企业铁矿石总产量占据全球铁矿石总产量的 1/2 左右，2016 年四大巨头出口量占世界总出口量超过 70%。因此，全球四大矿山企业在全球铁矿石市场有极大的影响力。从需求侧看，根据统计显示，2016 年全球前五大钢铁生产商安赛乐米塔尔、河北钢铁集团、新日铁住金、浦项制铁、宝钢集团粗钢产量约占全球粗钢总产量的 16%，需求方较为分散。因此，以四大矿山企业为首的铁矿石供给方对铁矿石价格拥有更大的话语权。

自 2016 年钢铁行业供给侧改革以来，钢厂利润得以大幅改善，但这却并未转换为铁矿石的有效需求。由于产能释放受到限制，尽管不同品位铁矿石市场可能有所差异，但是钢厂对铁矿石的消耗一直处于受抑制状态，这意味着终端市场的需求无法有效传导至铁矿石市场。产能的约束使得钢厂难以提升对矿石整体的消耗，不过其对不同品位矿石的偏好变化却在影响市场。

2. 西王集团贸易定价模式

企业贸易定价模式一般采用基差点价或一口价，对现货市场的价格波动有一定的了解，且通常采用场内交易和购入期货风险子公司场外期权的方式进行风险对冲，对市场风险管控能力较强，具有一定的风险承受能力。

产品设计时，铁矿石价格处于相对高位，多空双方争夺激烈，期货价格波动较大。短期波动率由 12 月 1 日的 27.97% 迅速上升至 12 月 12 日的 35.35%。经过与企业的沟通交流，钢铁企业面临的最大风险是铁矿石价格暴涨侵蚀企业利润。

3. 期权策略设计与企业风险管理的匹配情况

根据客户的日常经营策略，交通银行选择挂钩铁矿石期货合约的亚式看涨期权作为期权结构。由于客户原材料采购较为分散且频率较高，亚式期权约定以项目存续期三个月，每个交易日期货合约收盘价的算术平均值作为期权的期末价格。这一结构相比于普通期权及牛市价差期权，权利金较低，并且能够最大限度地规避企业的日常经营风险。具体设计内容如下：

试点项目地点：山东青岛

试点品种：铁矿石

现货量：2 万吨

操作周期：2017 年 12 月至 2018 年 3 月

期权类型：看涨

期权风格：亚式期权，可提前赎回

期权类型：亚式看涨

交易方向：买入

报价周期：三个月

标的合约名称：铁矿石 1805 合约

合约金额：506 元/吨整

期权费率：1.00%

期权费：标的合约成交日收盘价 × 合约重量 × 1.00%（期权费率）元整 = 506 × 20 000 × 1% = 101 200.00 元整

协定价格：成交日大商所铁矿石 I1805 合约 2017 年 12 月 13 日收盘价 × 125% = 506 × 125% = 632.5 元/吨整

参考价格：根据期权成交日到行权日期间每个交易日标的合约的每日收盘价的算数平均值确定。

交割条款：采用现金结算，期权买方在行权日 15 点前有权利而非义务与期权卖方进行如下交易。

若行权日标的合约参考价格大于等于协定价格，则由期权卖方支付期权买方现金结算金额，现金结算金额 =（参考价格 - 协定价格）× 合约重量，到期日进行资金交收。

若行权日标的合约参考价格小于协定价格，则不进行资金交收。

（三）企业损益情况

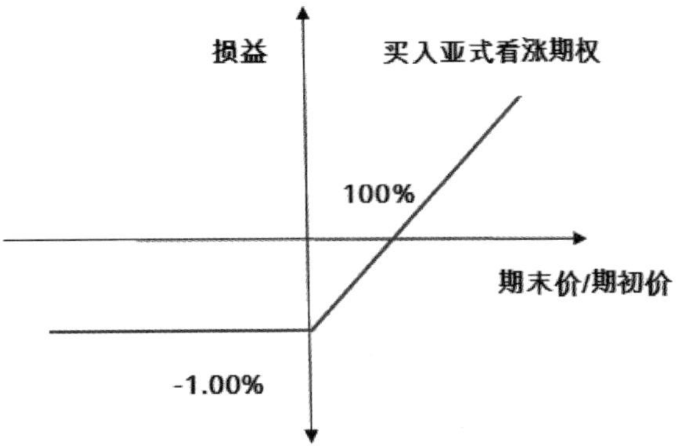

图 7－20　西王集团期权策略损益图

注：亚式看涨期权约定，以项目存续期三个月，每个交易日期货合约收盘价的算术平均值作为期权的期末价格。投资者期末损益如图 7－20 所示。

（四）具体业务流程

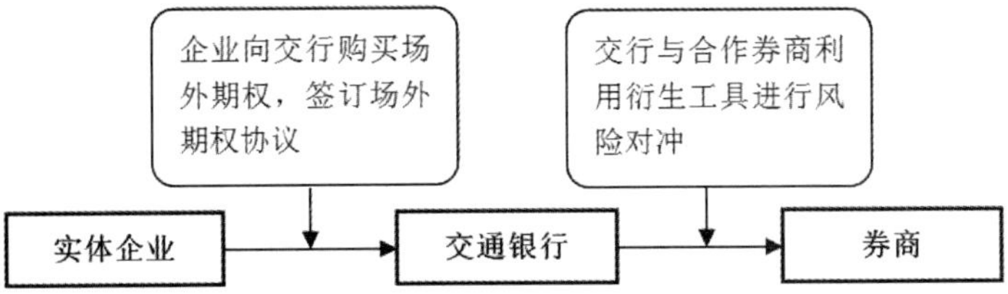

图 7－21　场外期权套保业务流程

（五）场外期权定价方式及权利金

根据客户的日常经营策略，交通银行选择挂钩铁矿石期货合约的亚式看涨期权作为期权结构。由于客户原材料采购较为分散且频率较高，亚式期权约定以项目存续期三个月，每个交易日期货合约收盘价的算术平均值作为期权的期末价格。这一结构相比于普通期权及牛市价差期权，权利金较低，并且能够最大限度地规避企业的日常经营风险。

对于亚式期权的定价，交通银行在经典 BS 框架下采用 Curran 方法取得期权解析解。对于波动率参数的估计，在剔除主力合约切换带来的价格变动的基础上，主要参考标的资产同周期历史波动率。同时，参考不同回溯周期的历史波动率以及可预见的基本面事件。在实际向服务主体进行报价时，期权定价年化波动率铁矿石约为45%，具体报价如表7－12所示。

表7－12 场外期权报价表

标的	期权费率（权利金/吨）
I1805	1.00%（合5.06元/吨）

（六）企业付出的权利金及保障的范围

该笔场外期权试点项目中，客户共计支付权利金10.12万元，当期权成交日到行权日期间，即2017年12月13日至2018年3月13日，每个交易日标的合约的每日收盘价的算数平均值大于等于协定价格632.5元时，客户有权利而非义务随时进行行权，由交通银行支付客户现金结算金额，现金结算金额＝（参考价格－协定价格）×合约重量。

（七）套保效果及分析

1. 项目运行期间期现货价格走势

在项目运行期间，铁矿石期货1805合约延续前期的大幅震荡走势，在2018年1月初达到最高点560元/吨，并在期权到期日达到阶段性低点480元/吨以下，由于在整个项目运行期间，期货价格始终在600元/吨以下波动，导致期权未能到期行权。铁矿石现货PB粉走势与期货背离较高，波动较期货小（见图7－22）。

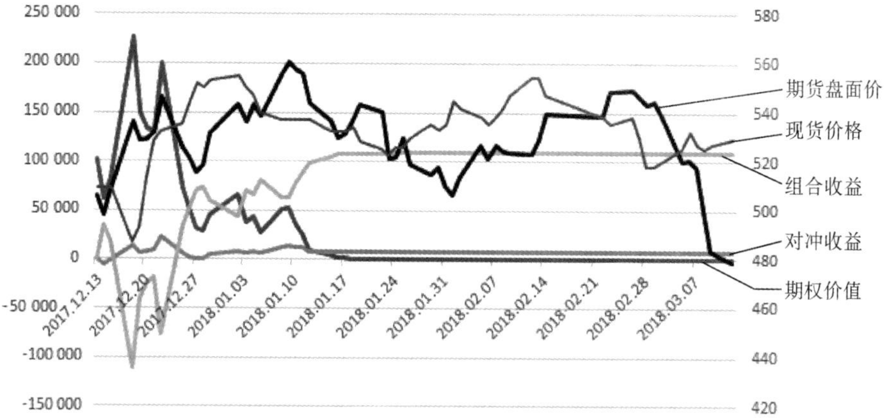

图7－22 期现货价格走势及收益情况

2. 期权产品执行情况及企业综合损益情况

期权到期日，因铁矿石价格远低于行权价，未达到行权条件，企业未行权。企业共支出权利金 101 200 元，未有赔付金额。

3. 企业综合损益分析

整体上，期权存续期，交通银行严格按照模型进行动态对冲，Delta 敞口较小。由于交易结构为亚式期权结构，并且虚值程度较大，主要防范铁矿石期货行情超预期变动的风险，整体 Gamma 风险可控。期权存续期内，标的资产波动率为年化 27.04%，相较报价阶段对标的资产波动率的估计偏低。实现波动率小于报价波动率为场外期权盈利的主要来源。

期权交易初期，标的铁矿石期货合约波动率较高，合作券商按照成本价进行报价，未能在期初获得盈利，甚至一度产生亏损。铁矿石期货合约一个月期波动率在 2017 年 12 月 29 日达到期权存续期极值为年化 41.1%，对应行情的暴跌然后暴涨，导致了期权对冲初期的亏损。但是随着铁矿石合约价格的逐步稳定，波动率逐步降低，组合收益逐步积累，并弥补了前期的亏损，最终实现了组合的盈利。上述收益变动过程符合理论模型的指导。期权存续期标的资产价格走势及 Delta 对冲情况如图 7－23 所示。

总体上，期权对冲策略是有效的，在期权存续期的大多数时间内，对冲收益为正，并且盈亏波动较小，对冲盈亏符合理论模型的指导。由于期权对冲损益是路径依赖的，特定的路径条件下，期权对冲是有可能产生亏损的。针对这一风险，交通银行与合作券商需要加强对标的资产走势的研究判断，同时积极扩大业务规模，降低期权高阶风险对收益的影响。

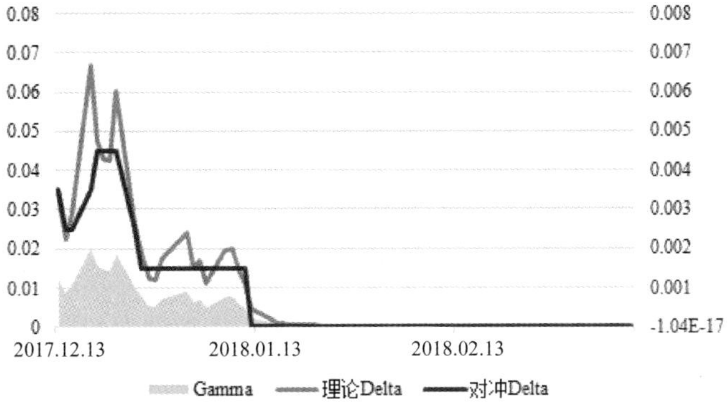

图 7－23　标的资产价格走势及 Delta 对冲情况

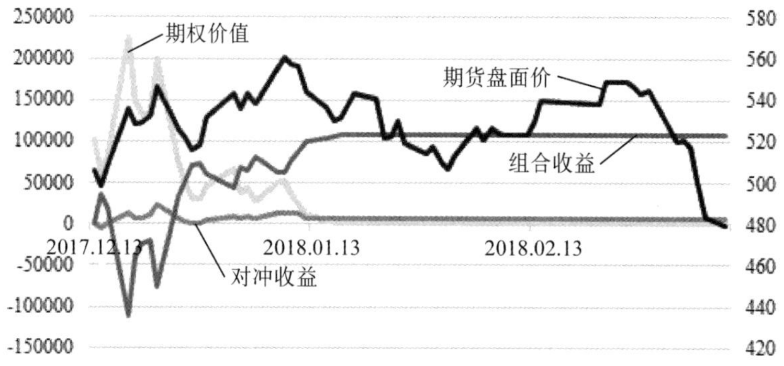

图 7－24 场外期权对冲及收益情况

（八）项目经验总结

1. 项目服务企业的特点及创新点

通过参与场外期权试点项目，在规避原材料价格上涨风险的同时，可以帮助实体企业理解熟悉场外期权这一具有高定制化特点的衍生工具，充分认识到其风险控制的重要功能。在今后的生产经营中，能根据自身发展特点和需求，选择合适的风险管理工具。

作为商业银行，通过积累向实体企业提供大宗商品场外期权服务的经验，理顺业务流程和风险点。在此基础上，逐步探索为规模更大、定制化要求更高的各类企业提供场外期权工具。

2. 项目改进与完善

第一，现阶段实体企业客户对场外期权的认知程度普遍较低，客户开发难度较大。项目试点初期，交通银行先后与多家钢铁企业进行深入接触，对企业进行多轮场外期权培训。但由于行情因素以及企业内部控制因素，企业短时间内接受场外期权套期保值的难度较大。实体企业接受场外期权套期保值业务是一个长期持续的过程。

第二，企业在日常经营过程中，主要以期权卖方的角色参与场外期权交易，为了降低自身承担的市场风险，企业通常卖出深度虚值的期权产品，收取的权利金一般较低。企业买入场外期权产品的期权费率相对于产业链利润率较高，企业难以理解并承受买入场外期权的权利金成本。现阶段，采用场外期权项目试点的形式，降低企业交易场外期权的成本，能够引导企业进行买入期权套期保值，了解不同金融工具各种交易方向的适用行情，使得企业更容易理解并接受场外期权产品，具有明显的示范效应。与此同时，金融机构应当加强自身研究及交易能力，扩展期权交易结构及方向，多途径降低期权费，更好地服务实体企业客户。

第三，由于交易采用虚值亚式期权的交易结构，对冲难度较大。交通银行于2017年12月13日与客户达成场外期权交易，铁矿石合约I1805在期权开始后的第三个交易日（2017年12月18日）就发生大幅上涨，涨幅一度达到7.9%，Gamma值发生较大变动，期权对冲难度加大。针对这一风险，需要加强对标的资产走势的研判，同时积极扩大场外期权业务规模，降低期权高阶风险对收益的影响。

3. 企业试点感受与体会

该笔场外期权试点项目，由西王国际贸易（青岛）有限公司向交通银行购买标的为铁矿石的亚式看涨期权，锁定母公司在生产加工钢材过程中的原材料价格，对应现货数量2万吨，期限3个月。

此次为企业首次尝试与商业银行进行场外期权交易，具有较强创新性。执行过程中，参与各方能够积极沟通，及时处理遇到的问题，理清交易流程，为未来该模式推广奠定基础，积累经验。

三、案例三

（一）项目参与主体

1. 服务主体

项目服务主体为鞍钢股份有限公司（以下简称鞍钢股份）。鞍钢股份于1997年由鞍山钢铁集团公司发起设立，是国内大型钢材生产企业。其母公司鞍山钢铁集团公司是国务院监管的中央企业，是新中国第一个恢复建设的大型钢铁联合企业和最早建成的钢铁生产基地。

鞍钢股份的产品以汽车板、家电板、集装箱板、造船板、管线钢、冷轧硅钢为主，能够生产700多个品种、25 000多个规格的钢铁产品。其2016年度生产铁2 183.26万吨，同比增加5.01%；钢2 181.84万吨，同比增加6.40%；钢材1 985.72万吨，同比增加4.91%。同时，铁矿石采购量约1 200万吨，库存约100万吨。

鞍钢股份具有丰富的期货套期保值经验并配有专业团队。企业设立了期货领导小组及期货交易部，分别负责期货套保计划制定和实施等工作。企业于2014年起开展期货套保业务，目前已在采购、生产、销售中广泛应用。期货交易量三年来稳步增长，2017年同比增加18%，同时期货套保品种也在不断增加。

2. 申报主体

试点项目的申报主体为新湖期货有限公司（以下简称新湖期货），业务承担主体为其旗下风险管理子公司上海新湖瑞丰金融服务有限公司（以下简称新湖瑞丰）。新湖瑞丰是正式通过中国期货协会审核设立开展以风险管理服务为主的上海辖区期货公司第一家设立的期货子公司，拥有三年以上的场外期权业务及“保险+期货”试点经验。新湖瑞丰在与保险公司合作推广农产品价格保险以及利用场外期权为实体企业进行风险管理上有着积极创新的精神和丰富的经验，连续两年因“二次点价+复制期权”“保险+期货”项目获上海市金融创新二等奖。

（二）双向风险及多方案设计

企业在原材料的价格波动中承担了双向风险。原料价格上涨时，由于企业需要长期采购原料进行加工生产，增加了企业的生产成本；原料价格下跌时，企业的库存又面临着原料库存贬值风险。新湖瑞丰针对企业可能面临的双向风险，设计了相应的产品：为规避价格上涨产生的采购风险，买入牛市价差期权；为规避价格下跌产生的库存风险，分别买入普通欧式期权、可展期看跌期权以及熊市价差期权等。

1. 产品设计时的期现市场行情

2010—2017年，铁矿石价格指数由1 208.22元/吨跌至468.79元/吨，期间伴随着价格持续震荡，波动率均值在0.3~0.4，价格波动剧烈。

近年来，铁矿石现货基本处于贴水状态，在设计项目方案时的最近三个月，基差水平大概稳定在现货贴水50元/吨左右。

2. 企业的经营情况与避险需求

鞍钢股份具有年生产铁2 100多万吨，钢、钢材双超2 000万吨的综合生产能力，能够生产700多个品种、25 000多个规格的钢铁产品。企业铁矿石采购定价模式包括装船月均价、到船月NOR、海漂货固定价及港口现货

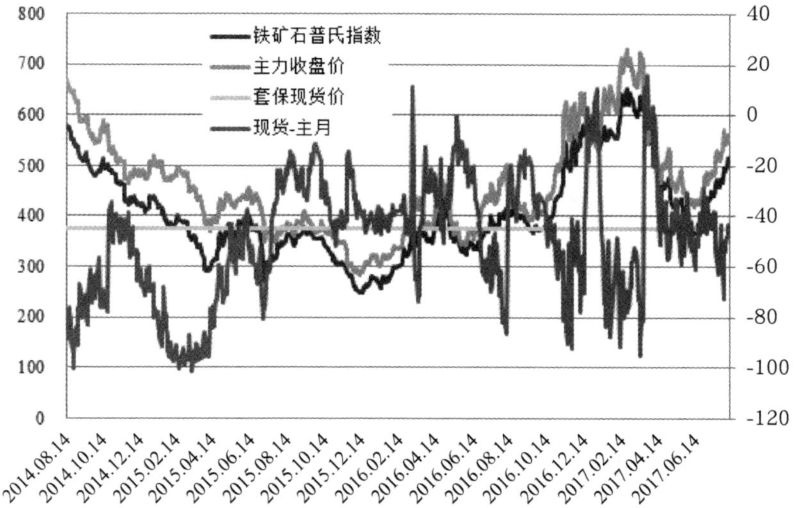

图 7－25　2014—2017 年铁矿石期现价格走势

价等不同模式，生产周期约为 20 天，企业的合理保值区间约为现货价格的 10%。

企业强大的钢铁产能体现出了铁矿石巨大的需求量，同时采购和库存的双向价格风险与铁矿石剧烈的价格波动给企业带来了较大的经营风险。因此，利用场外期权不仅可以针对企业的个性化的风险需求设计相应的产品，还能避免期货套保中由于价格变动导致的保证金频繁变动带来的现金流压力。场外期权的运用通过期权的非线性收益结构保留企业在套保过程中现货收益的可能性，且降低了企业的资金压力进而提高了企业的资金周转速度。

3. 期权产品的设计

（1）管理库存风险——以“可展期看跌期权”为例。

鞍钢股份为钢铁生产企业，长期有上百吨铁矿石原料库存，如果铁矿石价格下跌，则企业面临原料库存亏损，因此可使用看跌期权进行套保。本次试点项目中，由于企业原料库存成本较低，第一期操作选择虚值期权，锁定极端下跌风险；第二期铁矿石价格小幅上涨，企业仍选择虚值期权，由于执行价相对较低，期权执行概率较小，因此新湖瑞丰提供可展期看跌期权，若到期期权未被执行则自动延期一个月，以较低成本规避未来两个月的极端下跌风险；第三期铁矿石价格继续震荡上行，企业预计其短期不会大跌，因此买入看跌价差期权组合，规避区间以内的价格下跌风险。

以可展期看跌期权为例，在原到期日期权未被执行时，可展期期权自动延期一个月，其成本比直接购买两个月周期的期权低，同时又增加了企业获得赔付的可能性。

可展期看跌期权合约要素如表7-13所示。

表7-13　　可展期看跌期权合约要素

合约期	期权类型	执行价格（元/吨）	期初价格（元/吨）	权利金标准（元/吨）
2017年11月14日至2017年12月13日（若展期则延至2018年1月12日）	可展期看跌	436	484.5	13.49

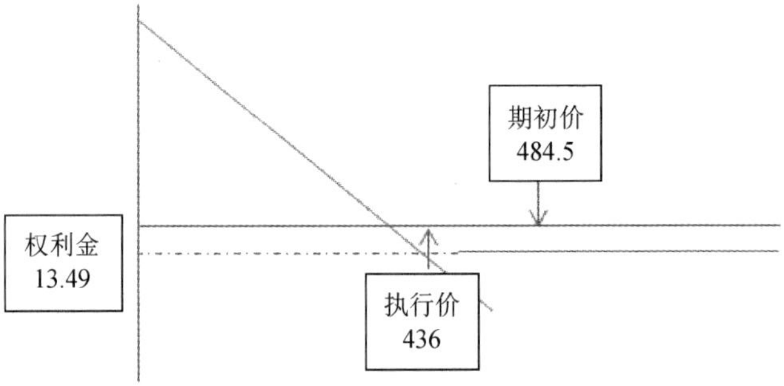

图7-26　看跌期权收益结构

企业原有的库存成本较低，对库存风险的容忍度较高，采用期权开仓时市场价的90%作为执行价，来应对价格下跌的极端风险，若铁矿石价格大幅下跌至90%以下，则企业可获得90%以下的赔付。项目中，企业于2017年11月14日支付权利金13.49元/吨买入周期为一个月的虚值可展期看跌期权，在2017年12月13日即到期时铁矿石价格并未跌破执行价，因此原期权自动展期，到期日变为2018年1月12日，若展期到期时铁矿石价格跌破执行价，企业将获得执行价以下跌幅的赔付。

（2）管理采购风险——以“看涨价差期权”为例。

由于企业首次尝试场外期权产品，计划投入成本有限且当前铁矿石价格处在相对低位，企业对价格上涨有一定容忍度，因此第一期操作尝试虚值5%~10%的看涨价差期权；第二期基于对价格下跌的预期未操作；第三期结合铁矿石下跌回调的行情，买入虚值程度较低（2%~6.8%）的看涨价差期权。

表 7-14　　看涨价差期权合约要素

日期	期权类型	执行价格（元/吨）	期初价格（元/吨）	权利金标准（元/吨）
2017 年 10 月 19 日至 2017 年 11 月 17 日	看涨价差	低：463.5 高：485.5	441.5	7

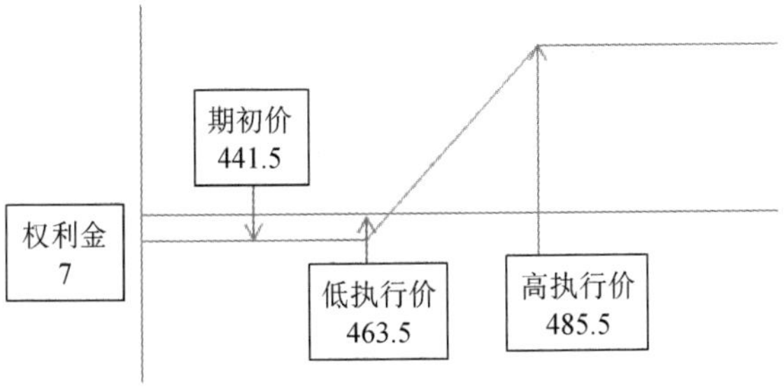

图 7-27　看涨价差期权收益结构

企业采用看涨价差期权，可有效降低期权成本，保住短周期内的价格区间风险。项目第一期，企业支付 7 元/吨的权利金，买入虚值程度 5% ~ 10% 的看涨价差期权（低执行价 463.522 元/吨，高执行价 485.522 元/吨，期初价格 441.522 元/吨），以规避 22 元/吨的区间价格上涨风险。当铁矿石价格上涨到 485.52 元/吨以上时，企业可获得最大 22 元/吨的赔付。

（三）套保效果分析

项目启动前，铁矿石期货价格经历了从 600 元/吨的高位到 450 元/吨附近的巨大跌幅，在整个项目运行期间（2017 年 10 月到 2018 年 2 月）呈现震荡上涨的趋势。

1. 2017 年 10 月至 12 月操作周期

由于企业长期备有一定数量的库存，根据企业对库存的容忍度，2017 年 10 月、11 月企业套保的目的是规避价格波动的极端风险，期间看跌期权的执行价均为入场价的 90%，看涨价差期权执行价区间为入场价的（105%，110%）。

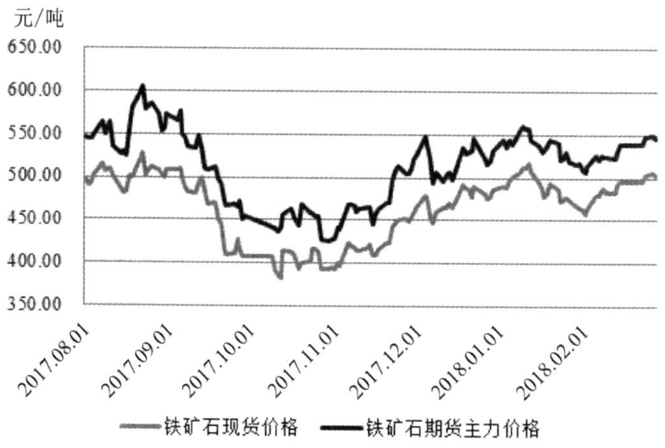

图7-28 项目期间铁矿石期现价格

2017年10月17日至2017年11月16日，企业买入15 000吨欧式看跌期权（90%），应对库存贬值的极端风险。在库存方面，若铁矿石期货价格大幅下跌到入场价的90%以下，则企业可从期权中得到赔付来弥补部分库存贬值的损失。2017年10月，铁矿石期货价格上涨，看跌期权未产生赔付；现货价格在持仓期间上涨0.26元/吨。整体上，企业损失7.45元/吨的期权权利金。

2017年10月19日至2017年11月17日，企业买入5 000吨看涨价差期权（105%，110%），应对采购成本上涨风险。在采购方面，若铁矿石期货价格大幅上涨至105%以上，即可从看涨价差期权中获得赔付，弥补由于现货采购价格大幅上涨带来的损失，从而控制采购成本。2017年10月，铁矿石期货价格上涨，了结时看涨价差期权产生7.13元/吨的赔付；期间现货价格上涨23.5元/吨。期权的赔付弥补了部分现货价格上涨带来的采购成本增加，最终可看成采购成本增加了16.37（23.5-7.13）元/吨。

2017年11月14日至2017年12月13日，以及2017年12月13日至2018年1月12日，企业买入20 000吨可展期看跌期权（90%），应对库存贬值的极端风险。可展期看跌期权在原到期日时未达到执行价，因此展期一个月。展期后期货价格未跌破执行价，不产生赔付。现货端，期间现货价格上涨83.5元/吨，相当于库存升值83.5元/吨，远大于支出的权利金（13.49元/吨），综合两者，企业可享受到70.01元/吨的库存升值带来的收益。

2. 2017 年 12 月至 2018 年 1 月操作周期

2017 年 12 月之后，企业对期权套保策略运用掌握地较为熟练，开始结合自身对行情的判断选择合适的期权策略。2017 年 12 月以前铁矿石期货价格一路上涨到 548 元/吨的相对高位，企业认为短期内价格不会继续上涨，采购成本不会进一步增加，选择仅对库存进行保值；同时，认为价格大幅下跌的概率较小，因此选择购买看跌价差期权，降低期权成本的同时也能达到给库存保值的效果。2017 年 12 月、2018 年 1 月的时候企业根据自身对行情的把握分别选择了两个不同执行价区间的看跌价差期权，并分别获得了 18. 7 元/吨、13. 96 元/吨的赔付，弥补了期间铁矿石价格下跌给库存造成的贬值损失。

2017 年 12 月 25 日至 2018 年 1 月 16 日，企业买入 10 000 吨看跌价差期权（91. 78%，100%），应对库存贬值风险。企业在铁矿石期货价格下跌至 533 元/吨时选择提前平仓，获得赔付 18. 7 元/吨；现货价格上涨 6 元/吨，库存升值 6 元/吨。除掉权利金成本综合净收益为 6. 7（18. 7 + 6 − 18）元/吨。

2017 年 1 月 22 日至 2018 年 1 月 26 日，企业买入 10 000 吨看跌价差期权（93. 58%，98. 17%），应对库存贬值风险。根据行情企业继续选择看跌价差期权，并缩小了价差区间。随着铁矿石期货价格大幅下跌，跌至 518 元/吨时企业判断继续下行空间不大，为了减少时间价值的损耗企业选择提前平仓。期权端获得赔付 13. 96 元/吨，现货端库存贬值 14 元/吨。综合净收益为 − 8. 74（13. 96 − 14 − 8. 7）元/吨。

3. 2018 年 1 月至 2 月操作周期

2018 年 1 月下旬，结合铁矿石下跌后回调的行情，企业认为铁矿石价格短期下行空间不大，且与项目初相比已经上涨约 70 元/吨，库存方面收益较大，即使价格下跌也不会对库存产生太大影响；同时，认为铁矿石价格短期上涨空间较大，选择短期执行价为（102% ~ 106. 8%）的虚值看涨价差期权。

2017 年 1 月 26 日至 2018 年 2 月 14 日，企业买入 10 000 吨看涨价差期权（102% ~ 106. 8%），应对采购成本上涨风险。到期了结时，看涨价差期权获得 7. 5 元/吨的赔付，弥补了部分采购成本上涨的损失；现货价格上涨

22 元/吨。综合损益为 -22.5（7.5 -22 -8）元/吨。

综上所述，结合各阶段策略对应的套保数量，企业在项目期间，铁矿石期权和现货的综合估算损益为 92.6 万元，达到了非常好的套保效果。

表 7 -15 企业运用期权策略套保收益情况

周期	数量（吨）	应对风险	期权类型	权利金标准（元/吨）	期权赔付（元/吨）	估算现货损益（元/吨）	估算套保单位损益（元/吨）	估算套保总损益（元）
2017 年 10 月 17 日至 2017 年 11 月 16 日	15 000	库存贬值	看跌	7.71	0	0.26	-7.45	-111 750
2017 年 10 月 19 日至 2017 年 11 月 17 日	5 000	采购成本上涨	看涨价差	7	7.13	-23.5	-23.37	-116 850
2017 年 11 月 14 日至 2018 年 1 月 12 日	20 000	库存贬值	可展期看跌	13.49	0	83.5	70.01	1 400 200
2017 年 12 月 25 日至 2018 年 1 月 16 日	10 000	库存贬值	看跌价差	18	18.7	6	6.7	67 000
2018 年 1 月 22 日至 2018 年 1 月 26 日	10 000	库存贬值	看跌价差	8.7	13.96	-14	-8.74	-87 400
2018 年 1 月 26 日至 2018 年 2 月 14 日	10 000	采购成本上涨	看涨价差	8	7.5	-22	-22.5	-225 000
合计								926 200

（四）企业运用不同工具套保效果对比

期货和期权作为企业套保工具有着不同的收益结构，套保效果在不同的价格行情中有所不同。下面将运用期权套保、期货套保及不套保的整体损益情况进行了对比，三种方案的套保效果如表 7 -16 所示。总体而言，现货不套保收益估算为 125.64 万元，若期货套保的损益为 -17.97 万元，项目中运用期权套保损益为 92.62 万元。基于企业巨大的铁矿石采购需求和常备库存量，以及铁矿石本身的价格剧烈波动的特性，完全不进行套保对于企业来说风险非常大。而在套保工具的选择上，在本项目期间，运用期权套保显然更具优势。

表 7 – 16　套保效果对比

未套保	1 256 400
期货套保	– 179 700
期权套保	926 200

项目运行期间，现货价格走势对企业有利，若使用期货套保不仅占用了大量保证金，且在期货上的损失吞噬了大部分现货上的收益，整体期现综合套保效果为亏损近 18 万元。而运用期权套保时，整体期现综合套保效果为盈利 92. 62 万元，企业仍享受到了现货端有利行情带来的大部分收益。两种工具的套保使用效果差别超过 100 万元。

（五）项目经验总结

1. 试点项目创新点及亮点

根据 3 年半的历史数据测算，铁矿石现货价格与期货主力合约价格相关性达到 98. 59%，基差水平短期稳定在贴水 50 元/吨左右。此外，鞍钢股份已建立了成熟的套期保值业务团队，形成了由领导层及生产、采购、销售、财务、期货等部门组成的套保业务管理体系，并且具备丰富的期货套保经验，如果期权到期时基差走向不利于企业，在期权了结的同时企业可建立相应的期货头寸，并持有到期结合手头现货进行交割，后期用期货套保代替期权套保解决基差问题。

项目中，根据企业的双向风险分别设计了不同的期权方案：原料价格上涨时，增加采购风险，设计了看涨价差期权；原料价格下跌时，企业面临着原料库存减值风险，对此设计了欧式看跌、可展期看跌、熊市看跌价差期权。兼顾了企业经营中的双向价格风险。

项目中除了普通欧式期权，还设计了可展期期权、垂直价差期权等不同期权策略结构，企业可以在整个操作周期中真实地体验不同期权策略结构的运用场景及达到的套保效果，获得丰富的经验，进而在未来的套保方案中根据自身的风险偏好、成本预期、套保效果预期灵活运用多样的期权策略。

同时，在合约期内，企业还可通过提前平仓来了结期权头寸，结合自身对行情的判断获取更优的套保效果。最终实现了既规避掉在区间震荡行情中价格波动给企业带来的原材料采购或者库存风险，同时通过提前平仓获得了更大的赔付收益。

考虑到企业是首次运用期权进行套保，项目的产品设计和操作过程中从简单到复杂，便于企业在前期更好地理解期权套保的运作机制，并且企业可根据前期效果在下一期操作中选择更为合适的策略。在项目中，首先尝试了简单的欧式期权，之后是可展期看跌期权、垂直价差期权等，企业在循序渐进中由浅入深地了解了期权套保运用。

2. 值得改进的地方

场外市场的流动性不足，导致期权报价偏高，对企业来说套保成本增加，影响企业利用期权套保的积极性，进而影响到最终的实际套保效果。提供场外市场的流动性，可以有效地降低场外期权报价的买卖价差，给企业更好地参与体验。

本次试点项目周期为 3 个月，项目周期较短，企业对期权套保还没有产生比较深入地认知；同时，价格行情较难把握，可能造成企业对于运用期权套保的优势了解还不充分。因此，适当延长项目周期可给予企业在充分结合价格走势的前提下，选择合适的时机建立套保头寸，而不是在项目周期的压力下被动入市。

在项目的运行中，可能出现行情走势对企业提前了结更有利的情况。对于经验丰富的企业，在对行情走势把握较好时，通过提前平仓可能获得更大的收益，而不是持有到期。

场外期权投资者教育工作是项目中难点所在。虽然企业有专业、成熟的期货套期保值团队，但是在期权运用上属于首次尝试。而期权具有复杂的收益结构，且期权价格的价值受众多因素的影响，企业相关人员接受起来需要一个过程。

场外期权做市商与企业之间需要进一步加强沟通，做市商要深层次挖掘企业的价格风险管理需求，在此基础上设计更加贴合企业风险偏好、价格预期和成本预期的期权产品，充分利用期权工具精准化风险管理的特点，给企业提供最合适的成本收益期权结构产品。同时，做市商应更加深入学习、了解产业，将金融知识和产业背景有机结合，才能更好地服务产业客户进而服务实体经济。另外，风险管理子公司场外期权团队应该更好地与期货公司产业研究团队交流融合，充分利用自身的产业研究资源，主动设计适当的期权策略，将成熟的期权产品与策略在产业链中进行持续推广，形成示范效应。

3. 企业感受与体会

大多数产业企业目前主要通过期货进行套期保值，在一定程度实现了规避风险、锁定成本的目的，达到了稳定经营的目标。而期权通过其非线性的收益结构为企业提供了一种新的套期保值工具。通过本次场外期权试点，有利于帮助企业管理风险、稳定增收，增强企业风险管理意识，加强企业风险管理团队的专业化建设，构建满足产业链健康发展的风险管理体系。

相较于传统的期货套保，采用期权套保的资金成本相对较小，期权买方无需支付保证金，一定程度上缓解了企业资金周转的压力。另外，在帮助企业规避风险的同时，也保留了行情对现货有利时企业获利的机会。

产业企业在其采购、销售、库存上面临的风险管理需求不尽相同，标准化的期权方案无法满足企业不同经营环节上的多样化风险管理需求。而场外期权的设计及操作均具备灵活性，可根据企业的需求定制个性化套保方案，并且可以根据企业的风险偏好、价格预期和成本预期设计更贴合企业需求的场外风险管理产品。

第六节 铁矿石产业链下游消费企业期货+期权组合策略案例

一、期现市场行情分析

2017 年 10 月市场行情

（1）铁矿总体过剩的格局已经形成，且随着钢厂限产来临，供应过剩有阶段性加剧风险，在总体过剩的大背景下，铁矿上行空间受限。

（2）钢厂库存处于低位，低品矿已跌至成本以下，故铁矿在低位有反弹动能。

（3）考虑到总体过剩，上方空间受限，短期内 I1801 合约涨至 530 元/吨的概率极小。

二、企业避险需求分析

（1）铁矿已触及底部，且下行空间有限，故适合买入期货套保补充原材料库存，因此，企业在期货市场买入 I1801 合约，成本约 460 元/吨。

（2）短期内 I1801 合约涨至 530 元/吨的概率极小，可卖出虚值期权放弃 530 以上保值空间，以降低持仓成本。

三、期权产品的设计思路

在认真分析行情之后，认为铁矿期货与现货上涨概率较大，且下方有支撑，下跌空间较小，从买入的角度看，买入期货比买入期权更有优势；另外，考虑到货物总量过剩、交割标的漂移，铁矿上涨空间受限，故卖出看涨期权增厚期货多单收益，这一策略组合的预期收益风险比要高于单纯的买入看涨期权或者牛市价差策略。

图 7－29　铁矿石期现货价格走势

四、备兑看涨期权策略交易方案

（一）期货部分

在 460 元/吨买入 I1801 合约 50 手。

（二）期权部分

卖出方：A 钢厂

买入方：期现子公司

标的：大连铁矿石期货 I1801 合约收盘价

起始日：2017 年 11 月 14 日

到期日：2017 年 12 月 15 日

交易量：5 000 吨

执行价格：530 元/吨

期权费：2.28 元/吨 ×5 000 =1.14 万元

结算方式：现金结算

期权类型：欧式期权

五、到期实现效果

到期日 I1801 合约价格低于 530 元/吨，买方不行权，卖方收期权费，同期期货多头头寸平仓，获得平仓收益。

到期日 I1801 合约价格高于 530 元/吨，买方行权，卖方赔付买方 530 以上部分的差价，期货多头头寸对冲弥补期权 530 以上差价，获得 72.28 元/吨的综合收益。

六、到期情况

方案于 2017 年 12 月 15 日到期时，I1801 合约收于 490 元/吨，期货多头头寸对冲平仓获得收益 30 元/吨，I1801 合约低于期权合同约定的 530 元/吨的行权价，A 钢厂赚取权利金 2.28 元/吨，不涉及行权责任。同时，钢厂按计划采购铁矿石原材料。

风险管理效果对比：

2017 年 11 月 15 日至 12 月 15 日，铁矿现货由 460 元/湿吨上涨至 500

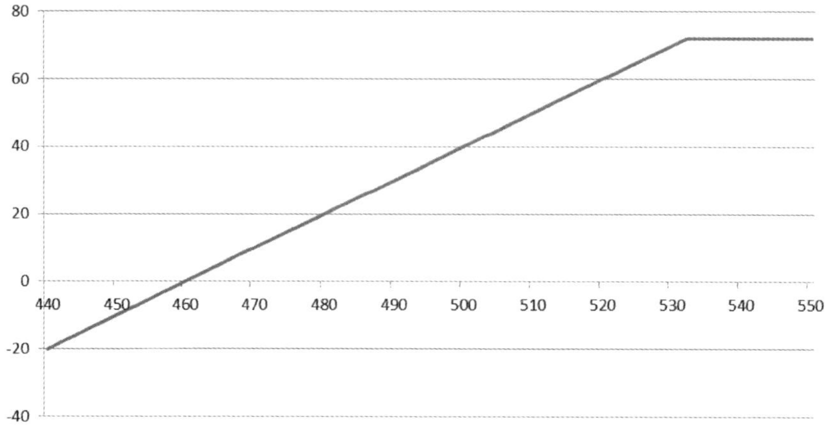

图 7－30 期货＋期权策略盈亏曲线

元/湿吨，I1801 合约由 460 元/吨上涨至 490 元/吨，为标准的统一性，全部折算为干吨，假定水分为 8%，则铁矿现货成本上升为 44 元/吨。

表 7－17 风险管理方式效果对比表 单位：元/吨

风险管理方式	衍生品对冲盈亏	不同采购模式带来的采购成本变动
随用随采	0	44
期货＋期权组合策略	32.28	17.72

因原料价格上涨，A 钢厂采购成本上升，若不进行风险管理，则采购成本上升 44 元/吨；采用期货＋期权组合策略管理风险，通过金融衍生工具对冲了 32.28 元/吨，弥补了部分现货价格上涨的损失。

第七节 铁矿石产业链下游消费企业基差贸易策略案例

一、案例一：定价新模式

鞍山钢铁股份有限公司（以下简称“鞍钢”）和中国建材集团有限公司（以下简称“中建材”）是钢铁领域两家具有较大影响力的国有企业，有着多年的铁矿石贸易往来，但贸易定价大多采用“指数定价”“一口价”等方式。此次基差贸易试点为两家企业提供了一次创新合作的机会。通过参与试点项目，鞍钢和中建材尝试利用期货价格进行铁矿石贸易定价，在行业内发挥了重要的引领示范作用，为基差贸易在国内钢铁产业中的推广应用奠定了坚实的基础。

（一）参与企业

1. 鞍山钢铁股份有限公司

鞍钢是由鞍山钢铁集团公司于 1997 年 5 月 8 日独家发起设立的，注册资本 72. 34 亿元，1997 年分别在香港联交所（股票代码：0347）和深圳证券交易所（股票代码：000898）挂牌上市。

鞍钢是国内大型钢材生产企业，主要产品包括热轧产品、冷轧产品、中厚板及其他钢铁产品，共 700 多个品种、25 000 多个规格，具有年生产铁 2 100 多万吨、钢及钢材双超2000 万吨的综合生产能力。目前，鞍钢建成了以汽车板、家电板、集装箱板、造船板、管线钢、冷轧硅钢为主导的板材精品生产基地。“鞍钢”牌铁路用钢轨、船体结构用钢板、集装箱用钢板获得“中国名牌产品”称号。2016 年，鞍钢股份实现营业收入 578. 83 亿元，同比增长 9. 71%；实现净利润 16. 16 亿元，同比增长 135. 18%。

鞍钢坚持走可持续发展道路，在加快改革和发展的过程中，通过采用新技术、新工艺和加强管理，不断降低生产能耗。其综合竞争力已进入国际先进企业行列，国际影响力日趋增强。

2. 中国建材集团有限公司

中建材是经国务院批准，由中国建筑材料集团有限公司与中国中材集团有限公司重组而成，是国务院国有资产监督管理委员会直接管理的中央企业，是中国最大、世界领先的综合性建材产业集团，连续六年荣登《财富》世界五百强企业榜单，资产总额 5 500 亿元，员工总数 25 万人，年营业收入近 3 000 亿元。

中建材是中国最大的铁矿石进口商之一，致力于以铁矿石为主的矿产品进口，努力发展成为国内建筑钢材炼钢原料的最大供应商，在服务国内钢铁企业、稳定市场价格、维护国家和行业利益等方面发挥了重要作用。中建材创造条件在国外建立矿山基地，建立起稳定的上下游客户群和货源基础，与印度、巴西、澳大利亚、南非等国的大型矿山建立了长期稳定的合作关系，以世界著名的铁矿石供应商为坚实后盾，整合了丰富的、高质量的铁矿资源。

（二）项目背景

1. 企业原本的现货贸易习惯

现有铁矿石贸易模式可简化为两种模式，如图7－31所示。

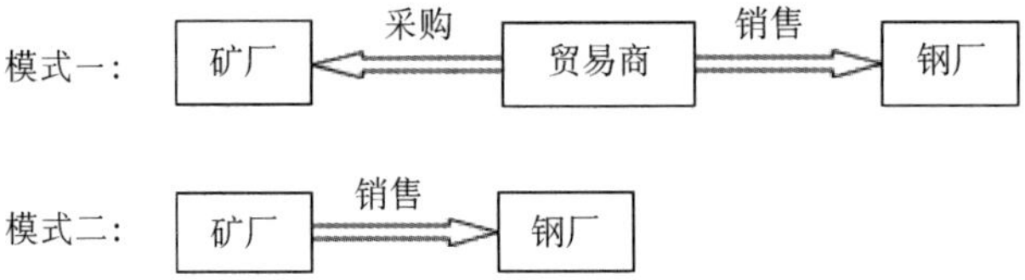

图7－31 铁矿石贸易模式

目前，鞍钢除直接和矿山采购外，还通过中建材、热联等贸易商采购铁矿石，定价方式主要采取现货定价和期货定价两大类，具体形式如图7－32所示。通过参与试点项目，鞍钢尝试利用“期货价格＋基差”进行定价，为行业企业尤其是国有企业参与期货市场、利用期货工具探索了路径，提供了有益经验。

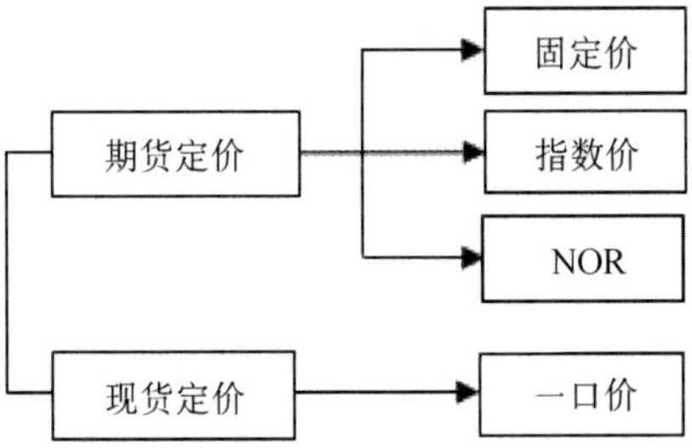

图7－32 鞍钢铁矿石贸易定价模式

2. 贸易双方的实际需求

鞍钢作为铁矿石采购方，主要需求有以下两点：

（1）在保证质量的前提下，最优化铁矿石采购成本。

（2）追逐更优惠的付款方式及账期。

中建材作为铁矿石销售方，主要需求有以下两点：

（1）稳定与鞍钢间的供销关系。

（2）贸易利润最大化。

（三）项目运行过程

1. 项目运行模式

基差贸易大致可以分为买方点价和卖方点价两种模式，该试点项目采用卖方点价的模式，如图 7－33 所示。

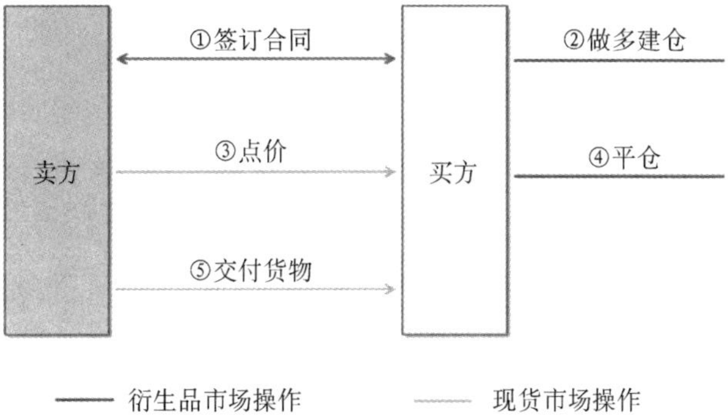

图 7－33 基差贸易业务流程

供需双方结合自身的贸易与生产经营特点，经协商最终确定运行模式为鞍钢制定基差，并提供期货对冲交易记录，中建材点价，交易货品为纽曼粉，交货地点为鲅鱼圈港。

2. 基差设计思路

在具体确定基差的环节中，国信期货为企业提供了两种设计思路。一种是直接法，即根据市场当前的基差情况确定，优点在于操作简单，双方易建仓，但缺点也较为明显，即无法对未来的基差变化作出预期，只能被动接受基差风险；另一种是估值法，即根据历史基差走势，并结合目前期现变化情况，对未来基差进行估值，该方法优点在于基差制定可对基差走势作出预期判断，缺点在于基差过大或过小时双方意见难统一。最终，市场给出了机会，2017 年 11 月下旬基差大幅走弱，达到双方均认可的条件。最终，双方确定 60 元/干吨的合理基差，挂钩铁矿 1805 合约，点价期为 2017 年 12 月 29 日至 2018 年 1 月 29 日。

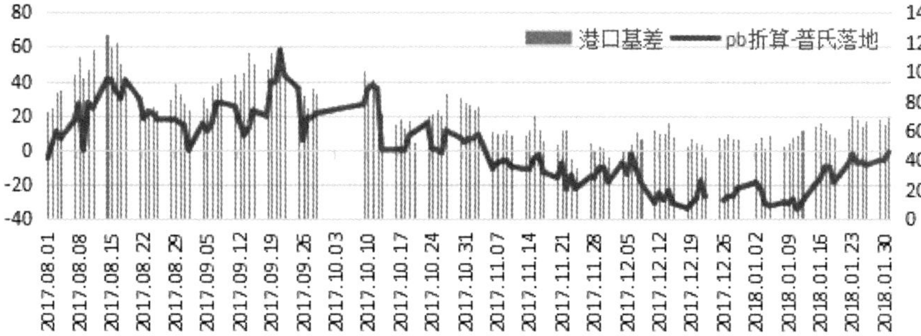

图 7－34　铁矿石基差及境内外价格变化

3. 项目操作过程

2017 年 11 月 29 日，双方正式签订基差贸易合同，鞍钢买入 500 手连铁 1805 期货合约防范风险；

2018 年 1 月 22 日，中建材点价，鞍钢平仓连铁 1805 期货合约 500 手，完成套保，贸易双方按贸易惯例进行货权转移。

项目操作过程如图 7－35 所示。

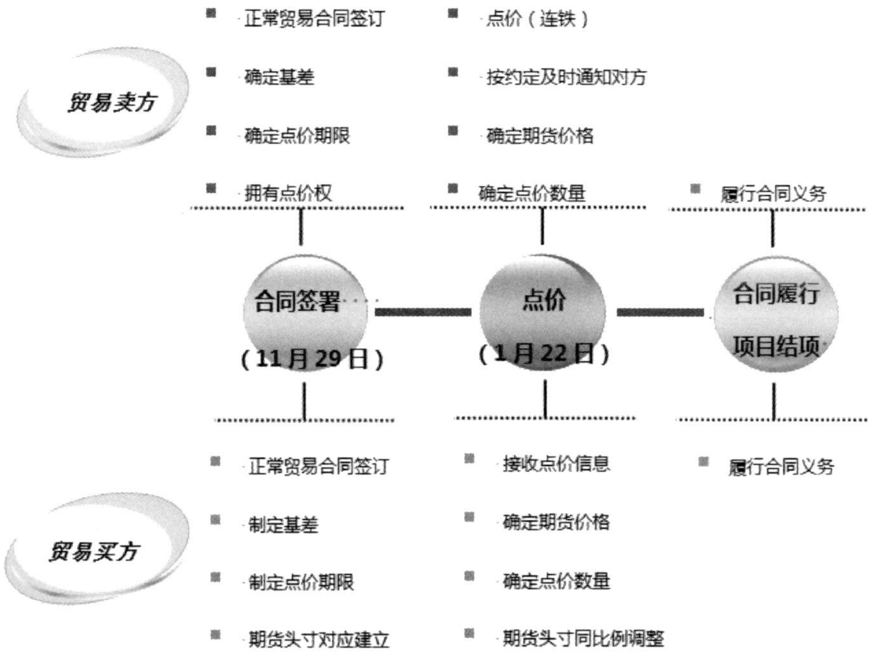

图 7－35　基差贸易项目操作过程

（四）项目效果

从双方签订合同到最终点价完成的两个月期间，黑色商品市场整体呈震荡态势，铁矿石因高低品库存结构失衡及吨钢利润回调等原因走势偏强，挂钩期货合约I1805从512.5元/吨涨至540.5元/吨，上涨28元/吨；纽曼港口现货价格（干基）从573.4元/吨涨至625元/吨，上涨51.6元/吨；纽曼市场基差（干基）由60.9元/吨走强至84.5元/吨，如图7-36所示。

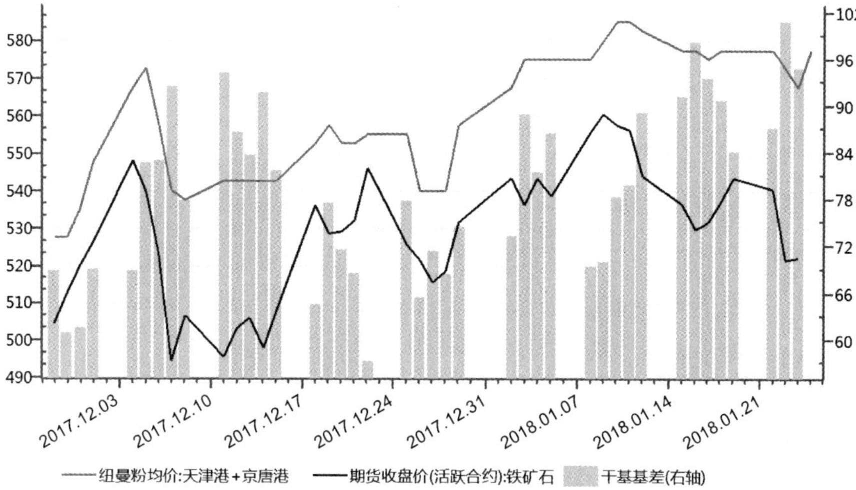

图7-36　项目运行期间铁矿石期现货价格及基差走势图

整个项目运行过程中，中建材提前完成了销售，且在行情上涨时完成点价，实货上获得行情利润，更重要的是尝试了新的贸易形式；鞍钢由于事先进行套保，避免了成本上涨，并赚到了基差扩大的红利（合同基差60元/干吨，点价日基差84.5元/干吨，相当于每吨降低24.5元成本），现货部门采购到了低于市场价格的原料，期货部门账户资金增加，实现了企业间、部门间共赢。项目运行效果如表7-18所示。

表7-18　项目运行效果情况表

	鞍钢		中建材		期现市场	
	实货	期货	实货	期货	现货市场	连铁1805
2017-11-29	基差60	499建仓	基差60		573.4	512.5
2018-1-22	600.5	540平仓	600.5		625	540.5
实际采销价	559.7<573.4<625		600.5>573.5		基差由60.9扩大至84.5	

基差贸易，因其诸多优势，已成功在有色及油脂压榨行业得到广泛运用，并成为现代化企业对市场一系列风险管理的典型代表形式。利用期货市场巨大的交易量与广泛的参与性，充分发挥期货更为公平的价格发现功能，同时为企业提供更为优越的避险环境，并解决实货贸易中流动性差等问题，是企业参与基差贸易的直接目的，也是基差贸易逐渐成为大宗商品交易重要模式的内在原因。而运用“连铁 + 基差”模式定价铁矿石，从长期来看，不仅有利于促进期现市场良性发展，同时也更有利于完善矿石价格体系，对整个钢铁行业的发展具有良好的推动作用。

二、案例二：优化企业采购

河北辛集市澳森钢铁有限公司（以下简称“澳森钢铁”）是在钢铁领域深耕多年的生产型企业；浙江热联中邦供应链服务有限公司（以下简称“热联中邦”）是具有丰富的大宗商品产业服务经验及期现结合经验的服务型企业，两家企业均为黑色产业链中具有市场影响力的钢厂或贸易商。在过往经验中，两家企业均参照行业惯例，以美元指数加价或一单一议的模式定价。此次试点为两家企业提供了一次创新合作的机会。通过参与试点项目，澳森钢铁和热联中邦尝试利用基差贸易的模式开展铁矿石交易，为产业链上下游企业提供了良好的实践指引，为基差贸易在国内钢铁产业中的推广应用做出了积极的示范。

（一）参与主体

1. 河北辛集市澳森钢铁有限公司

澳森钢铁成立于2002年，现为中国钢铁工业协会会员单位、河北省冶金行业协会常务理事单位。

澳森钢铁是集烧结、炼铁、炼钢、轧钢、焦化、物流为一体的钢铁联合企业，具备年产铁、钢、材各360万吨规模的配套生产能力，总资产70亿元，固定资产55亿元。公司先后通过了ISO9001、ISO14001、OHSAS18001、OHSAS10012认证和能源管理体系认证（中国船级社认证），优质碳素结构钢（45、55）、预应力钢绞线用钢（SWRH82B）、焊接用钢（ER70S－6、H08A）荣获中国钢铁工业协会冶金产品实物质量认定（金杯奖）。澳森钢铁采用高炉炼铁、转炉炼钢、炉外精炼和连铸连轧工艺，生产方坯、板坯、高速线材和热轧带钢产品，具备 X 射线荧光光谱仪、ARL 直读光谱仪、蔡司金相显微镜等先进质量检测仪器。目前产品畅销京、津、沪、冀、苏、浙、粤等地，并远销中国台湾、新加坡、韩国、越南、菲律宾、伊朗以及欧洲等国家和地区。自 2005 年起，澳森钢铁连续多年被评为中国制造业 500 强企业。

2. 浙江热联中邦供应链服务有限公司

热联中邦成立于 2015 年，是杭州热联集团旗下专业从事大宗商品产业服务的控股子公司，注册资本 2.05 亿元。公司管理层拥有 20 多年的期现结合经验，曾创办国内最早从事期现结合业务的现货公司——浙江中邦实业发展有限公司。

热联中邦是一家具有产业优势、以研究为驱动的黑色大宗商品交易服务企业，通过做实做深现货贸易和完善衍生品研究体系，热联中邦为钢厂、矿厂等上游客户提供综合产业服务，包括铁矿石点价服务、产能保值服务、钢材锁价服务、焦炭保值服务等，同时也为贸易商、终端等下游客户提供锁价服务，为客户远期用钢需求提供即期定价、远期交货的供货方案，使客户可以用较低成本锁定指定的远期现货。

热联中邦的服务网络布局已经覆盖了全国主要区域，并在重点流通消费区域常备库存，同时，服务品种覆盖了黑色金属（铁矿石、焦炭、焦煤、螺纹、热卷等），化工品（PP、PVC、PE、甲醇、PX、PTA、MEG、聚酯、橡胶、沥青等），农产品（玉米、豆油、豆粕、白糖、棉花等）等领域。

（二）项目背景

澳森钢铁与热联中邦作为在钢铁产业中深耕多年的企业，一方面对现有的贸易模式具有丰富的经验，另一方面也积极参与创新实践。在现有的贸易模式下，两家企业均主要采用传统的一口价模式，或通过美元指数加价进行定价，或采取一单一议的人民币定价。但近几年来，美元指数加价定价的公允性备受质疑，一单一议的人民币定价模式则面临议价效率较低的局限。

澳森钢铁原本的采购模式是：先进行询盘，确定各个品种的指标及价格，折算成本；再选出相对合适的货源，进行价格磋商；如果磋商结果达到双方预期，则可以进一步确定合同细节，并完成合同签订的各项流程；最后，按合同规定付款，并完成货权的转移。此种方式较为烦琐，需要对港口多个品种的资源进行汇总，并且汇总后折合成本计算及对比的时间较长，如遇到价格突然发生变化，企业的反应相对较慢。

因此，澳森钢铁期望通过本次试点项目，满足以下两大核心需求：第一，是在保证质量的前提下，取得最优化的采购成本；第二，是获得更优惠的付款方式及账期。而作为铁矿石销售方，热联中邦的核心需求则在于：第一，希望稳定与澳森钢铁之间的供销关系；第二，希望能够在贸易中实现利润的最大化。

同时，贸易双方均需要一家提供中介服务的期货公司，其主要作用在于为双方提供交易的平台和必要的咨询与沟通。国投安信期货有限公司（以下简称“国投安信期货”）作为连续多年获得分类 AA 级评价的期货公司，多年来积极参与大商所品种交割，不断深挖黑色产业链的期现货交易机会，并尝试通过服务创新为客户创造价值。热联中邦、澳森钢铁均为国投安信期货的优质客户，经过三方的初步沟通，合作意向顺利达成。

（三）项目运行过程

本次试点项目采用买方点价的运行模式，如图 7－37 所示。

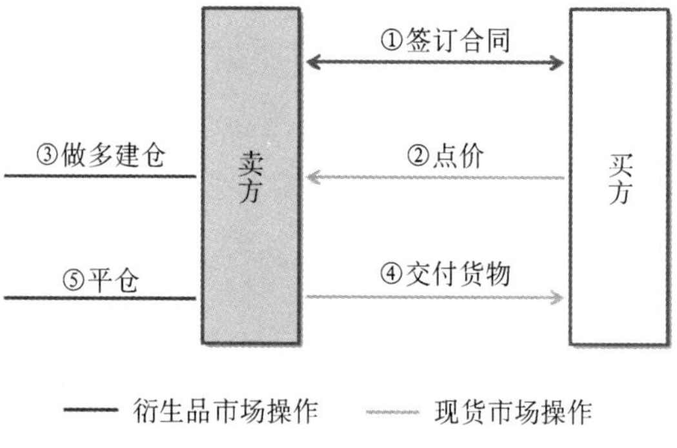

图 7－37 基差贸易买方点价模式

本次试点项目的操作大致分为“基差协商”“买方点价”“卖方套保”“交付平仓”四个阶段。

1. 基差协商

基差协商的第一步是对于铁矿石期现市场的行情分析。铁矿石的期现市场行情规律主要表现在两个方面：一方面，铁矿石长期现货升水，并且近月对远月升水；另一方面，铁矿石的期现价差在临近交割月的时候开始收敛，并且在收敛过程中没有太大的波动。如图 7－38 所示，铁矿石 I1709 在临近交割的前两个月，基差的变化呈现的特征是：2017 年 7 月基差波动较大，但在 8 月份开始收敛。同时，从 I1709 和 I1801 的价差情况看，I1709 一直对 I1801 升水。

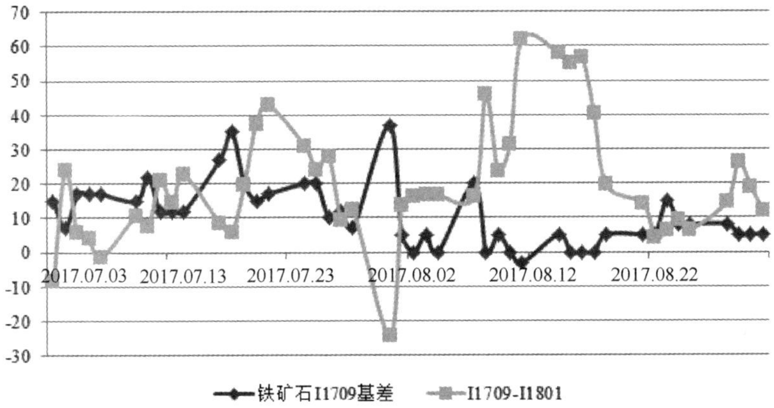

图 7－38 铁矿石 I1709 交割前两个月的基差情况

本次试点项目的铁矿石交易量为 7 万吨，澳森钢铁为买方，热联中邦为卖方，以点价方式进行。贸易双方根据大商所的铁矿石盘面价格，加减合同约定的基差，得到铁矿石点价的价格。点价的基差主要从两个方面确定，一是参考历史同期基差位置，二是点价前盘面定价标的的基差情况。

双方经过协商决定，2017 年 11 月 30 日之前，以铁矿石 I1801 盘面价格加价 15 元为定价基准；2017 年 12 月 31 日之前以 I1801 盘面价格为定价基准。双方于 2017 年 10 月 16 日签订点价协议。

2. 买方点价

作为本次贸易的采购方，澳森钢铁于 11 月 21 日在盘面以 471.68 元/吨的价格点价 70 000 吨，并缴纳保证金。

3. 卖方套保

作为本次贸易的销售方，热联中邦于 2017 年 11 月 21 日对铁矿石 I1801 建仓 615 手套保多单，成交均价是 471.68 元/吨。

4. 交付平仓

2017 年 12 月 8 日至 2018 年 1 月 12 日，澳森钢铁分批接货 65 000 吨，

热联中邦同时在盘面依次平仓，具体操作过程如下：

2017 年 12 月 8 日 I1801 平仓 85 手，交货 10 000 吨；

2017 年 12 月 13 日 I1801 平仓 170 手，交货 20 000 吨；

2017 年 12 月 26 日 I1801 合约流动性降低，故将原剩余仓位移至 I1805，成交均价是 516. 11 元/吨；

2018 年 1 月 3 日 I1805 平仓 125 手，交货 15 000 吨；

2018 年 1 月 5 日 I1805 平仓 45 手，交货 5 000 吨；

2018 年 1 月 9 日 I1805 平仓 60 手，交货 5 000 吨；

2018 年 1 月 12 日 I1805 平仓 87 手，交货 5 000 吨；

2018 年 1 月 25 日 I1805 平仓 43 手，交货 5 000 吨。

至此，交付平仓过程结束，符合点价合同中“上下 10%”的波动幅度，剩余 5 000 吨因为时间和价格不合适，澳森钢铁放弃接货，同时热联中邦盘面平仓，解除锁价。

（四）项目效果

1. 项目给贸易双方带来的收益

在本次试点项目中，澳森钢铁每笔接货的数量、采购价格如表 7 – 19 所示。

表 7 – 19　　澳森钢铁接货数量及采购价格明细表

日期	品种	数量（单位：吨）	采购价（单位：元/吨）
2017. 12	铁矿粉	10 000	515
2017. 12	巴西卡粉	10 000	635
2017. 12	麦克粉	10 000	473
2018. 01	麦克粉	5 000	510
2018. 01	麦克粉	10 000	520
2018. 01	麦克粉	5 000	490
2018. 01	麦克粉	5 000	490
2018. 01	FMG 混合粉	5 000	365
2018. 01	麦克粉	5 670	498
		加权平均价	510. 56

热联中邦每次开、平仓的数量与价格如表 7－20 所示。

通过本次试点项目，澳森钢铁通过以 472 元/吨的盘面价格点价购买 65 000 吨铁矿石，共获利 2 532 420 元。同时，由于交易期间基差扩大，热联中邦现货销售端总亏损为 2 532 420 元，但通过盘面套保盈利弥补了 2 233 230 元，最终总亏损为 299 190 元，贸易双方的盈亏状况如表 7－21 所示。

表 7－20　热联中邦开、平仓数量及价格明细表

开仓日期	开仓价（单位：元/吨）	平仓日期	平仓价（单位：元/吨）	开仓数量（单位：手）
2017.11	471.68	2017.12	496.5	85
2017.11	471.68	2017.12	492.38	170
2017.11	471.68	2017.12	491.1	360
2017.12	516.11	2018.01	543.5	125
2017.12	516.11	2018.01	533.5	45
2017.12	516.11	2018.01	557.5	60
2017.12	516.11	2018.01	543	87
2017.12	516.11	2018.01	532	43

表 7－21　贸易双方盈亏表

贸易双方	热联中邦（卖方）		澳森钢铁（买方）	
关键时间节点	实货	期货	实货	期货
2017.11.21	基差：8.32 元/吨	建仓价：471.68 元元/吨	基差：0	－
2017.12.26		移仓		－
2018.1.12	基差：12.8 元/吨	平仓价：510.02 元元/吨	盘面点价：472 元/吨	－
盈亏状况	亏损 299 190 元		盈利 2 532 420 元	

2. 项目给期货公司带来的经验与心得

作为本次项目中介协调身份的国投安信期货，通过本次项目发现，黑色产业链在未来拥有大力推广基差贸易模式的光明前景，同时本项目较强的可复制性也能为后续参与基差贸易的企业提供良好的借鉴。

在项目的实际运作过程中，有如下问题与难点值得相关企业、期货公司共同思考、解决：

第一，关于交货品，点价合同中约定的交货品为 PB 粉，但在实际交货中，存在巴西卡粉、麦克粉的交货，交货品之间的差价需要进一步确定。

第二，关于交货地点，根据点价合同的约定，交货地点为曹妃甸，但在实际交货中，交货地点为天津港、黄骅港，而交货地点的变化也导致了区域升贴水，需要双方协商确定。

第三，移仓问题，在临近交割月时，合同尚未履行完成，因此I1801移仓至I1805，移仓成本较高。

第四，盘面定价问题，大商所对铁矿石交割标准的调整，使企业承担了一定的基差损失，但该情况较为特殊，对基差贸易的推广影响不大。

同时，以上问题也反映出，基差试点项目若要进一步推广，除了产业链上下游企业的积极参与，期货公司的专业介入，也需要交易所的大力支持与帮助，主要包括以下方面：

第一，对于交割货品品质差异和港区升贴水问题，如果交易所能够联合Mysteel、中联钢、钢之家等机构制定一个系统的报价体系，将有利于买卖双方协商货品升贴水和地域升贴水导致的基差。

第二，鉴于实际操作中可能出现的基差不合适导致需要移仓的情况，主力合约价差偏大，移仓成本较高，如果交易所能够推出连续主力合约，将更便于贴近实际操作。

第三，基差贸易中，期货和现货端资金成本占用比例较大，如果有相应的保证金优惠政策，将对资金成本压力起到缓解作用。

第四，在较为成熟的点价模式中，期货公司作为中介起到的作用空间有限，如果期货公司的风险子公司能够参与到实际交易中成为对手方，则该模式的应用又将向前迈出一大步。

当前，基差贸易的模式正在钢铁行业中逐渐开展，相信在各方的积极努力与相互支持下，钢铁行业乃至黑色产业将谱写出期货市场服务实体经济的崭新篇章。

三、案例三：提升采购灵活性

西王特钢有限公司（以下简称“西王特钢”）是钢铁民营企业中勇于创新的典范，浙江永安资本管理有限公司（以下简称“永安资本”）是黑色产业链中铁矿石基差贸易的先行者。此前，西王特钢的铁矿石贸易定价方式以普氏定价和港口“一口价”为主。此次大商所的试点为两家企业提供了一次定价模式创新的机会。通过参与试点项目，西王特钢提升了原材料采购的灵活性，永安资本加深了与终端产业客户的合作，贸易双方为日后的深度合作打下了坚实的基础。

（一）参与主体

1. 西王特钢有限公司

西王特钢是我国大型的民营钢铁企业，主要生产特种钢和高强度耐蚀建材，其中优特钢产量占钢材总产量的70%以上，形成了年产230万吨铁、300万吨精品钢、300万吨精品材、30万吨特钢铸锭、10万吨锻材/锻件和1.3万吨电渣钢锭的规模。2012年2月，西王特钢在香港主板上市，股票代码为01266，是近十年来首家登陆香港股市的内地钢铁企业。2013年，西王特钢顺利通过了国家工信部钢铁行业规范企业验收。2015年1月5日，中科院金属研究所以10项核心技术入股西王特钢，成为西王特钢的新股东，双方合作打造出首条国内领先、国际先进的清洁智能化制备高端装备用特殊钢示范生产线，目前合作产品已有50余种。

2. 浙江永安资本管理有限公司

浙江永安资本管理有限公司为永安期货全资的期现货子公司，为国内首批参与期现贸易的公司之一。公司成立四年来，充分发挥了风险管理子公司的专业能力和贴近市场的优势，为服务实体经济发挥了积极作用，在黑色、化工、有色、软商品等多个品种上都积累了丰富的实践经验。目前永安资本的期现业务几乎涵盖了全部期货上市品种，2016年销售收入为43.56亿元，实现净利润1.07亿元。

在铁矿石基差贸易业务方面，永安资本在2014年与日照钢铁合作完成了全国首例基差贸易，并逐步在矿石现货市场推广基差贸易模式。2017年至今已经与钢厂和矿石贸易商完成铁矿石业务近300万吨，其中基差点价业务近200万吨，先后与河北钢铁、山西建邦钢铁、唐山东海钢铁、临沂壶井特钢、山西铭福钢铁、河北天柱钢铁、滦县金马钢铁等十余家钢铁企业进行了基差点价业务，加强了实体企业对期货的认识和对基差贸易的了解。

（二）项目背景

1. 企业原本的现货贸易习惯

目前，铁矿石进口的定价模式主要采用普氏月均指数定价或美元固定价，并参考矿山的招标价格和新交所铁矿石掉期价格。这种定价模式存在与国内产业关联性差，周期长、风险不可控，缺少灵活性等缺点。此外，普氏和掉期采用美元结算，导致采购企业需要承担汇率波动的风险，国内钢厂和贸易商在利用时有诸多不便。西王特钢每年进口矿石量超过400万吨，其中有70%左右是与力拓和淡水河谷签订的长协资源，利用普氏月均指数定价；剩余部分通过矿山招标和港口现货资源补充。

2. 贸易双方的实际需求

与普氏和掉期相比，大商所铁矿石期货因其实物交割制度设计，与国内铁矿石现货市场连接紧密，参与的产业客户非常多，交易活跃，流动性好，为国内铁矿石市场提供了很好的定价标的。以大连商品交易所铁矿石期货作为定价基准，通过基差点价的方式确定铁矿石采购销售价格有非常重要的市场价值。由于铁矿石期货天然的贴水结构，铁矿石远期基差点价为工厂提供了降低采购成本的机会，期间钢厂选择有利时机分批点价，采购定价较以往更加自主灵活。铁矿石远期基差点价的保证金交易制度也降低了工厂采购业务的资金占用，为工厂降低了资金成本。此外，由于采购过程中均采用人民币结算，采购企业不需要承担汇率波动的风险。

在了解了基差点价的采购方式后，西王特钢的采购人员认可了该种方式的优越性。西王特钢计划于2018年初采购一批铁矿石，并且认为铁矿石价格有继续冲高的可能。因此，希望通过中期下跌行情，采用基差点价的方式以较低的价格锁定远期货物。

永安资本作为一个期现贸易服务企业，希望通过与终端企业合作扩大自身的现货销售渠道，加深基差贸易对黑色产业链的影响；通过合理的基差报价，在确保有效降低钢厂采购价格的同时，获取基差回归的部分收益。

（三）项目运行过程

1. 项目运行模式

永安资本与西王特钢完成的铁矿石基差贸易试点项目，采用买方点价模式，以买入低估的期货盘面、卖出高估的现货为主要逻辑。在确认基差、签订合同后，买方点价时卖方在期货市场做多，交货时平仓，完成点价业务。

基差点价的流程主要分为四个步骤进行：

步骤一：永安资本将每日的基差报价提供给西王特钢，经过双方协商确定最终基差；双方签订合同，在合同中除注明双方协商后确认的基差外，还明确交货品种、交货地点、交货时间、交货数量、点价期、追保方案以及争议处理办法等细节，保证在后续合作中双方严格按照合同条款执行。

步骤二：根据合同，西王特钢向永安资本预付全部货物金额20%的保证金（单价按点价成功当日相应品种的现货价格）。永安资本收到保证金后，组建点价群，在交易时间接受西王特钢在群内点价并留痕。

步骤三：若点价一个交易日内未成功，西王特钢需要重新下达点价指令。永安资本根据新指令重新挂单。点价成功后，永安资本给西王特钢出具点价确认函，西王特钢盖章确认。点价完成后，永安资本关注行情波动，若现货价格较点价所确定的交货价格下跌幅度超过10%，永安资本启动追保流程，西王特钢在规定时间内补足行情相应跌幅的货款。

步骤四：到了约定的交货期，西王特钢支付给永安资本全额货款，永安资本将符合合同要求的相应货物货权转移给西王特钢。西王特钢完成提货后，双方做最终结算，永安资本给西王特钢开具全额增值税发票，并参照最终货物结算情况对货款多退少补。

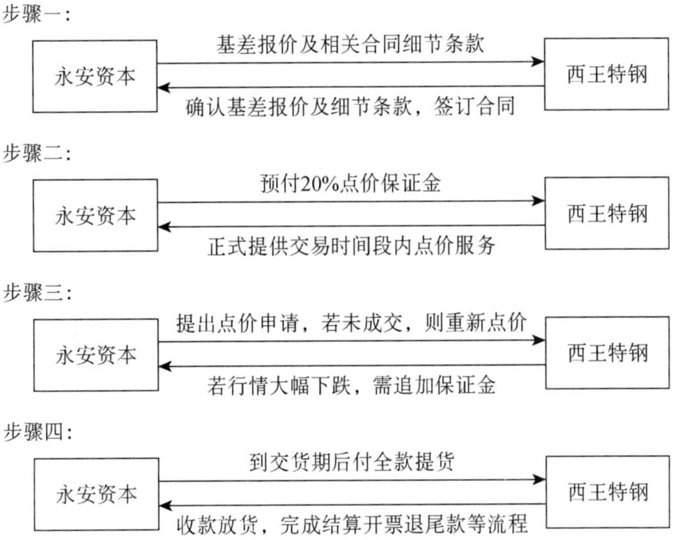

图7－39　基差点价步骤示意图

2. 基差设计思路

在确定基差的环节，由于铁矿石实物交割制度的设计，在临近交割月现货价格与期货价格会逐渐回归。基差价格的确定主要是根据历史基差走势，结合目前期现的情况，并基于对未来期现回归的预判来进行。如表 7 - 22 所示，自 2015 年以来基差呈现不能有效回归的趋势，最近一个交割合约盘面贴水 40 元/吨左右。按照 9 月的经验，同时与西王特钢协商，双方达成按盘面加 10 元/吨作为湿吨交货价格进行点价操作。

表 7 - 22　　交割月 PB 粉基差回归情况统计

	日期	建仓合约	合约收盘价（元/吨）	当日 pb 粉湿吨价（元/吨）	Pb 折盘面价（元/吨）	基差回归情况（元/吨）
回归情况	2015. 12. 31	I1601	359. 5	322	360	0. 5
	2016. 4. 29	I1605	542	487	539	- 3
	2016. 8. 31	I1609	482	440	488	6
	2016. 12. 30	I1701	688	615	678	- 10
	2017. 4. 28	I1705	524. 5	505	559	24. 5
	2017. 8. 31	I1709	601	580	640. 5	39. 5

3. 项目操作过程

永安资本与西王特钢于 2017 年 10 月 26 日签署 5 万吨基差贸易合同，合同约定永安资本按照大商所铁矿石期货盘面 I1801 合约价格加 10 元/吨，作为 PB 粉青岛港湿吨交货价格，交货数量为 5 万吨。

表 7 - 23　　钢厂基差点价流程汇总表

序号	现货量（万吨）	建仓日期	建仓价格（元/吨）	点价日期	点价价格（元/吨）	平仓日期	平仓价格（元/吨）	实际点价时间	实际点价时间和实际现货量的乘积
1	1	2017. 11. 9	473. 5	2017. 11. 9	473. 5	2017. 12. 25	500	2017. 11. 9	0. 47
2	1	2017. 12. 12	500	2017. 12. 12	500	2017. 12. 26	492. 5	2017. 12. 12	1. 53
3	1	2017. 12. 13	496. 5	2017. 12. 13	496. 5	2017. 12. 27	493. 7	2017. 12. 13	1. 56
4	1	2017. 12. 25	495	2017. 12. 25	495	2017. 12. 27	493. 7	2017. 12. 25	1. 96
5	1	2017. 12. 26	501. 5	2017. 12. 26	501. 5	2017. 12. 28	485. 6	2017. 12. 26	1. 96

如表 7 - 23 所示，在项目过程中，西王特钢在 2017 年 11 月 9 日先尝试点价 1 万吨，点价价格为 473. 5 元/吨。后续随着价格上涨，钢厂于 2017 年

12 月 12 日和 12 月 13 日分别在 500 元/吨、496. 5 元/吨的价位各点价 1 万吨。此后，因预期后期行情可能会出现变化，西王特钢于 2017 年 12 月 25 日和 12 月 26 日分别完成 1 万吨点价，点价价格分别为 495 元/吨和 501. 5 元/吨。永安资本平均建仓成本为 493. 3 元/吨，交货价格为 503. 3 元/湿吨。

在此过程中，由于西王特钢生产计划的改变，钢厂希望把实际交付的货物由 PB 粉改为巴西混合粉（BRBF）。当时两种货物价格基本一致，经双方协商，永安资本接受了西王特钢更换交货品种的要求。

在交货截止日期的前一周，永安资本分别在 500 元/吨、492. 5 元/吨、493. 7 元/吨和 485. 6 元/吨四个价位逐步平仓，并于 2018 年 1 月初将 5 万吨相应通关货物交付西王特钢。西王特钢支付给永安资本全额货款，永安资本将符合合同要求的相应货物货权转移给西王特钢。西王完成提货后，双方做最终结算，永安资本给西王特钢开具全额增值税发票并参照最终货物货值，货款多退少补。至此，基差点价业务流程全部完成。

（四）项目效果

从表 7 – 24 中可以看出，西王特钢的 5 万吨货物的最终采购价格为 503. 5 元/吨，而交货当天的港口现货价格为 550. 8 元/吨。相比于工厂当天采购港口现货，钢厂的采购成本降低了 47. 5 元/吨，具有非常好的降低采购成本的效果。此外，在工厂对铁矿价格走势判断准确的情况下，如果工厂在 2017 年 11 月 9 日全部点价，那么钢厂的采购成本将有更大幅度的降低，这充分体现了基差点价模式的灵活性和可操作性。

表 7 – 24　　钢厂基差点价结算表

	建仓日期	建仓价格（元/吨）	基差贸易获得现货价格（元/吨）	当日现货价格（元/吨）	交货日现货价格（元/吨）	工厂对比点价当天盈利（元/吨）	工厂对比交货日盈利（元/吨）
交易情况	2017. 11. 9	473. 5	483. 5	473	538	– 10. 5	54. 5
	2017. 12. 12	500	510	502	554	– 8	44
	2017. 12. 13	496. 5	506. 5	507	554	– 0. 5	47. 5
	2017. 12. 25	495	505	532	554	27	49
	2017. 12. 26	501. 5	511. 5	525	554	13. 5	42. 5
平均		493. 5	503. 5	507. 8	550. 8	4. 3	47. 3

在本次点价业务中，永安资本期货平仓均价为493元/吨，开仓均价为493.5元/吨，平仓亏损0.5元/吨。由于永安资本需要在港口采购现货交付西王特钢，永安资本从港口以510元/吨的价格采购了现货，以503.5元/吨的价格出售给西王特钢，现货亏损6.5元/吨，此次基差业务永安资本总体亏损了7元/吨。从中可以看出，由于期货盘面价格没有向市场主流的PB粉回归，导致了永安资本承担基差未能回归的风险，最终导致了基差卖方的亏损。表7-25统计了自2015年年底以来基差的回归，从中可以发现从2017年年初以来，期货盘面呈现出不能有效的向主流PB粉的价格回归的现象，并且基差回归的效果越来越差，这也是导致基差卖方亏损的主要原因。

表7-25　　铁矿石基差回归情况统计表

	日期	建仓合约	合约收盘价（元/吨）	当日pb粉湿吨价（元/吨）	Pb折盘面价（元/吨）	基差回归情况（元/吨）
回归情况	2015.12.31	I1601	359.5	322	360	0.5
	2016.4.29	I1605	542	487	539	-3
	2016.8.31	I1609	482	440	488	6
	2016.12.30	I1701	688	615	678	-10
	2017.4.28	I1705	524.5	505	559	24.5
	2017.8.31	I1709	601	580	640.5	39.5
	2017.12.29	I1801	480	523	578	98

（五）项目总结

本次试点项目本着期货服务实体的理念，以大连商品交易所铁矿石期货价格作为定价基准，通过基差点价的方式确定铁矿石远期采购价格，为实体企业提供了新的现货定价模式。由于铁矿石期货天然的贴水结构，基差点价为工厂提供了降低采购成本的机会，有效发挥了期货市场价格发现的功能；而在此过程中，钢厂只需要支付20%的保证金就可锁定一批远期现货，提高了企业采购资金的利用效率。同时，交货前实体企业可以与期货公司协商调整交货品种，这方便钢厂更加合理地安排生产计划，很好地体现了基差点价的灵活性。虽然项目试点过程中也遇到了部分困难，如基差回归偏离等问题，但是相信随着交割标准的提高、试点项目的不断摸索推进，基差点价模式将越来越成熟，逐渐为市场所认可。